网络与新媒体系列教材

总主编　周茂君

新媒体视觉设计

王朝阳　编著

西南大學出版社
SWUP
国家一级出版社　全国百佳图书出版单位

图书在版编目(CIP)数据

新媒体视觉设计 / 王朝阳编著. -- 重庆 : 西南大学出版社, 2024. 12. --(网络与新媒体系列教材).
ISBN 978-7-5697-2229-1

Ⅰ. F713.365.2

中国国家版本馆CIP数据核字第2024NZ4216号

新媒体视觉设计

XINMEITI SHIJUE SHEJI

王朝阳　编著

责任编辑 | 雷希露
责任校对 | 鲁　艺
装帧设计 | 魏显锋　汤　立
排　　版 | 贝　岚
出版发行 | 西南大学出版社
地　　址 | 重庆市北碚区天生路2号
邮　　编 | 400715
经　　销 | 全国新华书店
印　　刷 | 重庆长虹印务有限公司
成品尺寸 | 185 mm×260 mm
印　　张 | 17.75
字　　数 | 339千字
版　　次 | 2024年12月　第1版
印　　次 | 2024年12月　第1次印刷
书　　号 | ISBN 978-7-5697-2229-1
定　　价 | 68.00元

丛书编委会

本书资源

联系电话:023-68252455　鲁老师

序言

媒介技术的发展将我们带到了一个众声喧哗、瞬息万变的新媒体时代。面对这个由媒介构建的全新世界,人们的思想观念、生活方式乃至行为举止都发生着急剧的改变;既为其所迷醉,乐此不疲,又常常感到不知所措和无所适从。新媒体到底是什么?新媒体时代到来又意味着什么?人们如何正确处理好与新媒体的关系?这些问题真真切切摆在人们面前,需要我们去面对,去解决。因此,科学地认识、理解和运用新媒体显得尤为重要。

人类社会发展的每一阶段都会有一些新型的媒体出现,它们都会给人们的社会生活带来巨大的改变。这种改变在当今新媒体时代表现得尤其明显:受众这一角色转变成了“网众”或“用户”,成了传播的主动参与者,而非此前的信息被动接收者;传播过程不再是单向的,而是双向互动的;传播模式的核心在于数字化和互动性。这一系列改变的背后是网络技术、数字技术和移动通信技术的发展,并由此衍生出多种新媒体形态——以网络媒体、互动性电视媒体、移动媒体为代表的新兴媒体和以楼宇电视、车载移动电视等为代表的户外新型媒体。

由周茂君教授主编的这套网络与新媒体系列教材,就是在移动互联、数字营销、大数据和社会化网络等热点问题层出不穷的背景下,沿着技术、传播、运营和管理的逻辑,对新媒体进行的梳理和把握。从技术层面上看,网络与新媒体平台是用网络技术、数字技术和移动通信技术搭建起来，进行信息传递与接收的信息交流平台，包括固定终端与移动终端。它具备以新技术为载体、以互动性为核心、以平台化为特色、以人性化为导向等基本特征。从传播层面看，新媒体从四个方面改变着传统媒体固有的传播定位与流程，即传播参与者由过去的受众变成了网众，传播内容由过去的组织生产变成了用户生产，传播过程由过去的一对多传播变成了病毒式扩散传播，传播效果由过去能预期目标变成了无法预估的未知数。这种改变从某种程度上可以说是颠覆性的，传统的“5W”“魔弹论”和“受众”等经典理论已经成为明日黄花。从运营层面看，在技术构筑的新媒体平台上，各类新媒体开展着各种运营活动。从管理层面看，新媒体管理主要从三个方面着手，即新媒体的政府规制、新媒体伦理和新媒体用户的媒介素养。这样，政府规制对新媒体形成一种外在规范，新媒体伦理从内在方面对从业者形成约束，而媒介素养则对新媒体用户提出要求。

这套网络与新媒体系列教材既有对新媒体的发展轨迹和运行规律的理论归纳，又有对新媒体运营实务的探讨，还有对大量鲜活新媒体案例的点评，切实做到了理论与实务结合、操作与案例相佐，展现出教材作者良好的学术旨趣与功力。希望以这套教材为起点，国内涌现出更多的高质量研究著作和教材，早日迎来网络与新媒体教育、研究的新时代。

是为序。

罗以澄

2022年8月

（罗以澄，全国应用新闻传播学研究会名誉会长、湖北省新闻传播教育学会名誉会长，曾任国务院学位委员会新闻传播学科评议组成员、中国新闻教育学会副会长、中国传播学会副会长。）

前言

关于网络与新媒体，从概念到特征，有各种不一样的看法与表述。其实，网络与新媒体是对网络媒体、数字媒体和移动媒体的总称，网络与新媒体平台是指采用网络技术、数字技术和移动通信技术等新技术进行信息传递与接收的信息交流平台，包括固定终端与移动终端。新技术、互动性、平台化、数据和算法，是解读网络与新媒体时代的重要关键词。

以新技术为引领，是指网络与新媒体的运营以新技术为基础。新技术的应用与普及，不仅为网络与新媒体的诞生提供了技术支持，同时也为其运营提供了信息载体，使得信息能以超时空、融媒体、高保真的形式传播出去。可以说，网络与新媒体的所有特征，均建立在新技术提供的技术可能性的基础之上。

互动性是网络与新媒体的本质特征。传统媒体时代信息的流动都是单向的，而网络与新媒体却突破了这一局限。它从根本上改变了信息的传播模式，也从根本上改变了传播者与受众之间的关系。传播者与受众以相对平等的地位进行信息交流，媒体以往的告知功能演变为如今的互动沟通。这种沟通不仅体现在媒体与用户之间，还体现在用户与用户之间。可以说，网络与新媒体的这一特征，不仅对传统媒体，而且对整个社会都产生了深远的影响。

平台化是网络与新媒体的主要特色。借助信息交换平台，传统媒体与新媒体逐渐走向融合——网络与新媒体以其包容性的技术优势，接纳与汇聚了传统媒体的媒介属性；而报刊、广播、电视等传统媒体则在适应新的媒体环境，与新技术相互渗透、融合之后，获得了二次发展。

数据，是网络与新媒体时代最重要的生产要素，是新媒体平台和传统媒体平台开展业务运营的基础性前提。平台运营的基础是基于用户数据的大数据挖掘与分析，有了数据的加持，媒体平台无论是用户运营，还是内容运营，抑或是活动运营，才会做到有的放矢。

算法推送是网络与新媒体时代同传统媒体时代的重要分野。传统媒体不管受众是谁、有什么实际需求，往往习惯于居高临下地“自说自话”，极易造成“鸡同鸭讲”的无奈结果；而网络与新媒体平台则采用人工智能技术，基于算法、算力、运算法则和大数据，早早将目标用户“锁定”，针对其新需求和隐性需求，选妥内容并适时推送。

修订、重新编写这套网络与新媒体系列教材，出于三方面的考虑。

其一，修订、重编教材要跟上网络与新媒体专业发展的步伐。20世纪90年代末，国内只有少数几家“先知先觉”的新闻传播院校在新闻学系开办“网络新闻方向”或者“网络传播方向”，一般将它命名为“传播学专业”。其特征一是没有“准生证”，二是专业(方向)定位模糊，这种状况直到2012年教育部将该专业列入高等学校本科招生目录才有所改观。到2022年，已有307家院校招收网络与新媒体专业的本科生[1]，其专业教育已从初创时的“涓涓细流”汇聚成现在的“大江大河”。因此，相关教材的修订、重编必须跟上并适应这种发展态势。

其二，修订、重编教材要顺应网络与新媒体专业渐次规范的潮流。一个专业从无到有，无疑是“草创”；其课程设置与专业定位皆无先例可循，也与“草创”无异；该专业创办以后，国内缺少成套教材，各院校只能选用在市场上销售的散本新媒体书籍作为教材供学生使用，同样是“草创”。因此，出版于2016年的9种“新媒体系列丛书”——《新媒体概论》《新媒体技术》《新媒体运营》《新媒体营销》《全媒体新闻报道》《网络视频拍摄与制作》《Web技术原理与应用》《新媒体内容生产与编辑》《新媒体广告》——虽也是“草创”产物，但对缓解当时的教材“荒”，帮助该专业走向规范是

[1] 依照教育部指定高考信息发布平台统计，我国开办网络与新媒体专业本科教育的院校已达307所。

有贡献的。在此基础上，武汉大学新闻与传播学院课题组，在开展“基于一流课程的教学改革与实践研究”专项重点课题时[2]，对国内54家院校网络与新媒体专业本科人才培养方案进行内容分析，以3434门专业课程为样本，按照开设频率和代表性，整合出16门专业核心课程，并在此基础上编写了16本专业教材——《网络与新媒体概论》《数字媒体技术》《融合新闻报道》《新媒体内容生产与编辑》《新媒体Web技术基础》《短视频拍摄与制作》《新媒体运营》《新媒体营销》《新媒体产品策划》《数据新闻：理论与方法》《新媒体数据分析》《新媒体视觉设计》《新媒体广告教程》《新媒体伦理与法规》《计算传播学：理论与应用》《新媒介经营管理案例解析》——借此促进专业的课程设置和目标定位。虽然上述16本教材要涵盖该专业所有核心课程是困难的，但向着规范道路又跨出了坚实的一步。

其三，修订、重编教材要与知识更新迭代同步。网络与新媒体时代是一个变革的时代——传播技术在变，传播业态在变，媒体格局在变，人们的观念在变——变革是永恒的主题，它无处不在。与此相对应，知识的更新迭代同样迅猛。因此，修订、重编教材既要关注业界的最新动态，又要汲取学界的前沿研究成果，这样才能与知识更新迭代同步，始终立于时代前列。

修订、重新编写本套教材希望达到如下目标。

1. 在指导思想上，本套教材着眼于网络与新媒体时代合格的应用型人才培养，适应人才培养逐步由知识型向能力型转变的需要。这是编写本套教材的基本方针，也是编写的基础和前提。

2. 本套教材将“技术”“内容生产”“数据”“运营”“产品”五个层面作为着力点，将网络技术、数字技术、移动通信技术和人工智能技术等发展带来的各种新媒体形态作为主要研究对象，勾画出从传统媒体到融合媒体、从传统新闻到数据新闻、从传统营销到数字营销和从传统广告到数字广告的发展线索，落脚点和编写重点在网络与新媒体的理论与实践。教材内容既要相互关联，又要厘清彼此间的边界而不至于重复。

3. 本套教材瞄准高等学校网络与新媒体专业或相关专业的专业主干课，因而教材的编写内容，除了具备普通高等学校在校本科生、研究生必须掌握的新媒体传

[2] 中国高等教育学会2020年度“基于一流课程的教学改革与实践研究”专项重点课题“新闻传播学本科专业核心课程体系构建研究”(JXD05)。

播、运营实务的基本知识和技能外，还必须具备开阔的思路和国际化的视野，这有利于完善学生的知识结构，有利于培养其具有适应时代需要的新媒体内容生产、新媒体产品策划、短视频拍摄与制作、新媒体数据挖掘、新媒体运营和新媒体营销等方面的能力，保证其毕业后能胜任相关工作。

4．本套教材既关注理论前沿问题，又将基本理论、实际应用和案例点评相结合，展现出独有的特色。

其一，基本理论部分。围绕网络与新媒体相关理论，只作概括性的叙述，不进行全面性的阐述，对其基本原理，力争深入浅出，易学易懂。

其二，实际应用部分。网络与新媒体基本理论的实际应用是本套教材的写作重点。无论技术层面，还是内容生产层面，抑或是数据、运营、产品层面，注重实际应用贯穿于每本书的编写之中。

其三，案例点评部分。每本书的大部分章节都要求安排与本章内容相关联的案例点评，点评的篇幅可短可长，从数十字到数百字均可，用具体的案例点评，来回应前面的基本理论和实际应用。

5．本套教材在编写过程中尽力做到有思想、有创见、有全新体系，观点新颖，持论公允，整体风格力求简洁、明了、畅达，并在此基础上使行文生动、活泼、风趣。

“理想很丰满，现实很骨感”，上述目标在编写过程中是否实现了，还有待学界和业界学者、专家以及广大读者的检验与评判，为此我们祈盼着！

在本套教材付梓之际，需要感谢和铭记的人很多。首先要感谢武汉大学新闻与传播学院的老院长罗以澄先生，他不仅为本套教材的编写提出了许多建设性意见，还亲自撰写了序言，老一辈学者对年轻后辈的爱护与提携之情溢于言表。其次要感谢本套教材的所有作者，时间紧，任务重，至少有7本教材需要“另起炉灶”，其间的艰辛与困苦可想而知。最后要感谢西南大学出版社的杨毅先生、李远毅先生、杨景罡先生、钟小族先生和鲁艺女士等，是你们的辛勤付出和宽大包容才使本套教材得以顺利面世，感激之情无以言表。

周茂君　于武昌珞珈山

2022年8月

目录
CONTENTS

目录

CONTENTS

目录

CONTENTS

第一章　新媒体视觉设计概述

知识目标

1. 媒介发展的基本脉络、新媒体概念和特性。
2. 视觉设计基本发展历程及新媒体视觉设计特征。

能力目标

1. 了解新媒体和新媒体视觉设计的基本发展历史。
2. 了解常用的新媒体视觉设计工具和资源。

思维导图

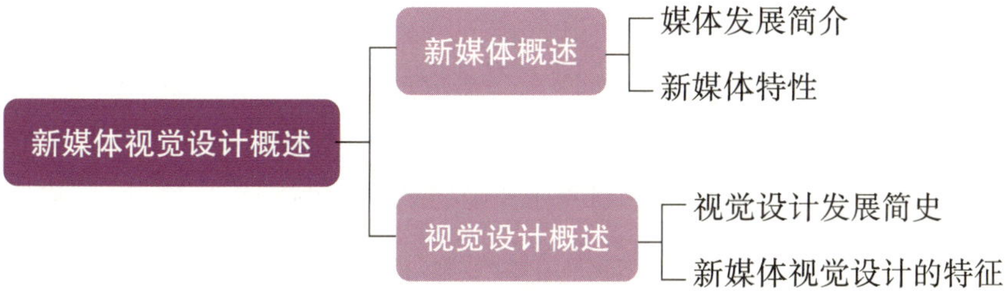

视觉设计的发展伴随着媒介形态的变迁。在不同媒体发展阶段,视觉设计呈现出不同的特征。随着新媒体的出现和迅速发展,新媒体视觉设计也得以产生并具有了该时期的个性。在全面了解新媒体视觉设计之前,了解媒体发展概况、视觉设计发展概况、新媒体的概念和特性、新媒体视觉设计的特征和工具对于新媒体视觉设计实践是具有指导性价值的。

第一节　新媒体概述

本节首先介绍媒体发展的五个时期,即口语传播时期、手书传播时期、印刷传播时期、电子传播时期及数字网络传播时期。其次对新媒体的概念及新媒体的特性进行简单梳理。

一、媒体发展简介

人类社会传播的发展史,在一定意义上就是传播媒介的发展史。主流媒介形态和特征的变迁通常意味着一个新的传播阶段的到来。人类对传播媒介的使用由来已久。人类发展史上,使用语言及非语言的符号来传播信息、利用驿站传送情报、用飞鸽传书、利用烽火和鼓声传递信息等都是具体的传播实践。从记录方式和载体形态来看,媒体发展历程经历了口语传播、手书传播、印刷传播、电子传播和数字网络传播等五个阶段。需要注意的是,五个阶段的传播形态并不是互相排斥、前后替代的。

在不同传播时期,往往存在多种主流媒介并存的现象,如纸质媒介、视听媒介、网络互动媒介同时并存,相互影响。当然,每一时期都有主流媒介存在,且均具有其独特的传播方式、主要载体形态、信息表示方式等。

(一)口语传播时期

大约在2.5万年至2万年前,人类产生了语言(口语)。这是人类传播媒介向前迈出的重大一步。语言的产生和运用改变了人类信息处理的方式。语言分离了声音与所指对象，在一定程度上可以将一些事件和经验进行抽象化的描述，使传播方式和传播内容产生了变化。同时，语言也使人类可以更加方便地处理信息，如对信息的记忆、传递、接收和理解。语言的产生是一个漫长的过程，也是必然。语言从产生到发展成为传播媒介经历了很多波折，但人类社会的生产和生活等活动为语言媒介化创造了条件，助推了语言成为传播媒介。当然，语言传播最大的问题是跨语言的交流和保留传承。一方面，不同国家、不同民族可能存在不同的语言，要彼此了解就需要学习对方的语言。另一方面，语言稍纵即逝，无法保存，使得早期的人类文明难以被洞悉和传承。

（二）手书传播时期

文字是人造符号的一种，在人类文明发展过程中扮演着极其重要的角色。文字延伸了人际传播的距离，拓宽了人类交流的空间，记录了人类交流的内容。口语传播时期，语言具有“具身性”特点，离不开人的身体或只能在短距离范围内传播，语言传播是依靠人与人之间的口口相传，具有过而不留、难以保存的缺点。其记录保存能力、传播范围、传播准确性均有一定的限制。而文字的出现使得已有的各种图画符号的意义标准化、抽象化和规范化。

大约5000年前，在古代埃及、两河流域和中国的一些地方，就产生了文字。这些文字最早是图形，随着表达意义的日渐复杂化，这些图形逐渐抽象成文字。大约公元前4000年，在古代埃及出现了世界上最早的象形文字。大约公元前3500年，两河流域（底格里斯河和幼发拉底河中下游）的苏美尔人创造了楔形文字。在公元前1500年左右，殷商时代的中国出现了现今发现的最早的文字——甲骨文。其后，文字进一步发展，由地中海沿岸的腓尼基文字发展到希腊字母，再发展到罗马字。伴随着人类生产活动的发展，文字也不断地进步，文字承载的信息量也在不断加大和丰富。

文字形成后，人类便通过手写的方式记录信息，而文字载体的寻找、运用和不断创新也成为该时期人类文明进步最直接的体现。泥石、树叶树皮、龟壳骨头、牛羊皮、青铜器、木竹及布帛等先后成为文字的载体。古代中国人将文字刻在龟甲、青铜器上，或写于竹简、丝帛上；古埃及人用树枝等蘸着染料将文字写在一种宽而柔的草叶上，史称“纸草”；古罗马人将文字写在草皮或黏土上；而古代中亚两河流域的人把文字刻在未干的泥板上。文字传播的“离身性”特点使信息的交流发生了很大的变化，信息可以离开人的身体而独立存在，传者与受者在时间和空间上可以分离，不仅传受双方不必再面对面地交流了，还实现了异步传播、纵向历时传播。

（三）印刷传播时期

文字解决了语言信息无法保存的问题，但在印刷技术发明前文字的记录方式依然是手写，效率低下，且载体笨重，信息借助这种方式记录和传播，其速度和效率依然不高。随着人类文明的不断进步，需要记录和传播的内容越来越多，对时效性和传播范围的要求也越来越高，迫切需要一种更轻巧、更方便、更快捷的载体出现。在这一背景下，纸张作为重要的革命性媒介出现，同时印刷术也得以产生。

公元105年，东汉的蔡伦改进了造纸术。他用树皮、麻皮和破布等植物纤维制成了轻便的纸张，成为记载文字、传播知识和信息的重要介质。造纸术传入欧洲，纸张逐渐取代羊皮和其他书写载体成为主流介质形态。

纸张的发明和普及应用引发了另一场媒介技术革命，那就是印刷术的发明。公元7世纪的隋唐时期，中国出现了雕版印刷。公元1041—1048年，北宋的毕昇发明了泥活字印刷。在这一时期，印刷版“邸报”盛行全国。公元1450年，德国金匠古登堡发明了金属活字和活版印刷机，奠定了机械化印刷技术基础。金属活字印刷使文章、书籍等信息的大量复制和快速传播成为可能。到17世纪，印刷术已经遍及全球。印刷媒介最初仅用于宗教经典的传播，准入门槛是较高的，随着技术提升和成本降低，印刷媒介渗透进人类生产生活的各个方面，不仅推动了教育文化事业的发展，也加速了新思想的传播。以机器为代表的工业技术对传播过程的介入，不仅使书籍具备了近现代媒介的形态，而且还使报纸、杂志等媒介产品形态逐渐完善起来，促成了以书籍、报纸、杂志为主流媒体的近现代传播时代即大众传播时代的到来。

（四）电子传播时期

电子技术的发明，引发了第四次传播革命，也使人类社会开始真正进入了大众传播时代。在定期印刷的报纸产生了300年后，广播和电视这两类大众传播媒介诞生。

广播的产生，标志着电子媒介时代的来临。而1936年11月2日世界上第一座电视台——英国广播公司（BBC）电视台正式开播，预示着电视新闻媒介正式诞生，大众传播时代真正来临。

以广播和电视为主体的电子传播，彻底突破了时间和空间的界限，使信息传播瞬间万里，而且摆脱了印刷传播中必不可少的物质载体（书、报、刊）和运输工具等方面的束缚，为信息传播开辟了一条更为便捷、高效的空中通道。同时，电子传播降低了受众的准入门槛，受众不需要识字，只要听得懂口语就可以接受信息。大众传播时代的到来，从根本上改变了人类的信息传播方式，并进而深刻地影响了整个人类社会的发展进程。

（五）数字网络传播时期

从20世纪50年代开始，晶体管和电子计算机的应用、集成电路与超大规模集成电路的诞生，促进了模拟式通信向数字化、网络化通信的发展。

在电话通信方面，程控交换机的出现和以此为基础的智能通信网的建立不仅满足了日常的电话通信的需要，还实现了增值业务的拓展，如各种热线（广告热线、信息热线、订票热线）和各种业务（个人通信业务、电子投票业务、大众呼叫业务）等。

在广播电视以及音像视听媒介方面，数字化技术与电视的结合产生了数字电视、交互电视和点播电视、网络电视。数字电视具有高清晰度、高保真度、高利用率、抗干扰性强、交互性和可扩展性好等特点。交互电视与网络电视则进一步提升了观众的用户体验，实现了电视与人的对话，可以实现诸如电影点播服务、节目列表管理、新闻点播、远程购物、游戏和远程网络信息查询等功能。而数字声像编辑出版技术的应用，促进了从普通编辑技术到非线性编辑技术的发展，从非交互编辑、半交互编辑发展到全交互编辑。视听媒介记录载体也从记录模拟信号为主的音带、像带发展到数字媒介，比如LD、CD、CD-I、VCD、DVD、CD-ROM、DVD-ROM等。

数字技术改进了造纸和印刷工艺。特别是印刷业，广泛采用了电子排版和激光照排技术，彻底地替代了过去的铅字排版、照相制版等旧工艺，不仅提高了效率和质量，还降低了成本，改善了生产环境。

在计算机网络与多媒体技术方面，从1946年第一台计算机诞生至今，掀起了多媒体和网络通信传播的发展浪潮。1969年，互联网的前身阿帕网（Advanced Research Projects Agency，简称ARPANET）在美国诞生。1993年，美国设立国家信息基础顾问委员会，指导建设美国信息高速公路。此后，欧洲各国，以及亚洲的日本、韩国等相继提出自己的信息高速公路计划。1994年，中国开始实施“三金工程”（金桥、金关、金卡），积极推进信息产业的发展。到了20世纪90年代末，互联网成为继报纸、广播、电视等大众传播媒介之后的“第四媒介”。网络的信息传播方式不断更新换代，各种各样的互联网应用形式充斥着人们的生活，BBS论坛、博客、播客、微博、社区网等成为许多人日常生活的基本需要。

当然，数字网络传播时代，在发布信息、获取信息和传播信息更加方便、更加快捷的同时，也会面临信息更加分散的状况。每个人都是信息的传播者，也可能是受众，以个人为中心，构建起网络化的社会，彻底改变了传播的形态和格局。

二、新媒体概念及特性

新媒体中的“新”是相对而言的，随着媒体技术的发展，媒体形态不断变化，新媒体的具体形态和内涵也在不断更迭，并具有不同的特征。

（一）什么是新媒体？

新媒体概念的提出最早可以追溯到20世纪60年代。1967年，美国哥伦比亚广播公司（CBS）的P.高尔德马克（P.Goldmark）在一份关于开发电子录像（EVR）商品的计划书中将电子录像称作“New Media”，新媒体概念由此诞生。

新媒体概念的重点在于对“新”的不同理解，因此也存在多种释义。

新媒体改变了传播过程中人与人的地位和关系。美国《连载》杂志将新媒体定义为“所有人对所有人的传播”。凡·克劳斯贝（Vin Crosbie）认为，新媒体就是能对大众同时提供个性化内容的媒体，是传播者和接受者融汇成对等的交流者，无数的交流者相互间可以同时进行个性化交流的媒体。熊澄宇认为，互联网用户既是信息的接受者，又是信息的提供和发布者。

新媒体有着以往其他媒体不具有的特征。熊澄宇认为，所谓新传媒，或称数字媒体、网络媒体，是建立在计算机信息处理技术和互联网基础之上，发挥传播功能的媒介总和。它除具有报纸、电视、电台等传统媒体的功能外，还具有交互、即时、延展和融合的新特征。匡文波则把“数字化”和“互动性”作为新媒体的主要标准。

新媒体也改变了传播方式。新媒体是包括数字化、互联网、发布平台、编辑制作系统、信息集成界面、传播通道和接收终端等要素的网络媒体，已经不仅仅属于大众媒体的范畴，而是全方位立体化地融合大众传播、组织传播和人际传播方式，以有别于传统媒体的功能影响我们的社会生活。

此外，新媒体具有一个时间性概念。在媒介发展史上，每一次媒介技术的变革和物质形态的诞生都会有新媒体出现。新媒体还具有一个技术性概念。当下的新媒体指的是依托数字技术、互联网技术、移动通信技术等新兴科技而产生的向受众提供信息服务的一系列新的工具或手段。既有新的媒体形式,也有新的硬件、新的媒体软件或新的信息服务方式。

从传播学视角看,它们又可以分为两类:一类可以称作新兴媒体,是新媒体的典型形态,以改变传播形态为主要诉求点,强调体验和互动,内容生产日趋分散化和个性化,如短视频、微博、微信等。另一类则可以称作新型媒体,包括户外新媒体、楼宇电视和车载移动电视等。

一般认为,新媒体概念有广义和狭义两种界定。广义的新媒体是指利用数字技术、网络技术和移动通信技术,通过互联网、宽带局域网、无线通信网和卫星等渠道,以电视、计算机和手机为主要输出终端,向用户提供视频、音频、语音数据服务,以及连线游戏、远程教育等集成信息和娱乐服务的所有新的传播手段或传播形式的总称,包括"新兴媒体",也包括"新型媒体"。狭义的新媒体则专指"新兴媒体"。

(二)新媒体的特性

新媒体是在"旧"媒体基础上发展起来的,并不会完全继承"旧"媒体的特性。它结合各个时期媒体技术的发展水平,具有了超媒体性、交互性、超时空性、个性化和融合性等特点。

1.超媒体性

超媒体性是指在多种媒体中以非线性的方式组织和呈现信息。依靠数字技术对多媒介信息的整合,新媒体可以为信息使用者提供文本、图片、声音、影像等多媒体信息,这些多媒体信息同样按照超文本的方式组织。例如网页,除了包含以上多媒体元素外,还可以通过超链接(Hyperlink)实现不同页面间的跳转,打破线性传播的约束。

2.交互性

交互性是新媒体区别于传统媒体的最突出的特点。它包括两层含义:其一,信息传授者之间的信息交流是即时双向的;其二,用户作为参与个体在信息传播过程中拥有主动权和控制权。作为大众传播媒介的报刊、广播、电影、电视,其信息的传播往往是单向的,即使存在互动也是非即时的。而新媒体的交互性则是其最突出的优势之一,如微博可实现即时点赞、评论和互动。

3.超时空性

新媒体利用互联网和通信卫星打破了地理区域的限制，只要有网络和信息接收设备，在地球的任何角落、任何时间都可以接收到由新媒体传播的信息。新媒体大大缩短了信息交互传播的时间，甚至实现了信息的“零时差”即时传播。

4.个性化

新媒体提供点对点的信息传播服务，使信息传播者可以针对不同的受众提供个性化的服务。新媒体环境下，信息终端在网络中都有一个固定的地址，如IP地址、手机号、电子邮箱地址、QQ号码等，信息传播者可以根据地址向一个或多个用户传播特定信息。另外，用户对信息的接收同样具有控制权，可以通过新媒体定制信息、选择信息、检索信息。

5.融合性

首先，新媒体改变了以往某类传统媒体只能提供某种单一形态信息的特点。它将各种信息形态（文本、图片、动画、音频、视频）、各种传输渠道（固定网络、移动网络、卫星、地面）、各种接收终端（电脑、电视机、手机、PAD）整合在一起，将所有的信息站点与不同媒介的用户互联，保证用户可以在任何地方、通过任何终端进入新媒体网络，得到直接或间接的服务。其次，融合性体现为超强的消解力和沟通力。新媒体消解了传统媒体各形态（电视、广播、报纸、通信）之间、国家与国家之间、社群之间、产业之间、信息发送者与接收者之间的边界，沟通了以往泾渭分明的计算机、电信、大众化传媒业等。

第二节　视觉设计概述

视觉设计是视觉传播中的重要环节，视觉设计过程需要结合新媒体特征并秉承视觉设计的一般性规律展开。本节首先简要介绍视觉设计的发展历程，在此基础上分析新媒体视觉设计的特征。

一、视觉设计发展简史

视觉设计指在视觉传达设计中以视觉创意设计为核心，通过视觉表现的冲击力、吸引力引起受众的注意和兴趣，实现信息传达并激发受众行为的设计。视觉设计是视觉传达设计的一部分。视觉传达设计兴起于19世纪中叶欧美的印刷美术设计（又称作平面设计、图形设计），并在此基础上扩展与延伸。随着科技的日新月异，以电波和网络为媒体的各种技术飞速发展，给人们带来了革命性的视觉体验。从媒介视角来看，视觉传达设计经历了七次演进①，分别是文字的诞生、造纸术的发明、印刷术的出现、摄影的问世、影像技术的革命、计算机与网络技术和移动通信技术的发展。

前五次演进逐步建立起视觉传达设计理论和规则，计算机与网络技术及移动通信技术的发展则对新媒体视觉设计影响最大。

20世纪80年代，电脑图形技术逐步成熟并广泛运用于整个视觉传达设计过程中。1984年，美国苹果电脑公司推出的Macintosh电脑提供了用于各种版面编排、图片处理、文字处理等领域的软件。同期，数字技术、激光扫描、数码影像等技术普及，迅速改变了传统设计模式和设计理念。电脑工具带来的便捷性使设计过程不再是单向、不可逆的，设计者可以随时撤销、返回设计过程的任何一点。这种优势促使设计关注的焦点由设计操作转换为设计分析、创意构思等，设计的有效性得以保证，可能性获得拓展。计算机与网络技术给视觉传达设计带来的变化延伸至交互媒体平台，使其不再是经由印刷手段完成信息传递的造型活动。其具体的表现形式也由二维迈向多维、从静态转向动态，呈现载体也由印刷媒介向网络新媒介转化。

进入21世纪，移动互联网技术、云计算技术、物联网技术、5G通信技术等迅速改变了整个视觉传达设计的生态环境，它开始朝多媒体、交互空间方向发展。该阶段视觉传达设计的传播方式发生了巨大变化，应用范围也得以无限拓宽。视觉传达设计与整个信息传播的变化是一致的，不再局限于单向参与和传播，而成为一个开放和交互的过程。原来的受众、观众、读者、听众成为更广泛意义上的用户，他们参与传播过程，进行情感表达、发表评论、提出质疑、转发和分享等。设计过程不再是单维的，而是多维的。在应用范围上，交互设计、服务设计、媒介融合设计、智能视觉设计等成为新的视觉传达课题。强调观者体验、跨时空叙事、非线性传达与定制化信息传播成为该时期视觉设计

① 齐立稳.从文字出现到交互空间——从媒介视角看视觉传达设计的七次演进[J].艺术大观，2021(8)：69-71.

的主要内容，人性化特征愈发明显。

在技术驱动下，视觉设计发展具有多种趋向[①]。

1.二维空间向三维、四维空间拓展

以平面设计为主的时期，文字、色彩和图形图像的编排设计是视觉设计的主要内容。进入网络传播时期，视觉设计借助各种媒介技术的加持以更为新颖的方式出现并快速发展。三维、四维空间的拓展摆脱了纵深维度、时间维度等的束缚，成为一种更好的视觉传播形态，也更符合当下用户对视觉信息获取的需求。

2.静态设计向动态设计发展

数字媒体技术的发展和普及为视觉设计向动态设计发展扫清了技术障碍。相对而言，动态视觉设计传递的信息量更大，形式更为新颖，也更能吸引用户的注意。另外，动态设计在传递有效信息的同时还能够提高有效视觉空间的利用效率。当前，这种设计形式在网页设计、数字化媒体广告等领域得到广泛应用。

3.信息单向传播向信息交互设计延展

数字媒体时代，信息传播方式已经从Web1.0时期的单向传播转向为交互式传播。视觉设计需要在内容与内涵上做更多的思考，不仅仅要简化、多维地进行信息设计和传播，更重要的是使信息传播更加轻松、有效、简单，直达用户内心，提升用户的体验，吸引用户参与信息传播过程，延展传播域。

4.从视觉走向多感官联觉信息传播

人类借助视觉系统感知的外界信息占到八成以上，视觉依然是信息感知最重要的五感之一。但随着媒介技术的不断发展，人们一方面不断追求多维的信息感知，如借助触觉进入移动互联网世界。另一方面，人们试图摆脱单一视觉的束缚，拓展多感官联觉传播，如语音交互。未来在很多领域都会有多感官联觉信息传播的存在，如电子商务等。

① 梁麟.新时期视觉传达设计发展的进程[J].艺术与设计(理论)，2013，2(9)：45-47.

二、新媒体视觉设计的特征

与以往不同阶段的视觉设计相比，新媒体视觉设计具有独特之处，它融入了新媒体技术特征。

（一）新技术的应用

人工智能与基因工程、纳米科学被并称为21世纪三大尖端技术。人工智能（Artificial Intelligence，简称AI）技术主要是指通过计算机模拟人类的思维过程和智能行为，以延伸人类在社会生活和自然生活中的能力。视觉设计融入了人工智能技术，人工智能算法通过搜集大量的设计作品，再对这些作品进行打散重构，然后根据人们的要求创作出新的作品。

虚拟现实（Virtual Reality，简称VR）技术也运用于新媒体视觉设计中。虚拟现实技术是指借助计算机产生的电子数据制造出模拟环境，使用户沉浸在三维仿真的环境中。随着数字技术的不断发展，虚拟现实技术在视觉效果的呈现上从最初的标清效果发展到现在的4K超高清效果，视觉冲击力得到了显著提升。

（二）精确互动性

新媒体注重与用户的交流和互动，除了信息获取的需求，用户更愿意参与信息传播流程，在互动中体验设计。新媒体通过互联网将内容发送到用户的计算机、移动终端、数字电视上，而用户可以自主选择自己想要的内容。后台能够通过点击率、浏览量等数据了解传播效果，可以更加精确地投放内容，增强了用户的体验感和互动感。

（三）多样化

多元化和跨界联合等新的内容被应用到新媒体设计中，设计者寻找到能在设计和其他交叉学科中共生的内容，进行设计研究，丰富设计内涵，从而使设计融入更多新的理念和设计元素。新媒体对信息生产和传播流程的再造，也是用户对信息表现形式的审美追求的改变。

(四)极简化

新媒体视觉设计也要遵循“少即是多(Less is more)”的设计原则。极简化就是要突出重点,以最基本的要素为中心,做到新闻价值的准确表达。例如,广泛应用于新媒体的图表,通过简洁有序的设计,能将繁杂的新闻信息以最快、最明了的方式呈现给受众。

新媒体视觉设计软件概述

知识回顾

从记录方式和载体形态来看,媒体发展历程经历了口语传播、手书传播、印刷传播、电子传播和数字网络传播等五个阶段。新媒体的概念有不同的解读,新媒体具有超媒体性、交互性、超时空性、个性化、融合性等特征。视觉设计指在视觉传达设计中以视觉创意设计为核心,通过视觉表现的冲击力、吸引力引起受众的注意和兴趣,实现信息传达并激发受众行为的设计。从媒介视角来看,视觉传达设计经历了七次演进,分别是文字的诞生、造纸术的发明、印刷术的出现、摄影的问世、影像技术的革命、计算机与网络技术和移动通信技术的发展。新媒体视觉设计具有技术新、精确互动、多样化、极简化等特征。

思考题

1. 媒体发展经历了哪些时期?
2. 新媒体的基本概念是什么? 具有哪些基本特征?
3. 简述视觉设计发展简史。
4. 新媒体视觉设计具有哪些特征?

第二章 新媒体视觉设计原则

知识目标

1. 新媒体视觉设计应该遵守的通用原则、桌面端原则和移动端原则。
2. 包容性设计的基本概念和设计原则。

能力目标

1. 了解新媒体视觉设计的通用原则及典型案例。
2. 熟悉桌面端和移动端设计原则，并能结合案例进行简单分析。

思维导图

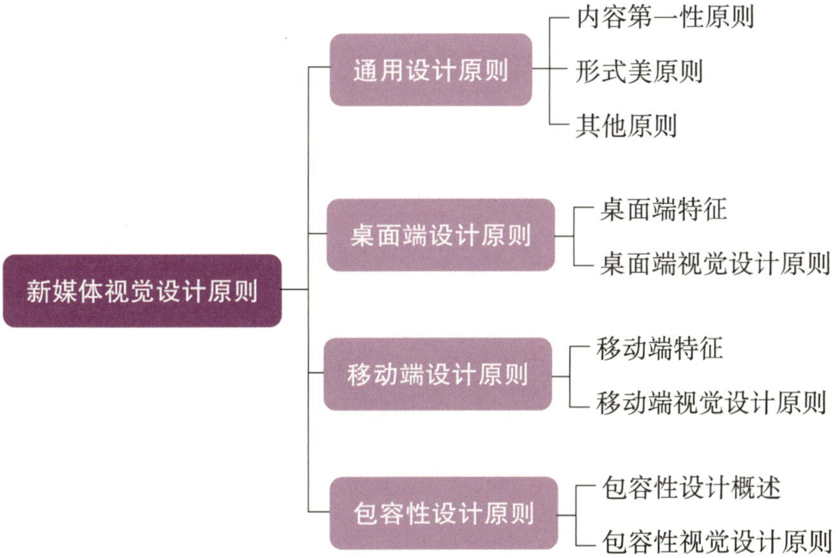

在开展新媒体视觉设计时，虽然鼓励广泛运用创造性思维，但依然有章可循，此“章”即设计原则。新媒体视觉设计应该遵守的设计原则包括通用设计原则、桌面端设计原则和移动端设计原则，还包括一些特殊领域的设计原则，如包容性设计原则等。

第一节　通用设计原则

在设计领域，追求“美”和“好用”似乎总是一对矛盾，如何做到形式与功能的平衡是一个难题。一旦达成平衡，自然就消弭了人与机器之间的距离，既达成了让产品好用的目的，也让使用者有了好的体验。一般认为产品的功能性是首要原则，如果是提供内容的产品，那么内容就是第一性的。本节将通用设计原则分为内容第一性原则、形式美原则及其他原则三部分。

一、内容第一性原则

媒介技术的快速进步推动了媒体形态的改变，但内容依然是新媒体赖以生存的关键，是视觉设计的“本”。新媒体视觉设计内容第一性原则从属于功能第一性原则，强调视觉设计的信息传播功能，在此基础上，还要注重审美功能。

(一)信息传播功能

视觉设计的首要目标就是传播信息。新媒体信息传播过程应注重信息的清晰、准确，且注重时效性。对于特定的媒体品牌而言，还有明确的受众和宣传目标。

桌面端媒体具有较好的纵向空间延展性，在内容呈现上更有优势。而对于移动端媒体而言，受限于屏幕大小，为了提升屏幕空间利用率，视觉设计更要以内容为核心，为用户提供符合其心理预期的内容是移动APP获得成功的关键，如图2.1所示。

图 2.1 移动端视觉设计以内容优先

具体而言，为达成较好的信息传播效果，在视觉设计中要遵循以下原则：

1.桌面端和移动端存在差异

由于桌面端和移动端的操作方式存在不同，具体设计中，两端不能直接照搬，要结合具体的操作特征进行调整，但保持总体风格一致。相对而言，移动端需要更为简洁，需要对内容及功能按重要性分层，删除不必要的内容。

2.内容优先

在用户浏览内容的过程中，适时隐藏一些干扰功能，让内容最大化。在移动端设计时，考虑到可以使用手势操作，还能较好地隐藏一些操作元素。

(二)审美功能

不管是桌面端还是移动端，视觉设计的优劣直接体现为界面设计的好坏。用户界面从属于媒介产品内容，其本身并不能独立存在，是内容的载体。界面概念实际是交互概念，因此设计的审美功能不仅由界面形式决定，也受到操作顺畅程度、信息接受心理以及信息接受形式等因素的影响。例如，腾讯社交产品TIM的定位是办公，因此它的视觉设计中使用了比较稳重的蓝色，如图2.2所示。

图2.2　TIM的界面风格

二、形式美原则

形式美原则也称为形式美法则，是在日常视觉设计实践中总结形成的一套较为成熟的系列设计规则。新媒体视觉设计应遵守这一原则，并可在此基础上不断创新。通常，形式美原则包括对比、比例、均衡和韵律等。随着用户文化素养和价值观念的变化，以及生活情趣和审美趣味的变化，形式美原则的内涵也在发生变化。简约成为当前较为流行的设计风格。

（一）比例

比例是指整体中部分和部分之间、部分与整体之间的数量比例关系。比例的作用在于使设计协调和稳定。最常见的比例就是黄金分割比。

黄金分割比（The Golden Ratio）是一个比较特殊的数学比例，通常取值是0.618。这种比例广泛存在于自然界中，如蕨类植物的茎、鲜花、贝壳，甚至飓风。在人造世界中，普遍应用于建筑、美术、设计、音乐、健康和商务等领域。在网页设计中，如使用960px的宽度布局时，除以1.618可以得到594px，这个可以用作页面布局的高度，然后将整个布局划分为两栏，一栏为正方形，一栏为矩形，就可以创建一个协调的布局。例如，Twitter的iPad版就采用了这种布局形式，如图2.3所示。

图2.3 自然界中的黄金分割比及其在设计中的应用

（二）重复

重复是指相同或相似的形态连续而有规律的反复出现。重复以单纯的手法使得整体形象具有秩序和统一感，节奏感强烈，让人产生清晰、连续、平和、安定、无限之感。

重复可以分为两种，一种是单纯重复，重复的部分完全或几乎完全相同；另一种是变化重复，重复单元相似并存在一定的变化规律。如图2.4所示，页面中心的矩形做了适度变形并填充了不同的内容，但却形成了不错的整体视觉冲击力。

图2.4 变化重复

（三）渐变

渐变是指形态有规律地连续变化，通过类似的形状、色彩、空间等获得形式的统一，与变化重复存在相似之处。渐变呈现了强烈的时空性。其中色彩渐变最为常见，大面积的色彩渐变背景使设计富有整体感。如图2.5所示，由左及右的虚实渐变营造出不错的空间感。

图2.5　空间虚实渐变

（四）对称

对称是指形态以某一点为中心，其左右或上下同等、同量、同形而形成的平衡。常见的对称形式包括左右对称、上下对称和放射对称等。按照新媒体视觉习惯，左右对称式布局是最常用的，也符合人类视觉的最佳视域，即16:9的横向视域，如图2.6所示。

图2.6　左右对称

(五)均衡

均衡是一种心理上的平衡,是指以某一点为中心,左右或者上下等量而不等形的配置布局。均衡是一种内涵动态的又能够揭示内在的、含蓄的秩序和平衡,能够体现造型上动与静相结合的形式。如图2.7所示,页面左侧的棕色小鸟形象和山羊形象与右侧面积更大的大象形象形成重心均衡。

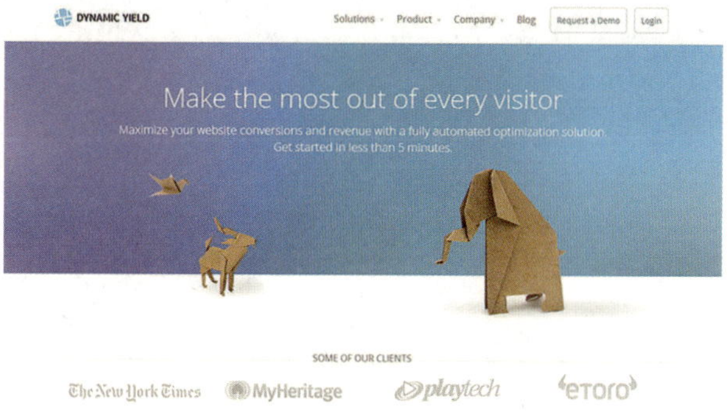

图2.7 重心均衡

(六)节奏

节奏源于大自然,太阳东升西落,月有阴晴圆缺等都是节奏范畴。很多艺术创作都借鉴了节奏,如诗歌、音乐、绘画等。在视觉设计中,元素的聚散、反复、重叠、转换等都能形成节奏感和美感。设计应用中,节奏是指将单体按照一定的条理、秩序重复连续地排列,形成一种律动的形式,如图2.8所示。

图2.8 均衡且有节奏的布局

(七)韵律

韵律通常是指有规律的节奏经过扩展和变化所产生的流动的美,可以依靠比例、轻重、缓急、反复、渐变等规律形式体现,如图2.9所示。

图2.9　通过色彩变幻产生韵律

(八)对比

对比是将性质相异的形态要素直接或间接地配置在一起,突出强调“异”。主要包括形的对比、色的对比、质的对比、势的对比、空间对比、结构对比和尺寸对比,如图2.10所示。

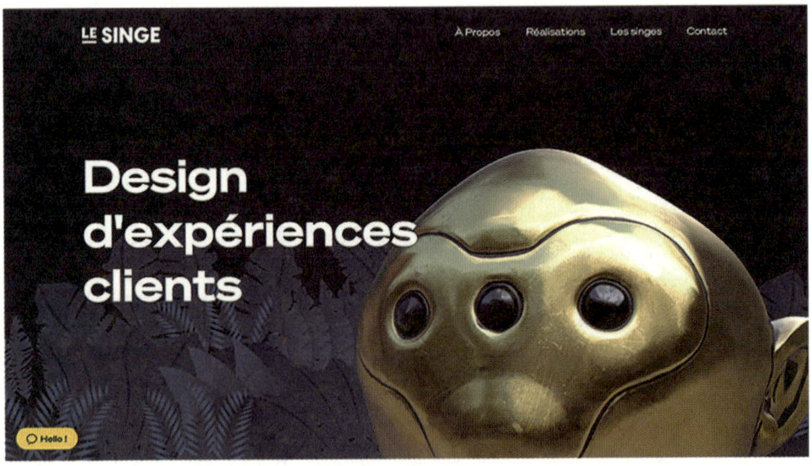

图2.10　质的对比

(九)统一

统一是指将性质相同或类似的形态要素并置在一起,形成一种一致或趋向于一致的感觉。统一能弱化矛盾,产生调和。如图2.11所示,页面左侧富有质感的线条和右侧的线状文字形成呼应,以及黑白颜色的搭配呈现出页面整体的统一。

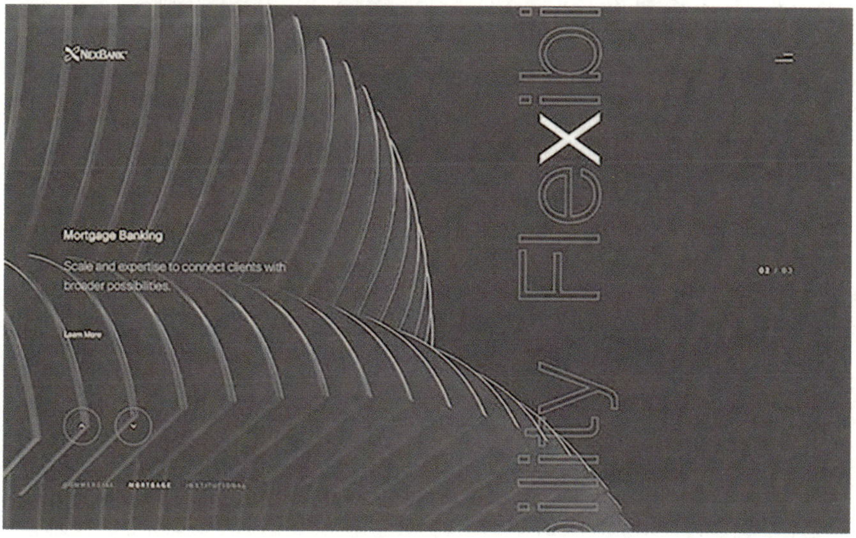

图2.11　线条与颜色的使用形成页面的统一感

三、其他原则

除了内容第一性原则和形式美原则外,视觉设计还需要遵守形象和内容统一原则和一致性原则。

(一)形象和内容统一原则

形象和内容统一就是要做到表里如一。形象即"表",是指内容的外在表现形态。形象是服务于内容的,当形象满足于用户的认知需求时,内容就能获得良好的传播效果。用户对形象的认知始于与之建立联系的界面。当界面中的信息明确、易懂,且与用户自身利益息息相关的情况下,才能被用户迅速地接收。如图2.12所示,First in Math是国外一家为在校中小学生提供解决数学问题服务的网站,其页面孩童的形象说明了它的服务对象。

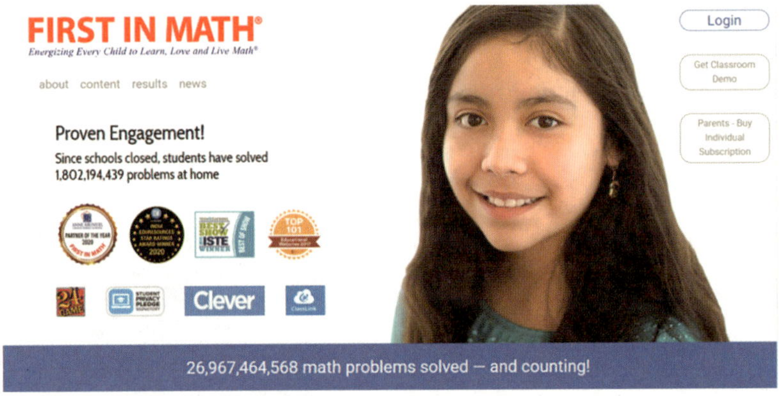

图2.12 形象和内容统一的页面

(二)一致性原则

一致性是新媒体视觉设计的基本原则之一。遵循该原则的设计可以让产品更易使用,用户的认知成本更低。一致性原则表现在三个层面。

1.产品层面的一致性

新媒体视觉设计中,在产品的基本结构布局、模块化内容、文案、交互行为和视觉风格等方面都应做到统一。如图2.13所示,页面中均匀分布的四个分栏虽然背景颜色不同,但文字形式和布局设计均保持一致,页面整体性很强。

图2.13 一致性设计

2.与产品运行的平台环境保持一致

新媒体产品都是基于不同的平台环境运行的，如桌面端的Windows系统，移动端的Andriod系统和iOS系统等。不管在哪种平台，都有一套完整的设计规范需要遵守，以确保该平台中运营的产品在视觉操作上的一致性。

3.跨平台版本的一致性

一般的新媒体产品都存在多平台的版本，不同平台的版本之间在视觉设计上也要追求一致性。

第二节 桌面端设计原则

桌面端包含了20世纪90年代的各种桌面客户端产品，如微软的Office系列产品，其特点是不用联网就可以在电脑本地使用和操作。桌面端还包含了21世纪初的各类Web端产品，其特点是能够在网页上进行操作并直接与远端进行交互。

一、桌面端特征

在移动互联网出现之前，桌面端中的各类Web产品是互联网的主流产品类型。其特征主要分为信息架构特征、样式特征和交互特征。

（一）信息架构特征

信息架构特征是新媒体产品层面的特征，体现新媒体产品全局的信息流向和信息呈现。

1.二维布局

桌面端的布局一般是二维的，有纵向布局，也有横向布局，且以横向布局为主。具体特征表现为三个方面。第一，横向维度的布局有效利用了屏幕空间大的特点，信息容量相对更大，使经典的“多栏布局”成为可能；第二，有效降低了信息架构的深度；第三，让单个界面(页面)的信息量大大增加。当然,该种布局方式也使设计师需要投入更多的精力做好各种视觉元素的归类、分层和排序等。

2.信息直观

受布局特征的影响,扁平化宽幅页面可以容纳更多的信息,信息架构简单直观。

3.就地流程操作

对于具有一定流程的功能,桌面端可以就地完成操作,即在当前界面中完成操作而不需要跳转到其他界面。桌面端的这种"就地操作"逻辑(或者叫情境式操作),几乎可以覆盖大部分的中小型功能。

4.界面少且浅

桌面端一般只有几个主界面,层级只有1~2级。其他信息承载方式包括弹窗、浮层、下拉菜单、右击菜单、点击菜单和tooltip(CSS提示工具)等。

(二)样式特征

桌面端的样式特征应符合WIMP(即Windows、Icons、Menus和Pointers)的设计要求,设计元素精细小巧,适合有精准定位能力的鼠标进行选取控制。

1.元素面积小

桌面端普遍使用鼠标和键盘交互,最常用的是鼠标。鼠标指针的尺寸比手指小很多,也灵活很多,可以精确控制到像素级。但需要注意的是,元素面积大小还和元素布局、元素承载的信息等因素相关。

2.元素布局紧凑

桌面端的元素布局可以做到比较紧凑。单一界面中可以容纳更多的元素。

3.倾向于上对齐方式

桌面端窗口尺寸相对较大,用户视线无法瞬时覆盖整个窗口,需要借助特定的视觉流程完成对界面中信息的获取。一般情况下,用户视线的流动方向是从左上进入,到右上,再到左下,最后右下。设计中元素的对齐方式推荐左对齐和上对齐。重要信息一般呈现于左上区域。

（三）交互特征

在样式特征基础上，相对于移动端的新媒体产品，桌面端的新媒体产品具有更灵活的交互特性。

1.以鼠标操作为主

桌面端采用鼠标交互时，交互方式相对复杂，具体交互动作包括单击、双击、右击、悬停、拖拽、划选和滚轮滚动等。此外，鼠标指针也包含了很多状态，这些状态的变化可以实现非常丰富的交互模式。如图2.14所示，在Windows 10操作系统中，Cursors文件夹中包含了208个项目。

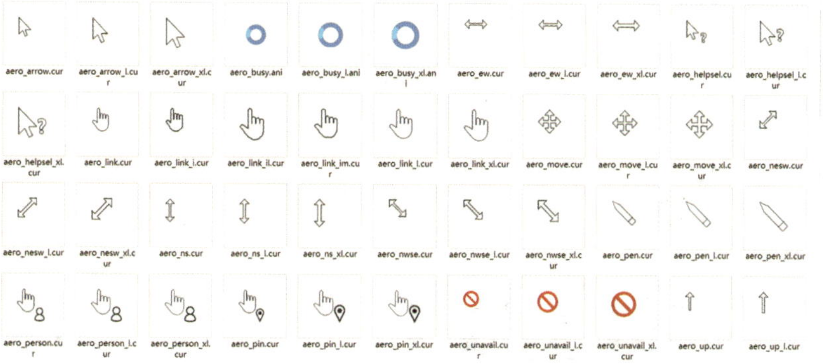

图2.14　Windows 10中的光标形状（部分）

2.以硬键盘操作为主

桌面端采用硬键盘的形式，输入成本相对较低。桌面端有丰富的快捷键逻辑，既包括系统默认的快捷键，如复制（Ctrl+C）、粘贴（Ctrl+V）等；也可以由用户根据个人喜好和是否高频操作自定义快捷键，如发送消息（一般为Enter）、下一步（一般为PgDn）。另外，对于比较成熟的桌面端产品，原则上需要支持"全键盘交互"，也就是说可以脱离鼠标实现所有交互，而这些键盘交互逻辑是需要设计师来定义的。如网页表单中的文本输入框（input）的顺序一般可由键盘中的"Tab"键来切换，在代码中可以用index索引来设定切换顺序。

3.多窗口模式

桌面端是多窗口逻辑，可以同时存在多个窗口，且各个应用之间也可以交互。所以在设计时需要定义这些交互逻辑，如窗口任务并行、窗口间交互或应用间交互等。

二、桌面端视觉设计原则

桌面端的新媒体产品具有横向受限而纵向开放的特点，页面包含的设计元素较多，内容较为繁杂，设计时需要遵守一定的设计原则以保证页面清晰，便于浏览。

（一）简明原则

桌面端正因为需要容纳更多信息，如何"一目了然"就很关键了。简单的新媒体视觉设计使用户更容易理解其承载的信息内容。简明原则指设计元素所构筑的页面简单到短时间就能理解页面信息内容，也包括页面中每一部分内容，如导航、搜索等。在斯蒂夫·克鲁格的*Don't make me think*这本书中也提出了类似的设计原则。简明原则甚至比功能的全面性和完整性还要重要。如图2.15所示，某设计网站的页面设计得非常简洁。

图2.15　简明的页面设计

克鲁格的第二可用性定律也与该原则有关。该定律指出：用户点击多少次都没关系，只要每次点击都是无需思考，明确无误地选择即可。

（二）减法原则

为了做到简明，设计中还需遵守一条规则：少即是多。克鲁格认为，去掉页面上一半的文字，然后把剩下的文字再去掉一半也没关系。减法原则可以有效地减少页面的干扰元素，让有用的信息更突出，让页面更简洁，展示更重要的内容。

（三）信息分层原则

信息分层原则就是对信息进行主次处理。如运用大字号、亮色彩等设计元素，突出重点内容，也可以通过逻辑相关连接视觉相关。

逻辑视觉嵌套是多数电商平台商品类目导航最为常用的设计方法。如图2.16所示，天猫图书商品分类中，“经管/励志”大类下，又包含了管理学、成长励志、金融与投资、经济学等，层次结构简明，便于用户查询。

图2.16　天猫商城的图书分类导航

（四）继承原则

用户体验中很重要的内容就是低学习成本，让设计符合用户的习惯是一种有效的办法。例如，“bilibili漫画”支持多种阅读模式的选择，除了高效的上下滑动翻页的“滚动模式”以及常规的从左往右翻页的“普通模式”，还可以切换动漫迷们可能会喜欢的从右向左阅读的“日漫模式”。每种模式的选项都有箭头图标清晰标明阅读方向，避免用户在切换阅读模式时对翻页顺序产生疑惑。充分尊重用户的阅读习惯，给予更多符合用户群体特征的选择权，会使阅读体验提升不少，如图2.17所示。

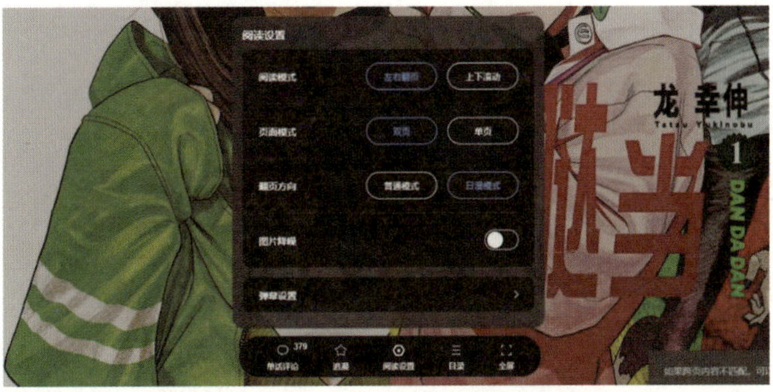

图2.17　bilibili漫画阅读模式切换

第三节　移动端设计原则

随着移动互联网及移动终端的普及，最常见的移动端应用（APP）和小程序（Mini Program）得以广泛应用，其设计也越来越受到重视。

一、移动端特征

移动端的主要特征主要反映在信息架构、样式呈现和交互特征等多个方面。

（一）信息架构

移动端的信息架构相对于桌面端更为简单，但更加强调交互性，其特征会影响到视觉设计的具体呈现。

1.纵向的一维布局

移动端的界面面积普遍较小，布局一般是一维的，且只有纵向布局。整体布局比较简单，能够容纳的信息也比较有限。

2.信息隐藏

考虑到移动端平面空间较为狭小，首屏能够呈现的只能是最核心的信息，其他信息必须采用折叠、删除的方式做隐藏，再通过较为复杂的信息架构借助用户交互逐步“抽丝剥茧”般地呈现。

3.跳转流程操作

受制于一维布局和信息隐藏，对于具有一定流程的功能，移动端往往需要通过不断地跳转界面才能完成操作，步骤较为繁琐。

4.界面深

移动端中大部分的模块分类、功能流程需要借助新界面来承载，必然导致界面数量多、层级深。

（二）样式呈现

移动端的设计偏向于交互操作，特别是触觉感官的利用，因此也具有了独特的样式呈现特征。

1.元素大

移动端最主要的交互方式就是用手指交互。综合分析人手指指腹的尺寸，要求界面中每个可交互元素的尺寸都需要大于7 mm（iOS HIG中的规定），这也就导致移动端的元素整体偏大一些。如图2.18所示，适老化设计的界面中，可交互元素的尺寸相比于普通版界面还要更大一些，更方便老人或手指不便利的用户使用。

图2.18　适老化设计使移动端交互元素尺寸更大

2.元素排布松散

考虑到移动端交互元素尺寸相对较大，以及手指灵活度低于鼠标，过于拥挤的元素布局容易引起误操作。因此，移动端交互元素布局相对松散，且不会出现大量元素密集布局的情况。

3.对齐方式

移动端屏幕相对较小，用户视线可以覆盖整个屏幕，因此设计元素的对齐方式对用户获取信息影响并不大。

（三）交互特征

移动端运用的是独特的触觉交互，这种交互特性也会反向作用于样式和信息架构。

1. 手指交互为主

移动端最主要的交互方式就是手指交互，交互方式相对比较简单，以点击为主，滑动、缩放等各类手势为辅。根据移动端屏幕大小的差异，左右手操作的不同，会形成操作难度不同的交互区域，如图 2.19 所示。Natural 区域是手指最能自然触及的位置，Stretching 区域则是需要尽力伸长手指去碰触的位置，而 Hard 区域则是手指难以碰触到的位置。

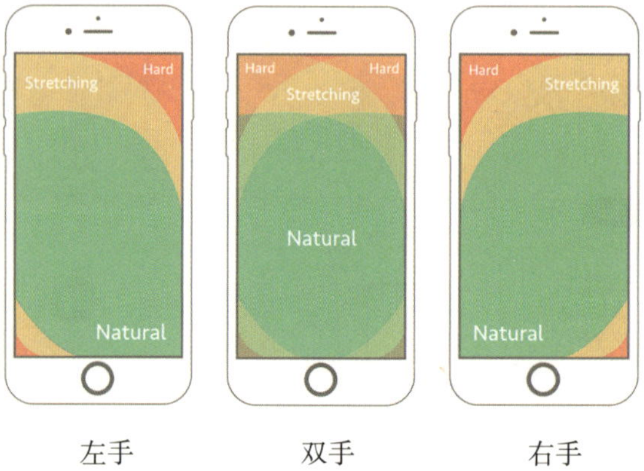

图 2.19　移动端手指热区示例

2. 软键盘输入为主

移动端通常采用软键盘输入的形式，每一个键位都较小，手指不易控制。由于软键盘场景中没有快捷键逻辑，所以输入相对要麻烦一些。从技术角度看，软键盘一般分为系统默认键盘、第三方键盘和自定义键盘等。iOS 系统共提供了 12 种键盘类型，最常用的有 8 种，分别是默认（中英）键盘、邮件地址键盘、数字符号键盘、带小数点的数字键盘、纯数字键盘、拨号键盘、网址键盘、外国产品键盘（如 Twitter、Instagram）等。Android 系统键盘则提供了 9 种键盘类型，基本与 iOS 系统提供的键盘类型一致。图 2.20 呈现了 iOS 系统提供的 3 种键盘类型。

图 2.20 iOS 系统的部分软键盘

3.窗口模式

移动端多数是单一窗口，所有操作都是针对当前窗口，很少有跨窗口操作的逻辑。

二、移动端视觉设计原则

移动端视觉设计原则受移动端特征的影响，触觉交互的典型特征也左右了移动端视觉设计朝着满足这一特征的方向发展。

(一)符合触摸要求

在触屏设备上，手势操作灵活多变，交互自然，但也带来识别性差、操作精度不高等缺点。从视觉设计角度看，主要考虑到移动界面空间局限，除了内容要进行缩减外，用于触控的元素面积要适当增大，从而提升触控精度。如图 2.21 所示，大按钮常用于一些核心页面的强指引，比如登录、注册、提交表单或保存等对页面全局进行操作的按钮。通常页面中大按钮的数量不宜超过两个，信息应保持聚焦。这类大按钮的高度大于等于 72px 是比较合适的，常用的高度尺寸有 80px、88px 或 96px，如图 2.22 所示。

图 2.21 某 APP 登录界面使用的大按钮设计

图 2.22 核心大按钮的高度设定

（二）符合移动输入要求

移动端不论是用手写输入还是用软键盘输入，其操作效率低且出错率高，特别是移动状态下或单手操作时。因此，在移动端视觉设计时要尽量避免文字输入而使用一些代替方案来提升输入效率。

1.减少文本输入

可以采用关键字联想，如在搜索时输入一个字，可以通过联想匹配让用户尽快找到目标，而无需输入全部文字，如图2.23所示。

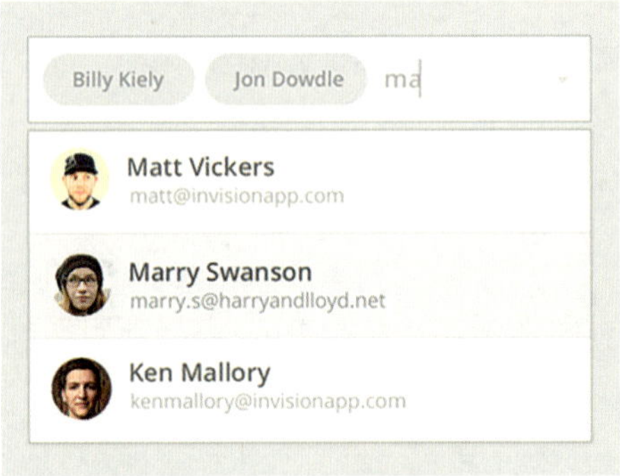

图2.23　输入的联想功能

2.保留之前输入的内容

移动端在文本输入时难免会遇到网络不畅或其他原因，导致文本输入时意外退出的情况。此时如果能保留用户之前输入的内容则是很有必要的。

3.转化输入方式

可以通过将常用的输入框转化为选择控件，或其他自定义控件（如日期、地址、城市等可转化为选择控件）。如图2.24所示，当用户输入银行卡号后，银行卡的类型控件自动做出了选择。在页面下方，银行卡失效时间采用了选择的方式，便于用户选择操作。

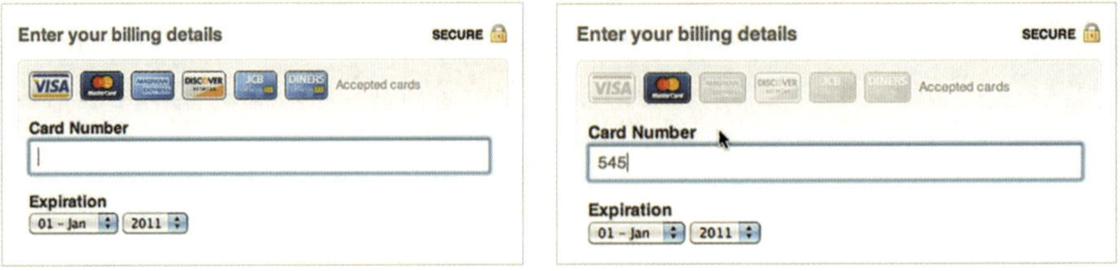

图2.24　输入结果转化为选择结果的控件

4.使用手机已有的传感器输入

如语音输入、扫描识别(二维码、条形码、文字、图片等)等。

第四节 包容性设计原则

包容性理论最早起源于对权利贫困和社会排斥等社会问题的关注,旨在消除贫困和推动贫困人口经济的可持续性增长。在视觉设计领域则更多关注视觉弱势群体在视觉信息获取上的公平和一致。视觉弱势通常表现在身体残疾或健康状况堪忧,也包括从情境障碍到参与活动的限制。

一、包容性设计概述

包容性设计(Inclusive Design)是在消除可能存在的限制和障碍的同时,通过一种共同的、非特殊的设计尽可能多的满足受众需求。目前,包容性设计还没有公认的标准的定义。2005年英国标准协会将其定义为能让尽可能多的人群方便使用且无需特别的适应或特殊的设计。英国贸易和工业部"前瞻计划"中将其定义为一个过程,使设计师、制造商和服务供应商确保其产品和服务能够满足最广泛的受众的需要,不受他们的年龄或能力的限制。①而微软公司认为,包容性设计是一种以包容性方式创建解决方案的方法,可提供具有主流吸引力的体验;通过以多元化思维看世界,可打造更具包容性的产品,消除障碍并激发创新。

包容性设计的提出具有一定过程性,它与通用设计(Universal Design)、无障碍设计(Barrier-free Design)有许多相似之处,通过对比能凸显出该设计关注的人群和目的的差异,见表2.1。

① 董华.包容性设计:英国跨学科工程研究的新实践[J].工程研究-跨学科视野中的工程,2011,3(1):19-25.

表2.1 无障碍设计、通用设计和包容性设计的差异[①]

	对象	目的	缺点
无障碍设计 Barrier-free design	残疾人为主	产品、场景和服务应使残疾人能够正常使用。	缺少人文关怀，造成了使用时的隔离感；无障碍设计与其他设计产生冲突；一些设施或产品的应用人群过窄。
通用设计 universal design	所有人（包含年龄、性别、种族、语言）	使用单一方案，解决尽可能多的人的需求。	采用单一的解决方案，不可避免地会遗漏一些人群（理想化）。
包容性设计 inclusive design	所有人（从目标人群扩大到更广泛的人群）	以多种方式解决不同人群的问题，以避免边缘化任何人。	成本较高（时间、资金）；可能会出现一定程度的冗余设计。

二、包容性视觉设计原则

在不同的细分设计领域或不同的组织中，对包容性的理解存在差异，在包容性视觉设计原则的制订中也存在不同。

（一）微软的包容性设计原则

美国的微软公司认为，包容性设计是一种诞生于数字环境的方法论，它能够充分利用人类的多样性。最重要的是，可以包容具有各种观点的人并向他们学习。他们认为，当带着偏见去解决问题时就会出现排斥现象，设计中需要发现这些排斥并将其作为创造新的更好体验的机会。

1.识别排斥

微软对残障这一概念的理解从个人的健康特征转变成一种背景信息或者说复杂现象，即“某个人的身体功能与其所经历的社会功能之间的交互”。包容性设计是指包容个人与其所处情况、环境和整个社会之间的差异，如图2.25所示。

①资料来源：站酷网，《无障碍设计、通用设计、包容性设计的区分》。

图2.25　包容性设计的理解

2.将适用于一个人的解决方案扩展为适用于多人的解决方案

所谓的“残疾”或者说排斥可以划分为永久性、临时性和情境性三种类别。当我们认识到针对永久性残疾的设计可以同时造福情境性障碍人群时，一种解决方案就能适用于更多人。如图2.26所示。

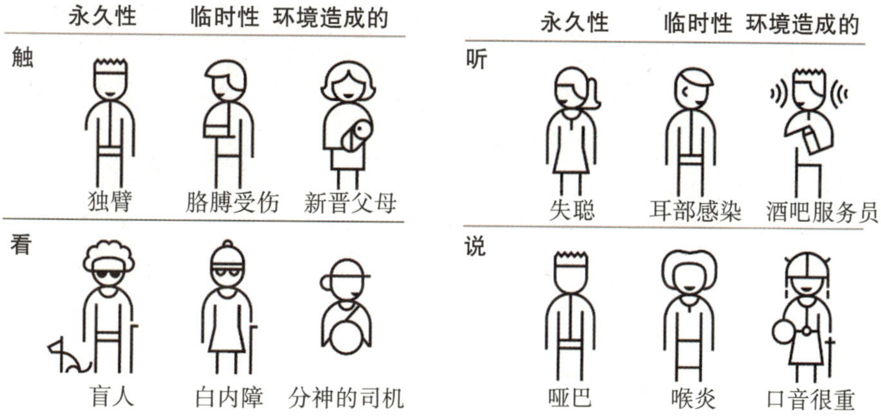

图2.26　包容性设计的适用对象

3.从多样性中学习

了解多样性需要培养同理心，通过观察和学习人类的独特天性、他们的情感状况以及他们如何驾驭环境，可以得到改善产品的设计灵感。就像在设计中应该邀请残疾人一起设计，而不是为他们设计，如此才能真正认识到人们遇到的障碍以及共同的动机。

（二）TPG的包容性设计原则

TPG的包容性设计原则是2002年由美国可及性软件及咨询机构Paciello集团（The Paciello Group，简称TPG）提出的。

1.可比体验

确保界面为所有用户提供了可类比的体验，这样人们就能以满足其需要但又无须降低内容品质的方式完成任务。

2.考虑情境

人们使用产品的场合不尽相同，但无论什么情境下都应确保界面给人提供有价值的体验。例如夜间模式与深色模式的区别(图片示例来源为B站和网易云)，如图2.27所示。夜间模式：适合夜晚弱光使用，正常光下可读性弱，可能会加深近视。深色模式：内容可读性更强，强弱光皆可。

图2.27　夜间模式和深色模式对比

3.保持一致

遵循约定俗成的东西并在应用时保持一致。

4.给予控制

确保用户拥有控制权，人们应该能够以他们钟爱的方式访问和交流内容。

5.提供选择

考虑为人们提供不同的方法来完成任务，特别是那些复杂或非标准化的工作。

6.内容优先

通过在内容和布局中设置优先级，帮助用户关注核心任务、功能和信息。

7.增添价值

斟酌功能的价值以及它们如何改善不同用户的体验。

知识回顾

新媒体在发展过程中，其设计原则在不断发生变化，但有些原则确实是恒定不变的，如内容第一性原则，形式美原则等。在常见的新媒体类型中，桌面端和移动端因其本身存在不同的特征使得基于两端的设计原则存在不同。桌面端既有纵向，也有横向布局，信息架构较为简单，交互主要以鼠标和键盘为主。移动端则因屏幕空间较小，单屏能够容纳的信息元素有限，交互类型也较为单一，主要以手指交互为主。而包容性设计则是未来视觉设计中充满人文关怀的一种趋向，了解熟悉这些设计原则对于设计能够满足多类型用户的新媒体产品而言是必要的。

思考题

1. 如何理解内容第一性原则？
2. 试列举形式美原则，并用案例解释。
3. 桌面端视觉设计需要遵循哪些原则？
4. 移动端视觉设计需要遵循哪些原则？试比较桌面端和移动端设计原则的差异。
5. 简述包容性设计。
6. 试比较无障碍设计、通用设计和包容性设计。

第三章 新媒体视觉设计元素

知识目标

1.新媒体视觉设计的界面、基础设计元素

2.新的技术条件下的设计元素组合与呈现方式

能力目标

1.了解新媒体视觉设计的界面、基础设计元素和扩展设计元素

2.熟悉各元素的概念和特点,并能结合案例进行分析

思维导图

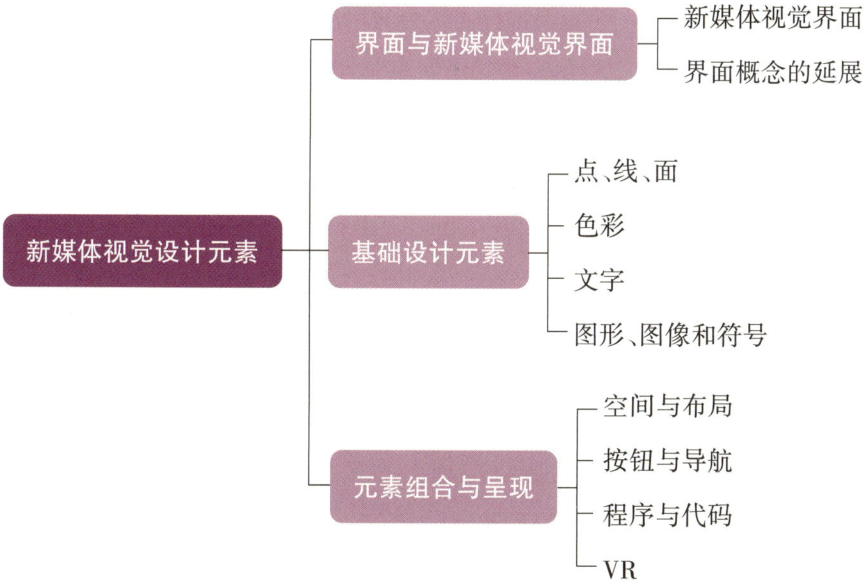

新媒体视觉设计是现代科技与艺术结合的产物，兼有感性思维特征和理性思维特征。与相对抽象的语言交流不同，视觉设计基于视觉线索完成信息传达，概称为视觉传达。视觉传达过程是设计者将设计思想和概念转化为视觉符号的过程，即概念视觉化的过程。了解视觉设计要素并灵活运用是设计者应具备的素养。新媒体视觉设计的元素包括界面和基础设计元素如点线面、色彩、文字、图形、图像及符号等，以及扩展设计元素如留白、按钮等。

第一节　界面与新媒体视觉界面

界面是视觉设计的“画布”，是设计者概念视觉化和用户进行信息转译的窗口和载体。对界面概念、性质和特征的了解有助于视觉设计的开展。

在《现代汉语词典》中，“界面”意为物体与物体之间的接触面。在设计领域，用户界面是人与物交互的工具，是设计师赋予产品的新面孔，其本质是传递和展示信息。新媒体视觉设计是界面设计的一个重要部分。优秀的用户界面设计清晰，用统一的视觉层次和内容结构来引导用户完成任务，并且还会减少不必要的内容和元素，为用户提供良好的体验。

一、新媒体视觉界面

新媒体视觉界面也被称为用户界面(User Interface)，是人和计算机交互的平台。基本交互过程是用户传递简单的指令给机器，机器执行相关的操作，回应用户给予的操作信号，同时给出反馈信息，用户按照反馈信息进行接下来的操作。目前，人机交互主要依赖数字界面的辅助，较为常用的是图形界面。如图3.1所示，1981年由美国Xerox公司设计的8010信息系统就是早期的图形界面。

图 3.1 1981 年的 Xerox 8010 信息系统

在数字产品领域中，用户界面设计主要关注的是界面元素在显示屏和各种终端平台(如PC、手机和平板电脑)上通过不同的布局和信息层级呈现出的效果，电子游戏和电视界面也包括其中。如图3.2所示，今日头条网站在桌面端和移动端，根据界面的宽度和用户需求的不同，在布局和信息层级上有着截然不同的呈现。

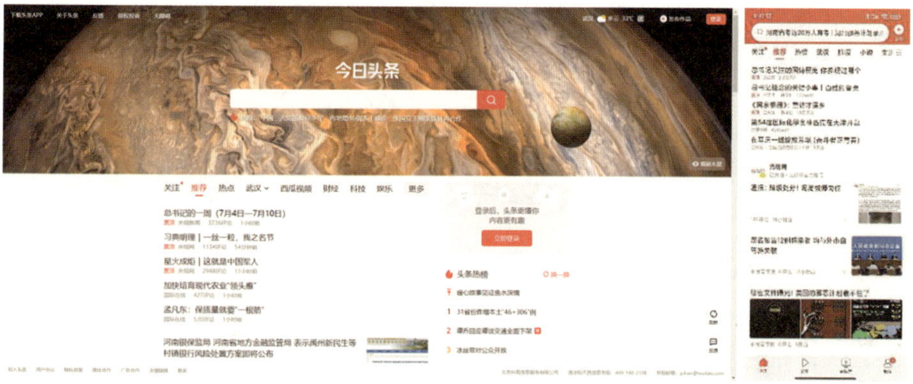

图 3.2 不同终端下的界面设计

新媒体视觉界面的设计元素包括：点、线、面、色彩、文字、图形、图像及符号。设计者根据不同的显示屏和终端的特点进行视觉设计，最常见的界面组成组件包括：

(1)输入组件。让用户可以对信息进行选择和录入，包括搜索框、聊天框和选择框等组件等。

(2)导航组件。用于选择目的地和筛选信息的组件,包括分页和各类导航条等。

(3)信息组件。向用户提供反馈的元素,包括图形图像、文字、视频等。

新媒体视觉设计者的工作范围和内容主要包括:视觉层级设计、布局(间距和对齐方式)设计、标题和文字的视觉比重设计、配色规范设计和图标(Logo)设计等。设计者可以参考优秀设计案例、设计惯例、标准及可用性原则等来确保界面方案符合用户需要,常用的技巧包括:

(1)统一。通过统一的界面功能,用户可以快速掌握使用方式。

(2)层次。具备清晰的功能以及层次结构可以使页面一目了然,使用颜色、字体和图形等样式可以向用户指明各要素的层级顺序和基本作用。

(3)空间。利用自由空间进行合理布局,使界面更加清晰易懂。

二、界面概念的延展

新媒体视觉设计的界面虽然以屏幕为主,但作为人机信息传播媒介,其概念也随着数字技术的发展得以延展。

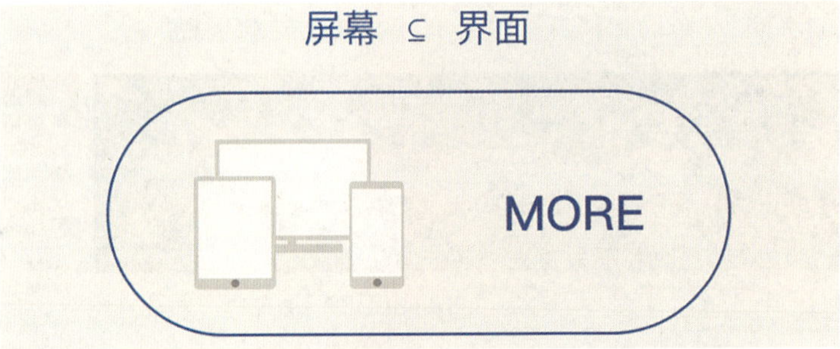

图3.3 界面不只是屏幕

(一)超越二维:VR和AR

作为平面终端的手机和电脑,用户界面被显示在电子屏幕上,是二维的,且界面一般呈现为矩形形状。在VR和AR中,用户界面出现在三维空间中,屏幕边界彻底不存在,设计者的设计域也不再局限于电子屏幕,而是虚拟世界中的整个空间。界面形状及样式也不再局限于矩形,呈现出更多可能性。

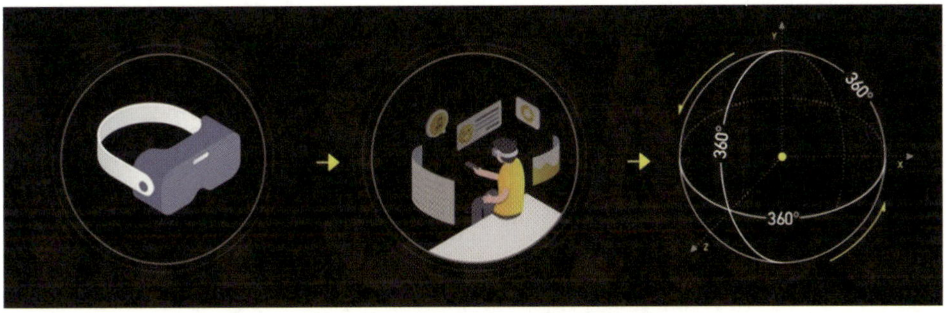

图 3.4 VR 拥有“无限空间”[①]

VR 和 AR 的三维空间为虚拟屏幕带来了一些独特的属性。

1. 具有深度

虚拟屏幕拥有电子屏幕不具备的 Z 轴，因此具有深度特征。深度用于体现元素之间的差异，使屏幕内容的层次结构更加清晰。

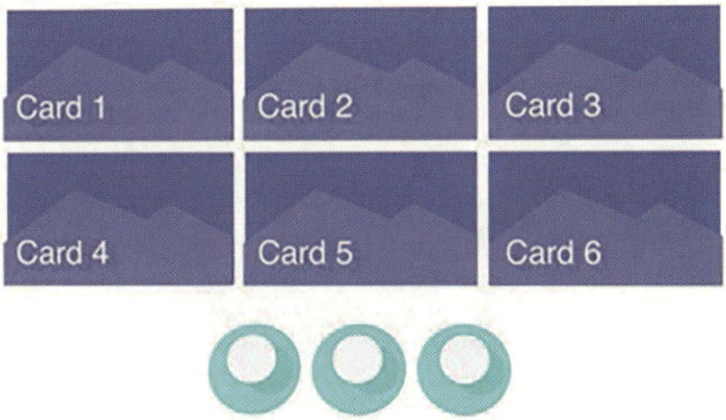

图 3.5 虚拟屏幕深度[②]

2. 任意形状

虚拟屏幕可以显示在任何形状的平台上，无论是平面屏、曲面屏、折叠屏还是分屏。平台载体的形状会影响屏幕内容的放置和交互。

① 图片来自爱奇艺 XRD 团队。
② 图片来自 Google I/O 2017。

图3.6在三种不同形状的载体上的虚拟屏幕[①]

(二)万物皆屏:云端电脑+多屏应用

云端电脑是指个人或企业的操作系统、功能软件和各类文档均存储在云端,或可称为云主机。用户只需配置可携带或可穿戴式轻薄屏幕就可以随时随地在无线网覆盖的地区接入云端电脑进入工作、学习或娱乐的状态。

图3.7 可携带的柔性显示屏

① 图片来自Google I/O 2017。

第二节 基础设计元素

元素是指构成事物的基本物质，最初是化学概念。设计元素就是构成整体视觉设计呈现效果的最基本单位。对各元素的分类、组合和应用的过程，就是视觉设计的过程。开展视觉设计前，需要对视觉设计元素有基本的了解，对设计元素的基本特征和运用方式的掌握程度，直接影响到作品最终呈现的效果，对于用户的使用体验和接受信息的效率也有着重要的影响。①

一、点、线、面

康定斯基认为，点、线、面所构建的美必须以有目的的激荡人类灵魂这一原则为基础的。对点、线、面的运用，不仅要体现其作为设计基础元素的独特特征，又要体现三者相互联系、衬托的关系②。

（一）点

点是最基本的视觉设计要素，也是最简洁的造型要素。点没有方向性，但它可以在呈现出不同的大小、颜色以及不同的布局方式时，产生静止或运动的感觉③。

1. 点的特性

作为最基本的设计要素，点具有线和面不具有的“元特征”。

（1）向心性。

点具有集中属性，单个的点尤为如此。点的布局能够形成特定的视觉引导，起到突出和强调事物的作用。如图3.8所示，微博的开屏界面采用单点设计的方式，位于页面底部的Logo等同于一个点，形成了视觉中心，起到突出强调的作用。点的位置也会引起不同的心理反应，悬浮的点与下沉的点所带来的心理感受是截然不同的。

① 刘晓刚．服装设计元素论[J]．东华大学学报（自然科学版），2003（2）：23-26.

② 波林．平面设计的语言[M]．曹帅，译．北京：中国青年出版社，2013.

③ 李卓．平面设计中的点、线、面表达[J]．数码设计（下），2020，9（5）：199-200.

图 3.8　微博开屏界面

(2)聚集性。

点自由而细腻,不具有线的伸展特点,但可以设计成各种形状和组合以适应不同形式的界面布局。常用的有线化点和面化点。

第一种为线化点。界面布局中,图标即可视为点,当对图标进行排列组合时会形成具有引导特性的“线”,形成视线引导。如图 3.9 所示,网易云音乐的歌单列表和歌曲列表都是采用了线化点的引导方式,不管是图标还是阿拉伯数字序号都可看作点。

图 3.9　网易云音乐的歌单列表和歌曲列表

第二种为面化点。“九宫格”式布局即具有此特征。这种分布形式主要是将点在界面中进行横向排列，以每个点作为一个快捷方式的入口，在界面中呈网格状布局。像各类APP的金刚区业务入口就属于典型的网格状布局，如图3.10所示。在该布局中，点的组合更倾向于形成“面”，更具有观赏性，引起用户注意，且网格状布局会引导用户的视线形成平稳移动，有利于用户的视觉区分。

图3.10　某外卖类APP和某阅读类APP的界面

2. 点在新媒体视觉设计中的运用

点的运用可以有以下几种形式：单点、两点和多点。

(1)单点。

单点即一个点。单点的设计不仅能够快速吸引用户注意力，而且能够很好地体现元素间的轻重关系。单点的“吸睛”能力是其他元素无法比拟的，能够更好地突出主题，从而起到宣传产品或立意的作用。单点还能给用户沉稳踏实的心理感受。

(2)两点。

两点指界面中有两个点。当界面中仅有两个点时，人们会很自然地将它们用线连接起来，视线会在两点之间移动。当两个点一样大时，它们的相互作用直接表现在连接二者的视线上，产生一种相对吸引和连接的整体视觉效果。当两个点大小不同时，大的点首先会受到注意，随后观察者的视线会沿着两点连线逐渐从大的点移向小的点，最终聚焦在小的点上。这种运用形式起到了引导的效果，有助于设计者有效控制信息流向，有序传递信息。

(3)多点。

通过多点排列形成密集的版面形态,可分为密集点、分散点和自由点。密集点通过密集的点元素让画面形成整体的“肌理”效果,增加画面的层次感;分散点可以让界面的视觉感受更加广阔,让整个画面更加生动;自由点这种构成方式更为自由,还能够起到平衡版面的作用。如图3.11所示,海报中鸟形的剪影可以看作自由点,它们灵活生动,起到了平衡版面的作用。

图3.11　鸟形的自由点起到了平衡版面的作用

值得注意的是,点在新媒体视觉设计中是抽象元素,是一个相对概念,即页面中的不同对象都可以抽象为点。如图3.12中,左边的灯笼、右边的花朵,文字背后的烟花、星星等,都可以视为点元素。

图3.12　支付宝抽奖页面的灯笼、烟花等都可以视为点元素

(二)线

线也是视觉设计中的常用元素之一。一般认为点的连续移动形成线,当点在移动方向保持不变时,则形成直线;当方向发生变化时,则形成曲线。

1. 线的特征

线形成的方向性使其具有了引导性,线的存在隐喻成“界”,则有了分割特性,而线型的差异及线的组合则使线具有“型”的特征。

(1)引导性。

在几何意义上,一条线可以向任何方向延伸,这使得它具备很强的引导性。在新媒体视觉设计中引导性最显著的体现就是路线的记录与显示。如图3.13所示,在某运动类APP和某导航类APP中,运动轨迹和导航路线就是具有引导性的线。

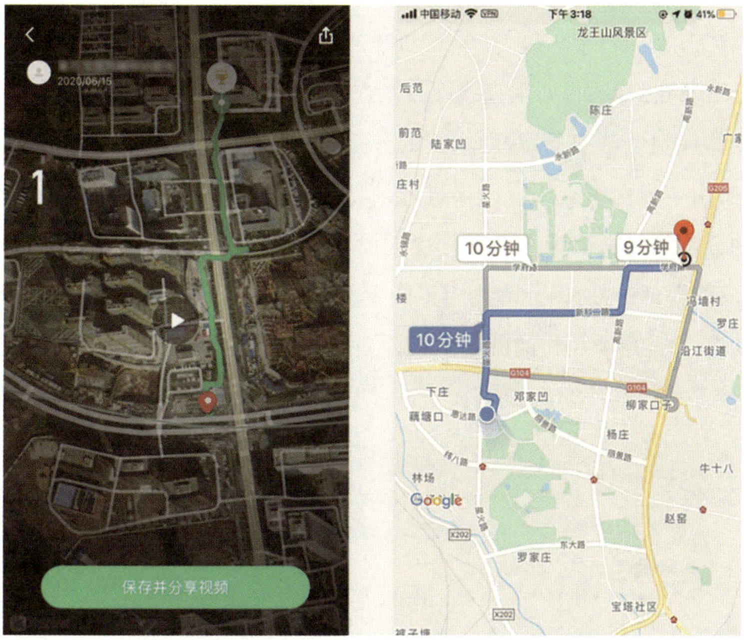

图3.13 某运动类APP和某导航类APP的页面

如果把一条线加上起点和终点,从时间维度看可以理解为界面中不同场景的时间轴、步骤条、加载条或进度条等。通常,线的时间维度呈现可以通过添加点元素,借助点的中心性来辅助定位。线的空间维度则表现为滑动页面时的滚动条,如图3.14所示。

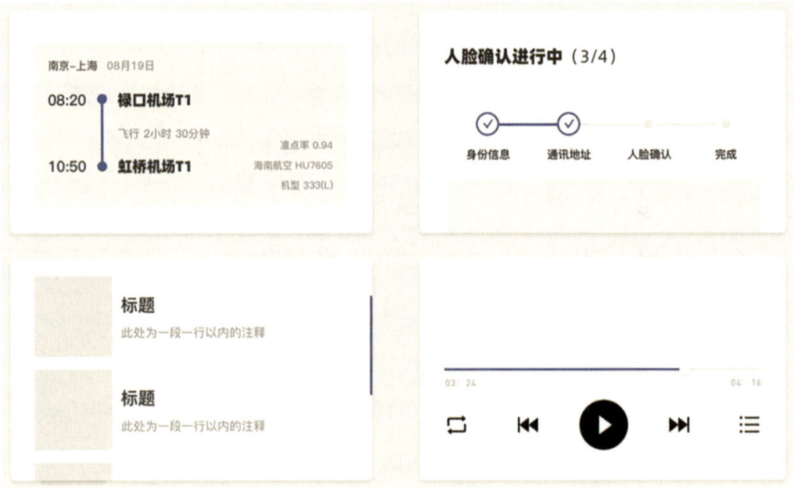

图 3.14　时间轴、步骤条、滚动条、加载条

(2)分割性。

线可以用来分割界面,如垂直线即分割左右连接上下,水平线则是分割上下连接左右。在新媒体视觉设计中,经常利用线的分割性及留白来划分模块和界面。在早期的视觉设计中,由于界面中运用留白来进行信息划分,在区分效果不明显的情况下,常用额外引入的分割线元素来辅助。现代视觉设计中,由于分割线的使用会造成视觉权重的分散,界面变得琐碎,所以分割线用得较少了。如图 3.15 所示,右侧的视觉设计中,分割线视觉权重过大,影响用户的阅读体验。

图 3.15　分割线应尽可能轻量化

(3)造型性。

线是点的连续移动形成的,本身具有方向性,当方向按某特定规律不断转变后,会形成有意义的形状。相对而言,线比点更富有感情色彩。从数学的角度来看,拥有坐标的点处于静止状态,而线就是对点的分布或运动轨迹的描述。它具有位置、长度、宽度、方向、形状和性格等属性。线条具有丰富的表现力,具体与其属性如无形、曲与直、刚与柔、实与虚、粗与细、深与浅等有关,不同的线条能营造出不同的视觉效果。

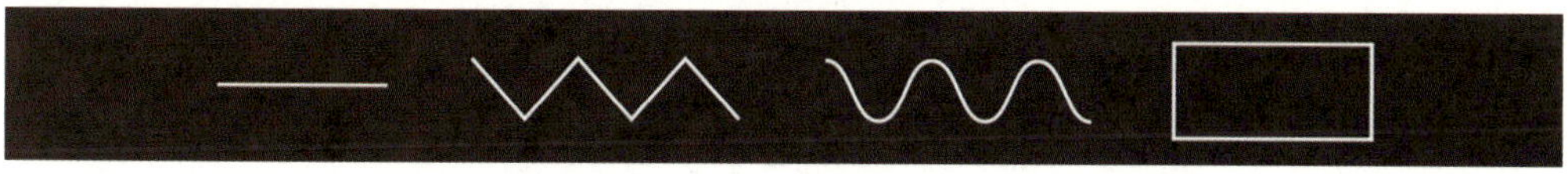

图3.16　线的造型性

直线有着其他类型线条不具备的稳定性。不同方向的直线又有不同的特征,如水平线给人的感觉是平和,垂直线给人的感觉是沉着,斜线则带有冲击感等。如图3.17所示,页面中浅黄色的斜线营造出人物的动感。此外,直线是两点之间的最短距离,本身富有极大的视觉张力,如果采用发射的方法对直线进行运用,还能在一定程度上提高直线的视觉冲击力以及表现力。

图3.17　使用斜线的视觉设计

曲线的流动感比直线强,而自由曲线比几何曲线(抛物线、弧线、双曲线等)更显得灵活,通常给人以优雅、流畅、轻快、活泼的感觉,具有灵活、优柔、女性美的特征。如图3.18所示,该网页通过柔和的曲线分割画面,辅以浅色的曲线作为渐变色区域的装饰,给用户带来轻快、灵活的视觉感受。

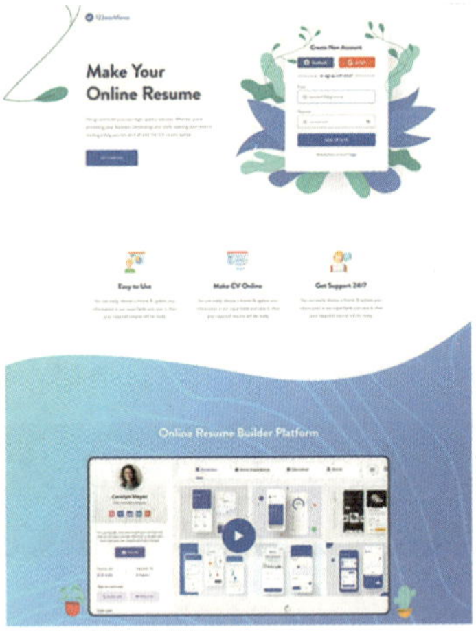

图3.18　使用曲线的视觉设计

2. 线在网络视觉传播中的运用

线和点一样在视觉传播中广泛运用，在视觉设计中，因其具有方向性等特征，其作用又有别于点。

(1)引导视线。

在新媒体视觉设计中，用作引导用户视觉流向的不一定是具体的、有形的线，也可以是看不见的、无形的线。如图3.19，人物的眼神方向会形成一条无形的线，引导用户的视线从最初焦点对象转向到新的对象上，如从人物到文字上。

图3.19　人物的视线是无形的线[①]

① 图中的箭头并非原设计中就有的，是作者为说明视线的方向和位置加上的。

(2)分割画面。

线能够将画面分割成几个部分,且具有连贯性,画面被分割以后会显得更加生动有趣,并且能规范人们的阅读顺序。此外,在分割线的使用上还要尽量减轻量级,以免给用户加重阅读负担。如图3.20所示,页面中简单的线条配合星形符号将画面进行了分割。

图3.20 线条的分割作用

(3)丰富画面。

线条本身是重要的设计元素,有时也是对其他设计的补充。设计者可以运用不同造型的线条来装饰和丰富画面。考虑到线型性格的差异,不同线型的组合会给画面增添不同的感受。在设计时,可以根据画面整体调性的需要选取相近性格的线型来丰富画面的层次。但需要注意适度原则,切忌画蛇添足,增加过多不必要的线条。如图3.21所示,页面中运用了不同造型的线条来丰富画面。

图3.21 运用不同造型的线条丰富画面

（三）面

从数学的角度来看，面是线的集合体。新媒体视觉设计中，面的形态存在多样性，也具有不同的情感。

1. 面的特征

面是具有一定区域或者体量的元素，它比点或线更有力量感和强壮感。

（1）承载性与分割性。

面的无限扩展属性使其能够负载各种数据信息，如文本、图像、视频、专有单元或数据等。2012年的Google Now第一次将卡片形式设计应用到用户界面中，这种设计带来了熟悉的拟物感，继而Google又把卡片设计风格置入Material Design设计语言中。Google通过为界面添加了Z轴来拟物，映射生活中的一张张卡片，并且通过阴影的浓淡反映卡片所在的高度，通过不同的高度实时反映当前元素的层级关系。如图3.22所示。

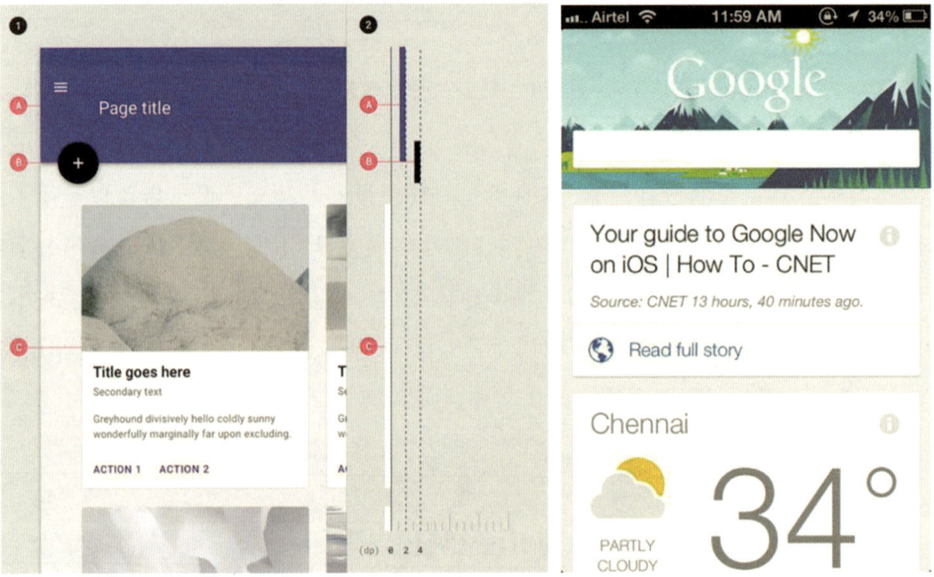

图3.22 Google卡片式设计

（2）辨识性。

面的二维属性使其成为各种信息的载体，其延展性赋予了独特的视觉张力。以图标为例，相对于线性图标，面的辨识特性使得面性图标具有更好的可辨识性。面形图标除作为用户界面关键业务入口的图标外，也常用于代表已激活、正被选择的状态，与之对应，线形图标代表未激活、尚未被选择的状态。如图3.23所示，日常使用的社交、支付、资讯、音乐等应用都采用了这一设计思路。

图3.23　面性图标与线性图标

2. 面的形态

由于面形成方式的不同造就了面的形态的差异。在视觉设计中，面的形态一般包括规则的几何形面和不规则的有机形面、自由形面及偶然形面等。

（1）几何形面。

几何形状的面一般是单纯的、抽象的，如六边形、圆形等，一般具有简洁、规范、单纯明朗、易辨认、逻辑清晰、有数理秩序和机械的冷感性格等特征。直线型面规整、硬朗，让人联想到男性形象，给人安全感和秩序感，如图3.24中的正方形、三角形和六边形。而曲线型面形状柔和，易于联想到女性形象，给人轻盈和灵动感觉，如图3.24中的圆形。几何形面的应用能很好地体现科技与艺术的结合，也具有时代的美感。

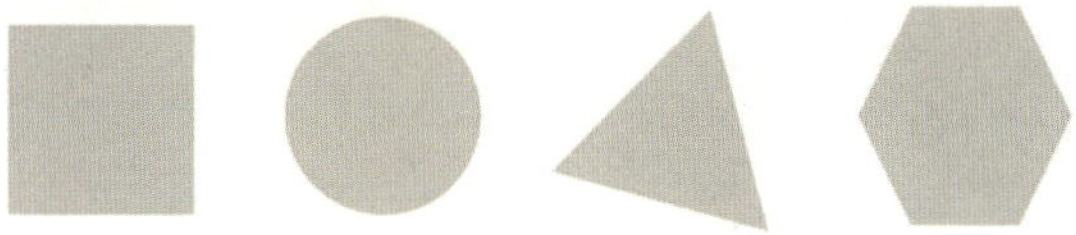

图3.24　几何形面

（2）有机形面。

有机形面是指不能用数学方法得到但又不违反自然规律的面。它既可以是自然形象，如动物、花卉和树木等，也可以是人工形象，如汽车、建筑物等。有机形面一般造型复杂，但又有秩序之美，具备简约、丰满、柔软和活力等特点。如图3.25所示，页面中间的气泡形状富有张力，给页面带来活力。

图3.25　有机形面案例

（3）自由形面。

自由形面是一种不规则的构图风格。它既可以通过自由的、徒手的线条获得，也能够利用排列对象获得。自由形面具有高度可塑性，运用时强调整体规律性的表现力。如图3.26所示，背景中蓝色和粉色的自由面贯穿在整个界面中，起到良好的气氛烘托作用。

图3.26　自由形面案例

（4）偶然形面。

偶然形面是利用艺术形式如泼墨、浸染等效果偶然产生的，具有生动、自然、无序，以及不能完全由主观意志控制等特征。大部分偶然形面是通过特殊技法获得，在富有东方文化元素的界面中较为常见。如图3.27所示，外围撕纸的效果呈现出无序状态。

图3.27 偶然形面案例

3. 面在新媒体视觉设计中的运用

在新媒体视觉设计中，面的运用也与其特征紧密相关，如其承载性特征使面可被作为信息的容器，而其分割性特征则使面可以用于丰富空间的构型。

（1）承载信息，突出内容。

面的形状特点及延伸性让其可以承载文字、图片、视频等各类信息。同时，面的辨识性又可以使其承载的信息更为突出，便于用户辨识和获取信息。如图3.28所示，卡片式的内容推送便于用户区分每一个推送的主题内容（左图），点击卡片之后会全屏显示推送的具体信息（右图）。

图3.28 卡片式推送

（2）分割画面。

面对画面的分割作用与线有关系，面的边缘实质为线。面的造型不同会为画面增添不同的感觉。如图3.29所示，左图通过不规则的云、牛奶盒、餐具等形状来分割画面，俏皮可爱，并且符合产品特征；右图通过有锋利尖角的三角形分割人物所在的画面，给人以智慧、锋利、针锋相对的感觉。

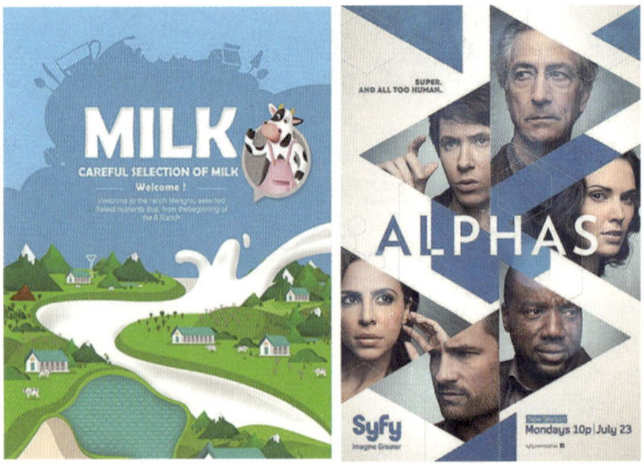

图3.29　不同的分割方式带来不同的视觉感受

二、色彩

色彩是最为常用的基础设计元素之一。色彩的应用有助于信息传达、情感表达和艺术呈现。在色彩应用中，需要注意几点：（1）色彩不是必需的设计元素，精彩的界面设计也可以通过黑白灰无彩色系表现，如图3.30所示。（2）色彩设计要符合设计规范，要照顾到色彩弱势群体。参见第六章第三节中“无障碍色彩应用”部分。

图3.30　网页的黑白设计

三、文字

文字设计是视觉设计的重要组成部分。为获得良好的设计效果，文字设计通常与布局设计相结合，实现文字与布局的和谐，达成良好的视觉艺术效果。

文字设计是将文字用艺术的手段进行结构与色彩上的编排组合，使其具有一定的艺术表达效果。因此，文字设计的特点在于不仅仅是正常的文字排版，还应具有设计的艺术表现效果，艺术性是文字设计的一大特点。如图3.31所示。

当然，文字的本质在于传递信息。因此，文字设计必须遵循该本质特征，在此基础上，可以突破文字本身的内涵，传递更多信息，如体现视觉焦点、引导阅读等。详细内容可以参见本书第八章。

图3.31　文字的艺术性表现

四、图形、图像和符号

与文字相比，图形图像具有更强的视觉冲击力。它生动形象化了原本文字中相对抽象的信息内容，将界面信息更加直接有效地传达给用户，增强了信息的传播效果。

（一）图形、图像和符号的概念

图形是指在一个二维空间中可以用轮廓划分出的若干空间形状，是由外部轮廓线条构成的矢量图，它是局限的、可识别的形状。如图3.32中，右下侧的购物车、客服和返回顶部的按钮图标都属于图形。

符号具有很强的抽象化特征，设计中符号运用的意义在于识别性和记忆性，从而成为设计的一部分。视觉符号大部分是图形，也有一部分是简化的图像。最常见的符号就是Logo，如图3.32中的运动品牌标志、北京冬奥会标志等。设计符号犹如标语或口号一样，向人们传递着其设计理念。

图像是客观对象的一种相似性的、生动性的描述或写真，是人类社会活动中最常用的信息载体。[①]广义上，图像就是所有具有视觉效果的画面，从呈现载体来看，有纸介质上的，底片或照片上的，以及电视、投影仪或计算机屏幕上的。在新媒体视觉设计中，一般是指数字图像。如图3.31中，左右两侧的运动员照片都属于数字图像。

图3.32　网页中的图像、图形和符号

(二)图形、图像和符号在新媒体视觉设计中的作用

人是视觉动物，图形、图像和符号是一类典型的视觉信息元素，它们直观形象的特点能够有效传递信息，还能够跨越文化界限，并具有很强的艺术气息。

1.传递信息

在新媒体视觉设计中，图形、图像和符号运用的主要目的之一就是传达概念和信息。相对于文字，图形、图像和符号在信息传递上更加直接、形象，用户可以更快更准确地接收、了解资讯。如图3.33所示，在购物网站的页面中，左侧的牛排图像形象准确地

① 贾永红.数字图像处理[M].武汉:武汉大学出版社,2003.

传达了商品信息。

图 3.33　传递信息

2. 增强艺术性

图形、图像和符号一般都由点、线、面组合而成，并配合色彩，运用比喻、形象、夸张或写实等手法来表达视觉艺术效果，增强页面的艺术性，调动用户审美情感。如图 3.34 所示，将代表秋天的扁平化图像配合颜色置于页面中，有效增强了页面的视觉美感和艺术性，页面氛围令用户愉悦。

图 3.34　美化页面

3. 增添趣味性

在新媒体视觉设计中，文字信息可能会占据主体，由于文字理性抽象的特征，文字较多的页面会显得单调枯燥、沉闷呆板，也会分散用户的注意力。页面中如果增加图形、图像或符号等元素，可以有效调和页面与文字的关系，缓解用户的视觉压力，活跃页面氛围，增添页面的趣味性。如图3.35所示，页面中插画将左侧文字想表达的主旨可视化，增加了趣味性，可以给用户留下深刻的印象。

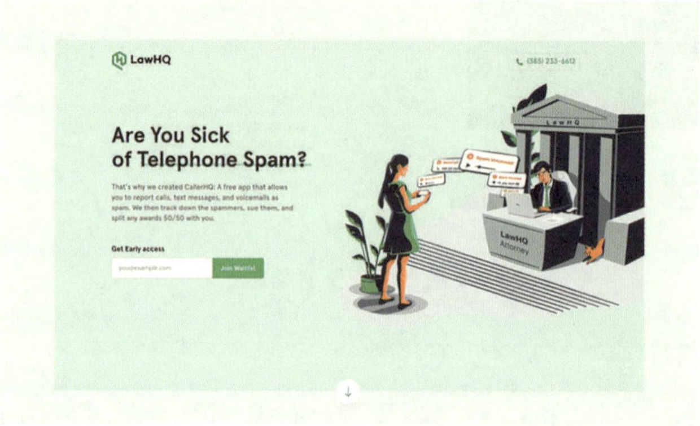

图3.35　活跃画面

4. 增强视觉表现力与冲击力

新媒体视觉设计如果采用独特的、有个性的、大胆创新的图形图像可以增强界面的视觉表现力和冲击力，带给用户新颖独特的视觉体验，给用户留下更深的印象。如图3.36所示，美国罗德岛设计学院官网通过使用颜色明亮的摄影作品极大增强了网页的表现力。

图3.36　增强视觉表现力与冲击力

5. 超越时空性

图形、图像和符号作为一种视觉艺术语言，可以超越地域、时空的界限，突破人类思想和语言障碍，实现地域文化间和民族间的信息沟通，是一种全球性语汇。图形、图像和符号的恰当运用，不仅能有效跨越时空，准确传递信息，还能引起人们的艺术关注与文化共鸣。如图3.37所示，2022年北京冬奥会吉祥物“冰墩墩”以憨态可爱的形象受到世界各国运动员的喜爱。

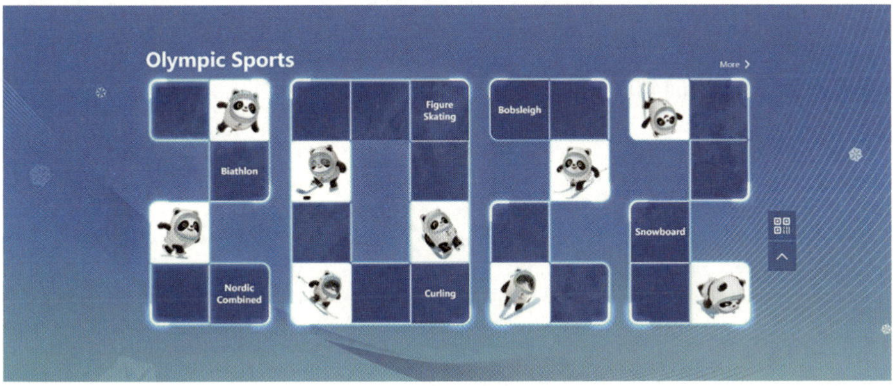

图3.37 超越时空界限

6. 引发情感共鸣

情感传递也是图形、图像和符号重要的功能。在页面设计中，可以选择与页面主题一致的图形图像，通过情感注入，调动用户的情绪，引发用户情感共鸣。能够触动用户情绪的设计往往更具有说服力。如图3.38所示，可口可乐官网背景图给人一种包容、温馨的感觉，能够很强地调动用户情绪。

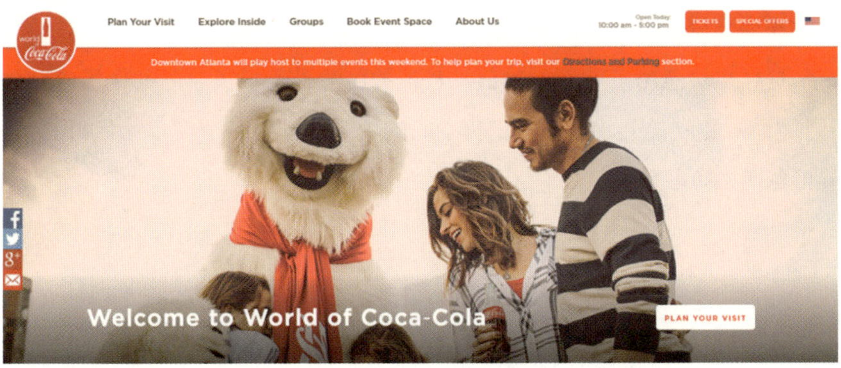

图3.38 引发情感共鸣

第三节　元素组合和呈现

新媒体视觉设计中，运用单一基础设计元素开展设计的情况是比较少的，将元素组合运用是常见的做法。在此过程中，视觉设计类似于做一道菜，设计元素就是食材和调料，优秀的设计者就如同经验丰富的厨师，通过对设计元素的合理组合搭配来呈现出“美味”。元素组合也随着技术、设计理论、审美趋势和应用需求的发展，呈现出了不同的视觉效果，承担着不同的信息传达功能。

一、空间与布局

在新媒体视觉设计领域中，空间既是一种设计元素组合，是一种视觉效果，也是一种重要的艺术表现形式。在二维空间内，仍可以将空间分为平面空间和立体空间。它们的理解和特征存在差异，均被有效应用于视觉设计的各个情境。

1.平面空间

平面空间是二维空间，主要表现在空间造型上。在平面空间中一般没有中间调性差异，通过基础设计元素的组合可以形成丰富的平面空间关系。

(1)正负空间。

视觉设计中，图或形是一种正面、积极的视觉元素，也称为正形，它所占有的空间就是“正空间”，与之对应，图或形以外的空间，就是“负空间”，也称为负形或“留白”。在设计中，通常需要强调的是正空间的作用，因此会将正空间与负空间拉开距离以突出正空间的效果，这样也会忽略负空间的价值。较好的做法是正视负空间的作用，把它放在与正空间同等重要的位置上。处理好正负空间的关系是创造一个简单而优秀的设计作品的第一步，如图3.39。

图 3.39　利用了正负空间的设计

(2)区域性空间。

区域性空间是由二维平面中的视觉元素的空间位置关系形成的,通过视觉元素对平面空间的占有与分割,形成区域性空间。英国艺术家莫里斯·德·索斯马兹认为,如何分割画面是一项重要的决策,因为正是这个基本的比例关系引起了对视觉的第一次冲击。由于分割形式与占有位置不同而产生多种区域性空间,也会带给人不同的空间感觉。这种区域性的版式空间的划分与分类有多种角度与形式,如:网格式、轴式、斜轴式、放射式、膨胀式、自由式等。如图 3.40 所示,某视频网站用的就是典型的网格式构图。

图 3.40　区域性空间设计案例

(3)层次空间。

与真实空间相比,层次空间本身并没有真实的距离和深度,只是一种视觉感受。二维空间里的层次空间是由点、线、面等形态元素组合表达的视觉感受,利用视觉元素的叠加、覆盖、遮挡、间距、明度、颜色和尺寸等形式的变换和对比所构成。如图3.41所示,画面中的白色文字、儿童形象及红色立体符号相互遮挡形成了有层次的空间感。

图3.41　层次空间设计案例

层次空间的深浅取决于各元素本身的大小对比,颜色和亮度的对比,虚实的对比。反差强时,空间层次感强,反差弱时,则空间层次感弱。二维空间中的层次空间是设计中必不可少的设计形式。合理恰当的空间层次布局,可以使一个平面中混乱的视觉元素之间的关系变得清晰有序,能给人带来的流畅和舒适的视觉体验。

2. 立体空间

立体空间同样是二维空间,形成的立体感是用户的视觉体验感受。基础设计元素通过中间调性和相互关系的改变可以形成错觉、矛盾、暧昧和多视点等立体空间类型。

(1)错觉空间。

错觉空间是立体空间中最基本的表现方式之一。在二维空间中,可以通过特殊的手段表现出事物的立体感,形成错觉空间。错觉空间的设计是通过把元素的形状排列成不与画面平行的状态,又或者通过元素之间的粗细对比来表现它们间的远近感。如图3.42所示,通过不与画面平行的"戳破的纸张"来营造出纵深感,从而构成"代码"和用户不属于一个空间的错觉空间感。

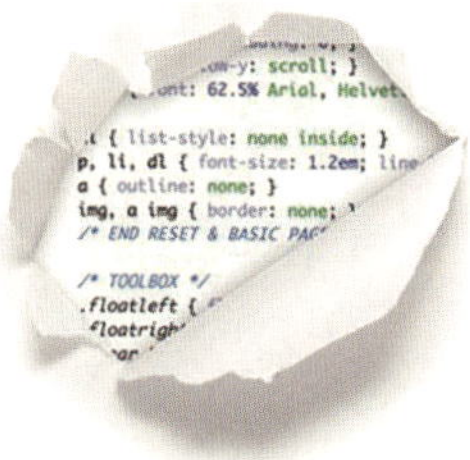

图3.42 错觉空间设计案例

错觉空间的设计是刻画立体感最基础的方法之一,除通过几个面的结合而获得长、宽、高均能表达的视觉画面形式之外,它还可以通过颜色的渐变、曲线的肌理重叠等方法,形成错觉空间,进而使元素的形体刻画得更加生动、传神。

(2)矛盾空间。

矛盾空间是指通过对元素进行特定的安排带给受众错觉效果。现实中矛盾空间是不存在的。矛盾空间利用立体空间透视中视点与灭点的变动,来形成不合理的空间,给人带去强烈的视觉冲击。如图3.43所示,画面中视觉错觉构成了一个矛盾的立体图形,给人留下深刻的印象。

图3.43 矛盾空间设计案例

(3)暧昧空间。

暧昧空间与矛盾空间有些相似,都能在视觉上让人产生不真实的感觉,但它们之间又存在差异。暧昧空间在视觉上体现为不置可否,并使受众的内心感到纠结,且拿不定主意;矛盾空间则是在视觉上直接制造视觉冲突。如图3.44所示,手机屏幕与舞动的舞者之间的暧昧的空间感,可以让消费者在看到海报时产生联想,手机这一产品可以给消费者留下"灵动、艺术"的印象。

图3.44　暧昧空间设计案例

(4)多视点空间。

多视点空间是指在同一个画面中可以为受众提供多个视觉重心的空间效果。在二维空间中,多视点空间可以让受众产生强烈的视觉冲击,并使整个画面的耐看度提升。多视点空间设计中,可以利用扩充画面中视觉要素的种类与数量,并对这些要素的造型进行加强塑造;或者将多种具有感染力的色彩分布在画面的各处,以此来丰富画面的表现力,并给观者带来极为深刻的印象。如图3.45所示,画面通过多视点空间创作展现了人物使用拖把的不同状态,具备感染力的同时也清晰地介绍了产品功能。

图3.45　多视点空间设计案例

空间设计的表现方法

二、按钮与导航

在新媒体视觉设计中，按钮和导航是常见的组件。用户的任务流程一般从按钮开始，科学规范的按钮设计可以为界面及产品的专业度增色不少。导航是媒介产品信息层级的直观反应，有助于用户找到想要的信息、完成期望的行为或任务，是媒介产品的基础功能之一。按钮与导航的视觉设计，是新媒体视觉设计的重要环节。

（一）按钮

按钮既是一种常见的界面视觉元素，也是一种交互要件。在新媒体的发展过程中，不管是桌面端还是移动端，按钮都是利用率较高的组合型元素之一。

在新媒体产品应用的具体实践中，按钮有多种类型和具体形态，也有丰富的视觉样式，还有不同的页面布局差异。

1.按钮类型

按钮是一种交互性元素，可以按照不同的方法分类。一般将按钮分为5种，即主按钮、默认按钮、虚线按钮、文本按钮和链接按钮等。通过对按钮添加属性，又衍生出危险按钮、幽灵按钮、禁用按钮和加载按钮等，如图3.46所示。需要注意的是，不同类型的按钮有特定的使用场景，不建议在一个按钮组中混合使用多种按钮。

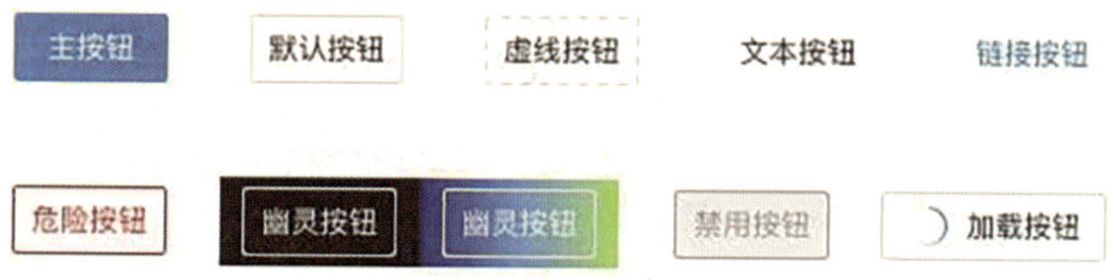

图3.46 按钮的类型

2.按钮形态

根据按钮类型及按钮不同场景的使用需要，可以将按钮分为图标按钮、图标+文字按钮、组合按钮、下拉按钮、Block 按钮等形态，如图3.47所示。

图 3.47　按钮形态

3.按钮状态

每类按钮都有一套基础的状态，包括 Normal（默认态）、Hover（悬浮态）、Pressed（点击态）、Disable（禁用态）。按钮的不同状态告知了用户当前可以执行的下一步操作。

●Normal（默认态）：该状态就是按钮正常显示在页面的状态。

●Hover（悬浮态）：当鼠标指针停留在按钮上时，不按压时按钮展示出的反馈。

●Pressed（点击态）：当鼠标指针按压按钮时，按钮的效果反馈。

●Disable（禁用态）：当页面按钮不可用时，可能是信息未填写完成，可能是操作未达到某种条件要求，按钮会展示为不可用状态。对于禁用态按钮，可以在鼠标悬停于按钮上时展示解禁提示，这样会对用户更友好，如图 3.48 所示。

图 3.48　按钮状态

4.视觉样式

按钮包含了非常丰富的视觉风格和样式，在设计阶段，这些视觉样式需要仔细地拆解和定义，包括尺寸、文字、图标、颜色、间距、形状和风格等，具体如下。

（1）尺寸。

按钮尺寸在桌面端和移动端有较大差异。移动端操作主要是借助指腹，按钮尺寸要求稍大。一般情况下，按钮可分为大中小三种尺寸。大尺寸按钮主要使用在全局性操作的界面上;中尺寸按钮通常为标准按钮,随处可见;小尺寸按钮主要使用在下拉面板或一些需要使用到小按钮的地方[①]。

(2)文字。

按钮中的文字在向用户传达按钮的含义时起关键作用。用户一般通过按钮中的文字理解按钮含义,并进行下一步操作。应用时需要注意:第一,文字颜色要鲜明,具有一定的反差;第二,文字大小要合适,便于识读;第三,文字表述要明晰。

(3)图标。

在设计打印、导入、导出、下载等功能按钮时,图标按钮往往比文字按钮更合适。应用中需要注意:第一,图标按钮的设计应与文字按钮一致;第二,尽量选择具有普遍认识度的图标作为按钮图标。

(4)颜色。

按钮颜色包括几个部分,分别是容器背景色、边框色、文字色和图标色。不同的按钮颜色代表不同的按钮类型。例如,具有主颜色的按钮是主按钮。对于一些特殊风格的按钮,也有阴影颜色,阴影颜色可以设计为按钮颜色透明度50%左右,如图3.49所示。

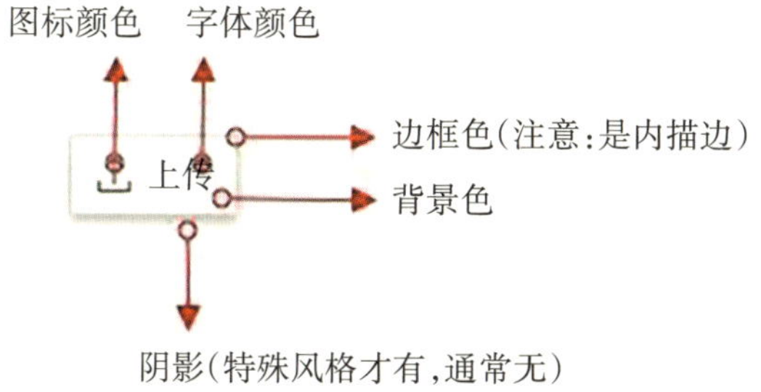

图3.49 按钮的颜色

(5)间距。

此处的间距表示按钮中各元素的间距,包括图标与按钮内文字之间的距离、文字与按钮边框之间的距离等,间距是形成按钮呼吸感的重要因素,如图3.50所示。

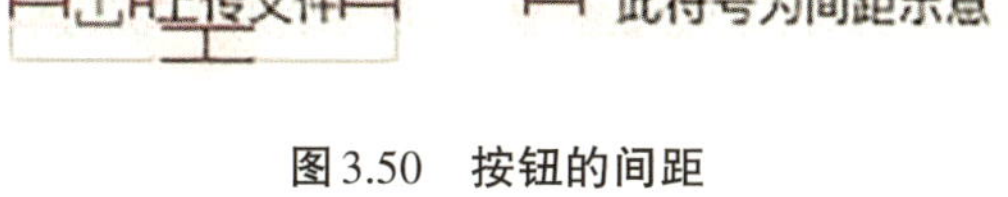

图3.50 按钮的间距

① 备注:计算按钮高度的方法(仅供参考),先计算出文字字号2.4倍或2.5倍的数值,再取这一数值最靠近4的倍数的数字。例如12号字体的2.4倍数值为28.8,距离4的倍数最近的为28,因此标准按钮高度为28px;14号字体在2.5倍数值为35,距离4的倍数最近的为36,因此标准按钮高度为36px。

(6)形状。

按钮形状一般根据按钮四角的形状进行划分,包括矩形、圆角矩形和圆形等。圆角半径为0px,即直角,按钮形状挺拔,给人严谨、尖锐的感觉;圆角半径为4px,按钮形状稍软,给人一种专业且柔和的感觉;圆角为半圆(圆角半径=高度的50%)时,按钮的形状非常柔软,给人一种亲近感,如图3.51所示。矩形按钮和圆角矩形按钮较为常用。

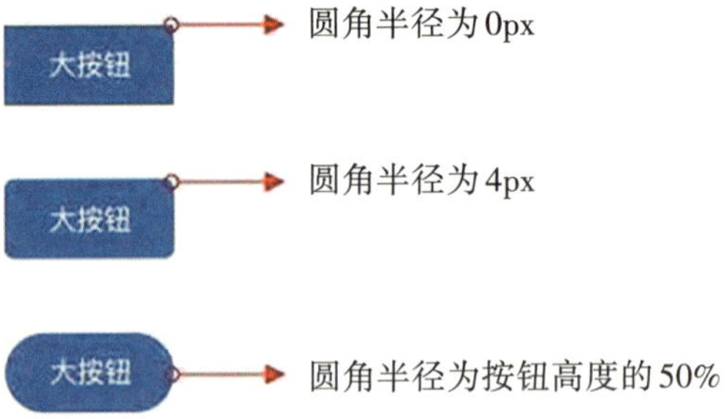

图3.51 按钮的形状

(7)风格。

按钮的风格主要有轻拟物、凸起、渐变和扁平化等。扁平化是当前最为常用的按钮风格,如图3.52所示。

图3.52 按钮的风格

5.按钮位置

按钮位置是指按钮或按钮组位于页面内容块的具体部位。通常可以将页面用抽象内容块加以分割,分为Header、Body和Footer三部分,如图3.53所示。

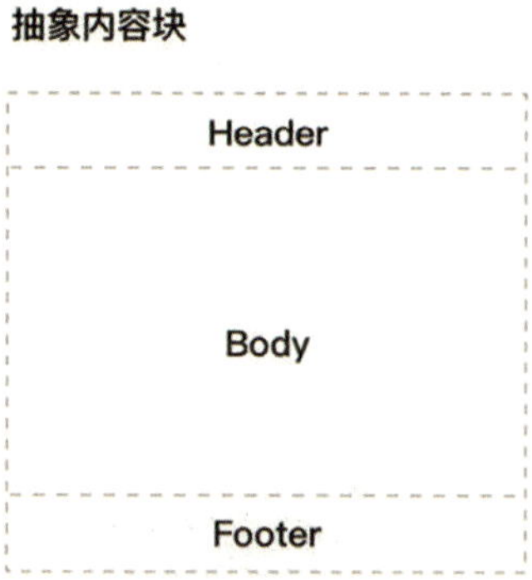

图3.53 抽象内容块

放置在Header的按钮通常是一些全局性质的操作，例如编辑全部数据、切换视图展示、批量删除等。

放置在Body的按钮通常是对跟随的内容直接操作，例如编辑单条表单项、编辑某部分表单区块等。

放置在Footer的按钮通常是全局完成类的操作，例如确定、取消、保存等。

设计中可以使用如图3.54所示建议安排页面布局，其中蓝色为主按钮，白色为次按钮。

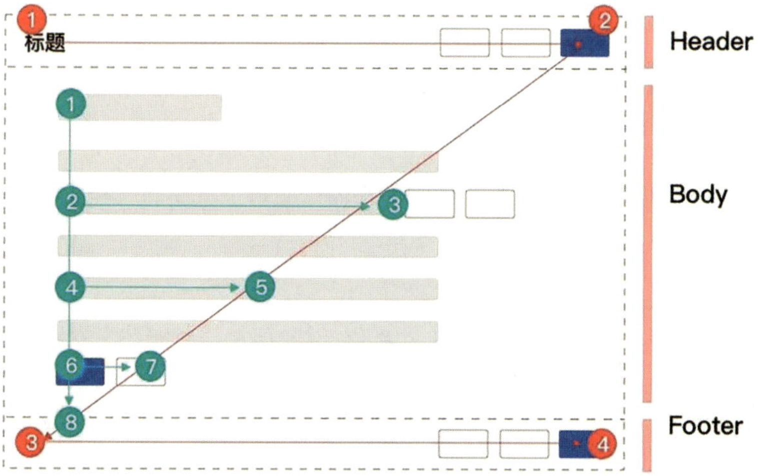

图3.54 按钮放置位置的建议

6.按钮顺序

按钮顺序是指按钮组中不同按钮放置的顺序。顺序包含两层含义:第一层,主按钮和次按钮的顺序;第二层,同类按钮之间的顺序。在同一媒介产品中,按钮顺序的一致性对于提高用户的操作效率,降低操作错误率都有益处。如图3.54所示,当按钮组位于Header和Footer区域时,次级按钮设计在主按钮的左侧;当按钮组位于Body区域时,如果同时需要出现主按钮和次级按钮,则主按钮应位于次级按钮左侧。

按钮的设计原则

(二)导航

导航是指通过一定的技术手段为新媒体产品的访问者提供的,使其可以方便地访问到所需的内容的一种工具。导航具有告知用户位置和引导用户访问页面的作用,即让用户知道自己在哪里和能到哪里去。

对导航的设计可以分为宏观布局设计和微观视觉设计,具体应用中则需要根据导航的作用进行选择。

1.导航的特点

(1)稳定。

一般主导航,如顶部导航栏会出现在新媒体产品每个页面的顶部,或永久出现或根据需要隐藏。

(2)统一。

在同一新媒体产品中,同一导航的位置、高度和信息应相对统一,这不仅是页面一致性的要求,也有助于增加用户熟悉度。

2.导航的视觉要素

导航也是一种组合型设计元素,它作为一种元素容器可以包含容器、导航图标、Tab标签、背景色彩等,也会涵盖文字、图形、图像和符号等多种基础设计元素。

(1)容器。

容器(Container)即导航(条)的范围,所有导航元素都应该在容器内。导航容器的高度应根据场景不同而不同。一般的导航条只需要保证引导性，所以不需要占用太多的高度。

（2）菜单图标。

点击菜单图标可以打开一个导航抽屉或者导航组。菜单图标可以是“汉堡”图标按钮形式，也可以是图像按钮形式，如图3.55所示。

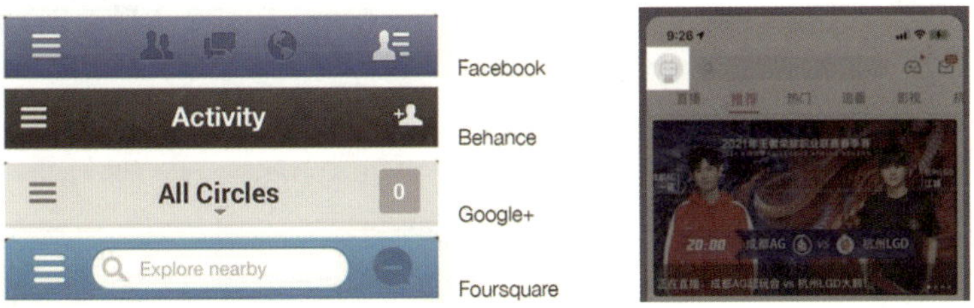

图3.55 “汉堡”图标按钮和图像按钮

（3）返回按钮。

返回到上一页时，需要用到返回按钮。返回按钮不一定是左箭头，也有向下箭头、关闭按钮等，但一般是“返回”的方向，如图3.56所示。人们知道标准的返回按钮允许他们在信息层次结构中跟踪自己的步骤。

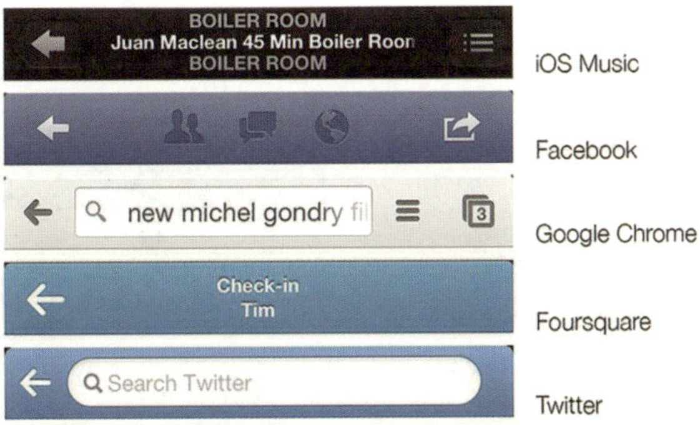

图3.56 各种返回按钮

（4）Tab标签。

Tab标签也称为选项卡，在导航中使用选项卡很常见。选项卡在一个页面中可以携带更多的信息，主要是以纯文本的形式，用户可以通过左右滑动来快速识别和查看这些信息。需要注意的是，在使用选项卡形式时需要确保多个选项卡信息层次结构的一致性，目的在于方便用户理解。Tab标签通过图片、文字、色彩的组合，会有不同的样式，如

图3.57所示。

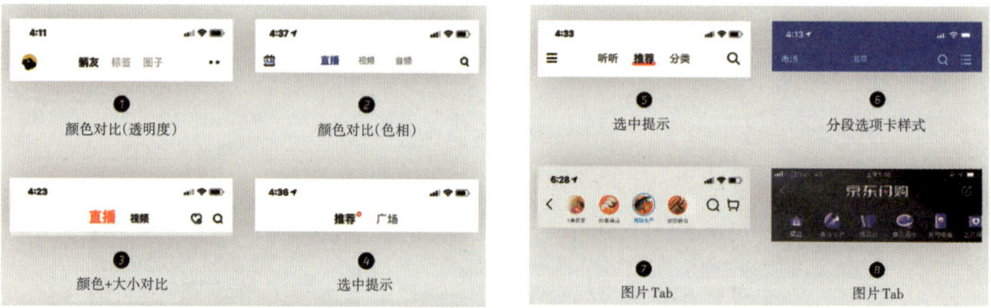

图3.57 Tab标签样式

(5)背景颜色。

导航一般都允许设置背景色或背景图片,也支持透明底色,如图3.58所示。实际设计时,基于可见性用户体验原则,需要避免导航中的透明色与下面信息难以区分的情况。导航中的底色与其他元素的对比越强烈,视觉权重越大,就越容易被注意到。

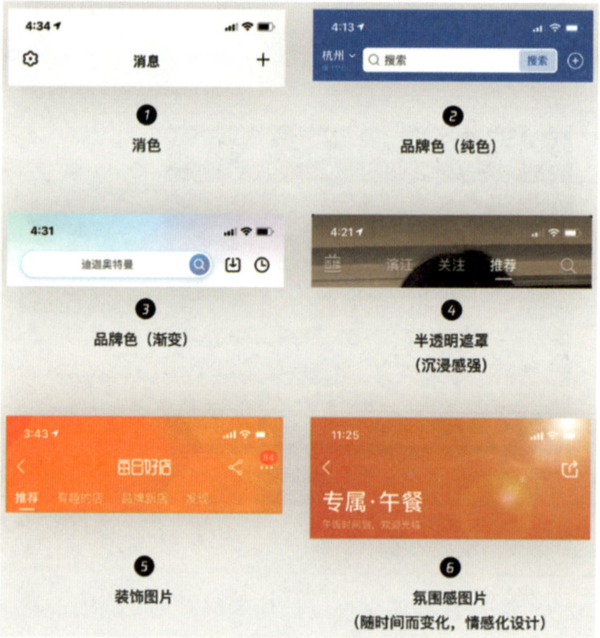

图3.58 导航的背景示例

三、程序与代码

随着智能终端、5G和HTML5的普及，越来越多的用户开始使用各种终端访问网站、使用应用。技术不仅影响了用户使用习惯，也改变了设计要求。在页面设计中，作为技术的最直接体现，程序和代码通过“隐性”的触手改变了页面设计方式。在这种背景下，响应式设计的概念被提出。通俗来讲，它是一组与前端技术无缝匹配的代码，可以在计算机、平板电脑或手机上进行预览。目前，大多数响应式网站都使用开源代码或框架，其中应用最广泛的是开源HTML代码Bootstrap。

为满足用户多终端使用需求，常用响应式设计和自适应设计。响应式设计适合于页面相对简单的官网或显示类页面。自适应设计则是通过为不同的终端分别提供一组单独的前端代码实现多终端设计需要。以上两种设计方法适合于不同类型的开发项目。这里仅对响应式设计流程作简要介绍。

响应式设计是一个源于技术的概念，而不是一种简单的设计风格和方法，所以响应式设计实际上是一种“面向编程的设计”。界面需要与编程的实际方法和需求保持一致，而不仅仅是设计者的事情，整个设计过程需要与前端程序员密切沟通。

第一步，确定响应的几个宽度范围及对应值。设计者需要完成相应数量的页面设计，以满足分段响应规则中有明显风格变化的需要，相当于画草图供程序员参考。

第二步，在完成草图后，设计者再次与程序员交谈，进一步确定相同范围内组件的宽度规则。通常情况下，该阶段需要在草图上做好规则标注。

第三步，导出阶段。程序员按照草图及标注规则完成程序开发，设计者按照草图设计方案完成数字化。

响应式设计虽然具有很多优势，但并不适合每个项目。由于框架规则的限制，设计者很难在响应式页面中使用特别复杂和高级的视觉样式，导致结果非常简单或过度依赖图像质量。

响应式布局的基本规则与示例代码

四、VR——超越二维的设计

随着技术的发展，以VR为代表的三维媒介逐渐被大家熟知和接受。除了二维媒介外，对于VR等多维媒介的设计也是新媒体视觉设计的一个方向。

(一)VR基础

VR构建了一个三维的虚拟空间，是对现实世界的模拟。基于此，对VR的理解可以先从对真实世界和人体工程学的理解开始。目前，VR的设计和呈现均以VR头盔(头显)为常规外设来进行。VR头显内的环境近似于一个球体，如图3.59所示。

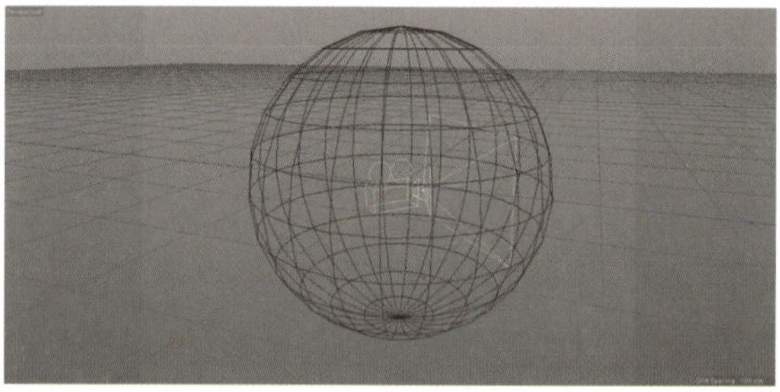

图3.59　VR头显内环境

1. z轴

图3.60　z轴

在二维屏幕上，元素只有(x,y)坐标点的属性，没有z轴的概念。z轴是一个深度概念，是设计者使用阴影和运动效果等视觉效果模拟出的情境关系。在VR中看到的内容(包括UI、场景、模型和视频资源等)具有真实概念上的前后关系，每个对象放置在特定的(x,y,z)坐标点上，如图3.60所示。对象具有绝对位置、对象之间的相对位置以及对象与相机(用户的观察点)之间的特定距离。

2. 角度与曲面

除了Z轴坐标，VR界面中还有角度的属性。因此，VR界面中的元素既有三个轴的坐标(x,y,z)，还有旋转角度。在VR界面中，每个物体不再是平面，而是弯曲的，三维的。角度和位置共同决定了一个物体在用户眼中的样子，如图3.61所示。

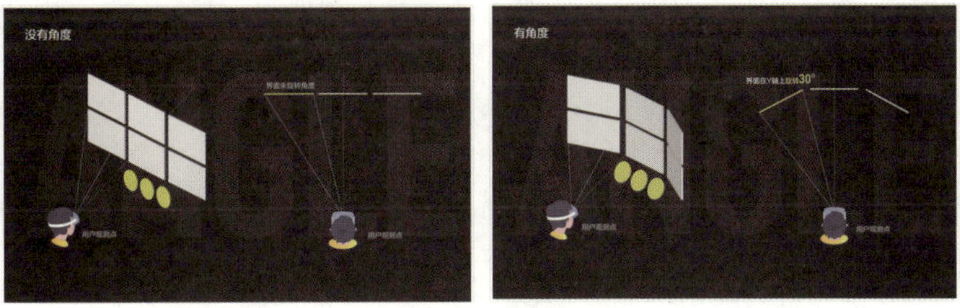

图3.61 有角度与无角度

3. 视场角

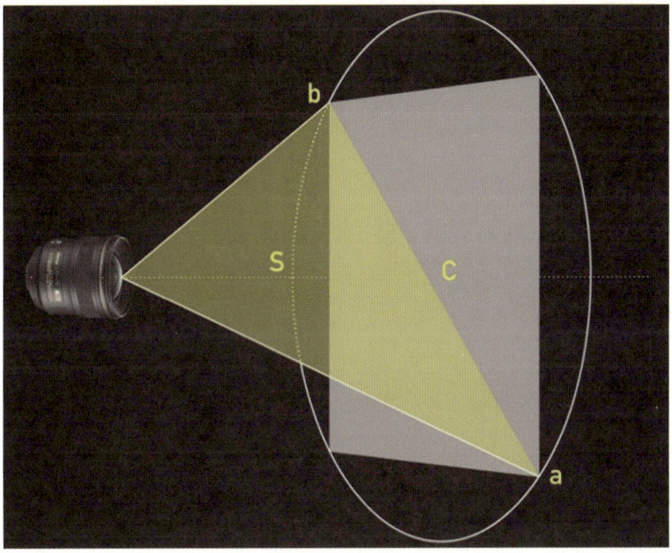

图3.62 视场角

视场角(Field of View，简称FOV)的大小决定了光学仪器的视野范围，如图3.62所示。在VR中，视场角是VR硬件设备的一个属性，设备FOV是一个固定值。通常也用来指代用户的视角范围、界面元素的角度范围。

4. 自由度

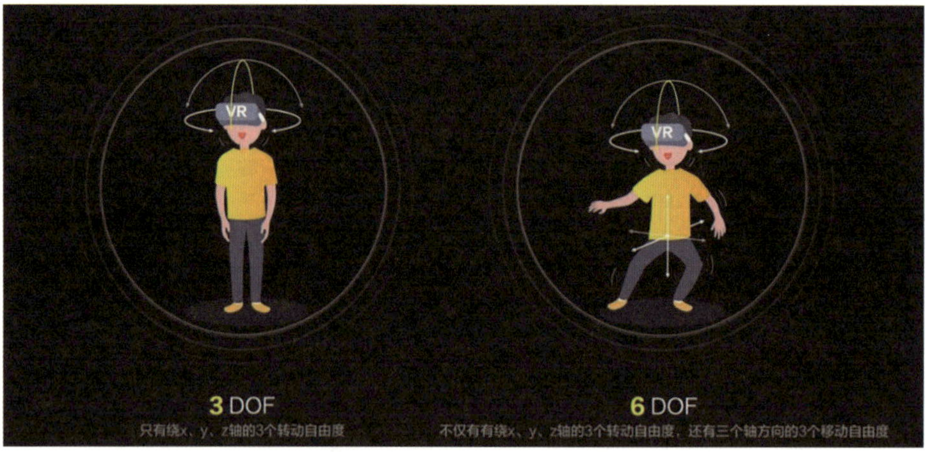

图3.63　自由度

人在空间内具有6个自由度（Degree of Freedom，简称DOF），即沿x、y、z三个坐标轴方向的移动自由度和绕这三个坐标轴的转动自由度。如图3.63所示。

常见的VR终端有3 DOF的手柄/头显，它只有绕x、y、z轴的3个转动自由度，没有移动自由度。也就是说，3 DOF手柄可以检测到手柄在手中转动，但检测不到手柄拿在右手还是左手。

而6 DOF的手柄/头显同时有绕x、y、z轴的3个转动自由度和3个移动自由度，共6个自由度。6 DOF是可以完全模拟真实世界，用户可以看到手柄的实际位置和转动方向。

（二）人眼的视野与视角

虽然VR是一个360°全景3D空间，但对于目前的大多数VR场景，可供设计者创建的空间实际上很少。

目前，国内市场上常见的移动VR设备（非主机），基本采用VR头显和3 DOF控制器的硬件模式。对应这种VR硬件模式，常见的用户使用场景是："坐在椅子上+偶尔转头+身体不动"，就像坐在沙发上看电视一样。因此，主界面仍然需要放在头部固定即可见的范围内。这使得用户无需转头就能看到主要内容和浏览主界面。

对"头部固定的可视范围"概念的理解需要借助人体工程学的相关知识。

1. 水平视野（x轴）

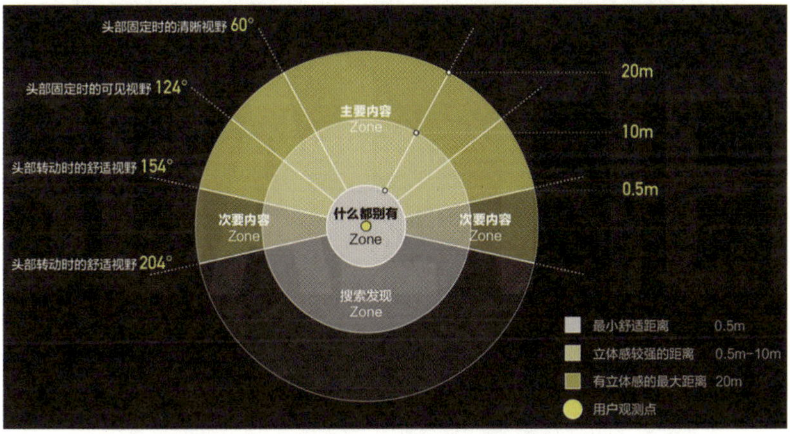

图3.64　水平视野

如图3.64所示，中心点即为用户观察点，当头部固定时，最大视觉范围约为124°，其中，视觉中心约为60°，超过60°的部分可以理解为余光可见部分，该范围人眼可视但不清晰。目前VR硬件设备的视场还没有达到这个值，通常在90°~100°，这个范围决定了UI面板（包括图像，文本等）可以占用多少空间以及在VR中播放视频窗口的最小和最大值。

在水平方向上（x轴），在旋转头部而不移动身体的情况下，颈部舒适旋转的视觉范围约为154°，颈部最大旋转的视觉范围约为204°，如图3.64所示。因此，在设计中一些次要内容可以放置在偏离水平中心的区域，需要用户转头可见但不费劲。而偏后方的区域范围，因为需要移动身体才可见，因此一般将"没看见也没关系"的内容置于其中，如环境、彩蛋等。

2. 垂直视野（y轴）

在放松状态下，头（垂直）与眼睛的夹角约为105°，即当头处于垂直状态时，眼睛自然地看水平下方15°。因此，最好的视野范围是水平线上25°到水平线下30°之间，如图3.65所示，当头部保持固定状态，只有眼球运动时，界面和主要浏览内容应该放在这个区域。

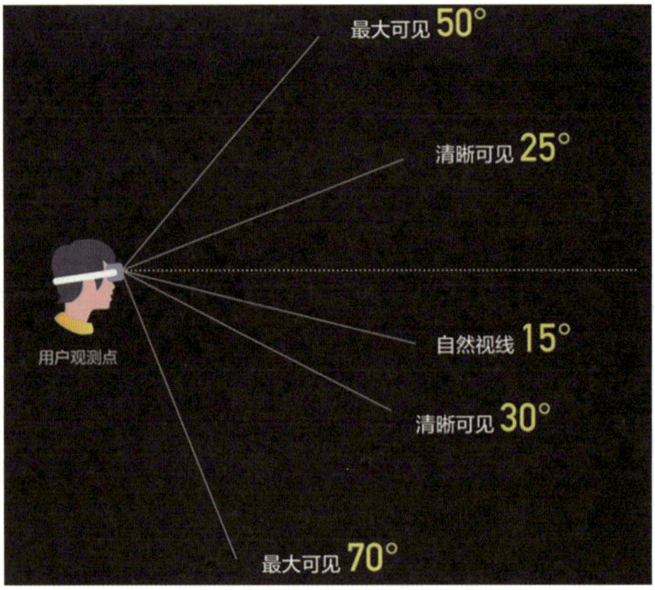

图3.65　Y轴上能看清的范围

如图3.65所示，最大垂直视场为水平线上50°到水平线下70°之间。这个范围也超过了VR硬件设备的视场。另外，在现实世界中，人们更习惯向下看，而不是向上看，如使用手机、看书等。因此，在VR设计中，考虑使用偏移量下方的区域多于偏移量上方的区域。

3. 深度感知(z轴)

人眼对0.5米以内的物体很难聚焦，因此在这个距离范围内尽量不要显示任何物体。人眼可感知立体感的最佳范围为0.5~10米，该范围适合放置主要内容，特别是需要操作的内容。在10~20米之间，人眼仍能感受到立体感，但较为有限，因此该范围还是适合放置3D场景/模型的，可以提供沉浸感。当距离超过20米，人眼就很难感知到立体感，物与物之间的关系也不再明显。因此，该距离放置仅作为背景(即环境)存在的内容是合适的。需要注意的是，由于没有立体感，在该范围内的环境可被视为一个全景球体，而不是一个3D模型。

4. 视角和视距

在现实世界中，每一种信息媒介都有一个预设的最佳观看距离，即视距。如使用手机的视距是距离眼睛大约20厘米，桌面上的电脑显示器视距约为60厘米，家中客厅墙上的电视机视距约为5米，路边广告牌的视距是几十米。

在视距范围内，阅读的内容是最清晰，阅读体验也是最好的。其中，重要的原因是它们都有相同的视角，即从物体的末端到眼睛中心的两条视线之间的角度。如一个10厘米的物体在1米的距离看，一个20厘米的物体在2米的距离看，一个30厘米的物体在3米的距离看，看起来大小相同，即具有相同的视角。

在VR中，物体的大小不再像在移动设备上那样以像素来衡量，而是以视角来衡量。视角由对象的大小、位置和旋转角度决定。在用户观察点不移动的使用场景中，该位置实际为用户到观察点的可视距离，如图3.66所示。

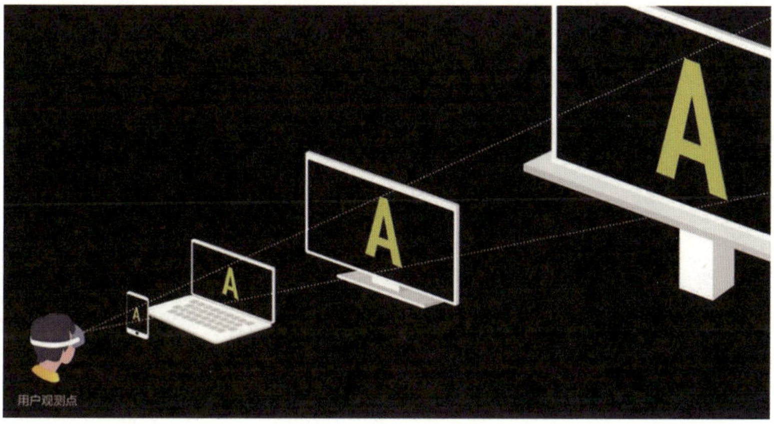

图3.66　视距与视角

界面的旋转角度应该遵循一个原则，即一个易于查看和操作的界面应该垂直于视线，尽可能面向用户的观察点。

在VR中，一个物体的最佳视角受到两个变量的影响：物体本身的大小和用户的视线。当确定了最佳视角和最小可阅读的视角时，这就决定了需要放置在不同距离上的信息内容应该有多大。

VR设计准则

知识回顾

随着时代的发展和科技的进步，新媒体视觉设计的风格、技术和载体等在不断地变化。界面的概念得以延伸但是本质没有变化，设计的呈现有所变化但是基本的元素没有改变。“点、线、面”，色彩、文字、图形图像及符号，这些基础元素的特点和运用方式是设计者需要具备的素养。在此基础上，设计者还需要对元素组合和呈现方法有一定的了解和掌握。在设计中，合理的空间排布，科学明确的按钮设计，简洁清晰的导航设计，利用代码和程序达成的多屏幕适应性设计以及以多种学科为基础的VR设计等，都是重要的组合和呈现方式。

思考题

1. 什么是界面？什么是新媒体视觉界面？
2. 基础的视觉设计元素分别有哪些？
3. 点、线、面分别具备什么特征和应用方式？
4. 色彩分别具备什么特性和应用搭配方式？
5. 文字具备什么特征和编排原则？
6. 图形、图像及符号分别具备什么特征和应用方式？
7. 如何在设计中体现“空间感”？
8. 如何合理设计按钮？
9. 如何合理设计导航？
10. 除了代码、VR，你还可以想到什么呈现方式？

第四章 新媒体布局设计

知识目标

1. 了解布局的基本原则与设计流程
2. 了解桌面端布局和移动端布局中的不同类型

能力目标

1. 能对某一桌面端页面或移动端页面进行布局案例分析
2. 能够独立完成一个新媒体布局设计作品

思维导图

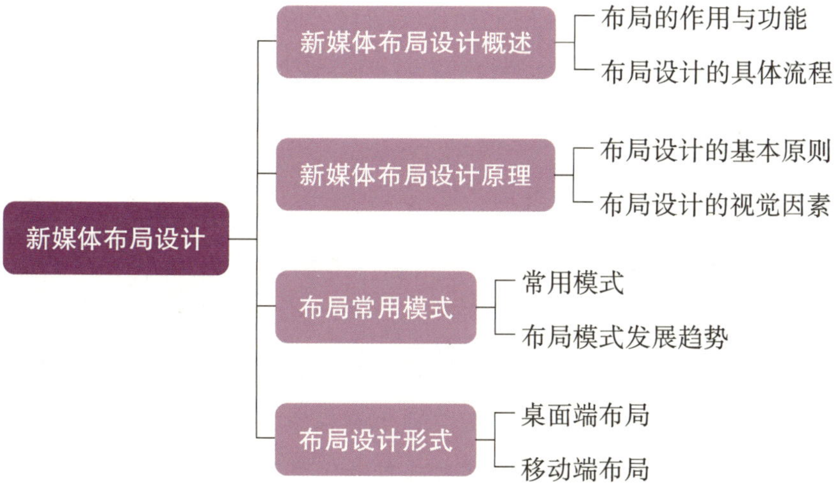

新媒体视觉设计的理想流程是从总体布局出发,再对页面的具体细节进行把握。因此,布局是新媒体视觉设计进入实操阶段的第一步。本章围绕新媒体布局设计概述、设计原理、布局常用模式和布局设计形式等展开。需要注意的是,在新媒体布局设计中,桌面端和移动端由于屏幕大小不同、操作方式差异,也存在多种不同形式的布局模式。

第一节　新媒体布局设计概述

布局是对内容和设计元素进行合理的布局规划,既能有效区分信息内容的主次,也能确定整个页面的设计风格。具体设计中,通过以最适合浏览的方式,将图片、文字等内容按照一定的设计规则放置于页面不同的位置,以达到给用户良好的浏览阅读体验的目的。

随着互联网和移动互联网的不断发展以及设计手段的革新和优化,用户更加注重布局带来的视觉体验,单纯的内容设计已经难以有效满足用户需求了。因此,设计者应当注重布局设计,通过内容和设计元素的协调搭配,贴合主题,体现设计者的思路,提高设计品质。

一、布局的作用与功能

在互联网行业激烈竞争的背景下,布局设计的地位举足轻重。设计者通过对设计元素合理地布局搭配,最合理地利用页面空间,从而提升页面的可用性和美感。合理的布局设计不仅对桌面端的网页设计重要,对于伴随移动互联网发展起来的APP或其他媒介产品也同样重要,甚至作用更为显著。一方面,因为移动智能终端已经成为用户生活、学习和工作的必备工具;另一方面,因为移动智能终端显示界面小且尺寸各异,所以更需要合理的局部才能高效利用屏幕空间。

(一)布局设计的作用

页面设计具有跨学科特性，除了计算机科学外，还会用到心理学、社会学和工业设计等。页面布局有四个作用：引导用户、呈现内容间的关系、建立情感联系和人眼焦点预测。

1.引导用户

页面对用户的引导作用就像一只无形的手，指引用户通过点击、滚动等操作实现页面浏览，达成页面信息内容的传播，且不会带给用户压迫感。如图4.1所示，这是F1网站(https://www.formula1.com)首页的布局，页面下端的图文只显示了一部分，这样的布局可告知用户页面内容并未穷尽，可以引导用户下滑继续浏览页面。

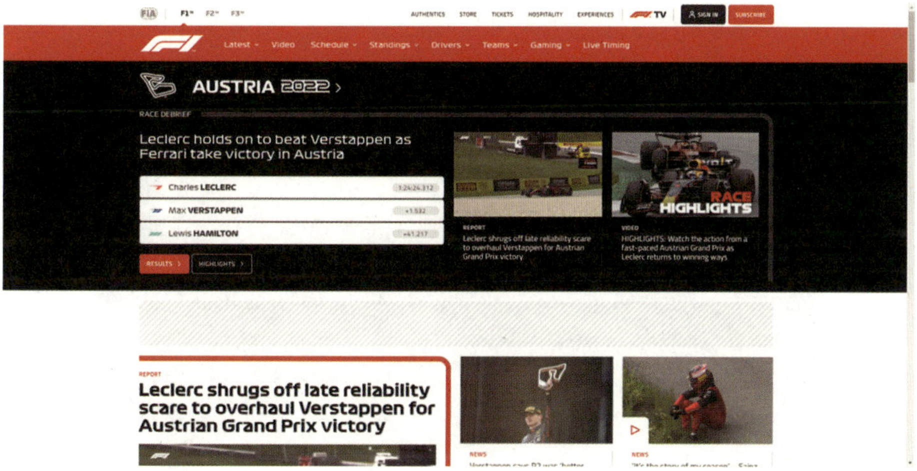

图4.1 引导用户示例

2.呈现内容间的关系

呈现内容间的关系指按照一定的布局去展示页面的主次内容的优先级。如图4.2所示，图为武汉大学官方网站(https://www.whu.edu.cn/)首页中的新闻版块，这里通过图片大小、位置编排等布局手段呈现出了新闻内容的主次关系或时间关系。

图4.2　呈现内容间的关系的布局设计示例

3.建立情感联系

人们去餐厅用餐，可能不会把餐厅仅仅当作一个吃饭的地方，餐厅的场地、氛围、菜式等营造出一些特别的观感，都会影响到用餐者的心情。而在界面中，用户也会因为页面布局产生的情感联系而更愿意接受界面或其中的交互，从而产生共情。如图4.3所示，左右对称的页面布局辅以暖色的灯光快速营造了餐厅温暖安静的氛围，从心理上拉近了页面与用户的距离。

图4.3　建立情感联系的布局设计示例

4.人眼焦点预测

人的眼睛会更快关注到快速移动的物体，人眼会在看这一行为中自动开启对眼界中出现的某个物体的特别注意力，这个特别注意力可以称之为焦点。页面中的什么内容会吸引人眼的焦点，布局设计时应当充分考虑这一点，预测用户可能关注的焦点，将需要突出强调的内容布局到该位置，以引起用户的注意。如图4.4所示，页面中用重复出现的汉堡吸引用户的注意力，强化用户对餐厅品牌的印象。

图4.4　人眼焦点预测的布局设计示例

（二）布局设计的功能

新媒体产品的页面布局并非是一个割裂的单元，而是与产品定位、产品调性、用户需求、竞争对手等密切相关。通过突出产品风格，可以达到和谐统一的视觉效果，并能作为代表品牌的视觉符号，增强用户黏度。

1.实用功能

布局设计首先要考虑它是否能够满足人们使用的需要，这样才能体现其作为“有用的物”而存在。对于新媒体作品而言，有用、实用和可用是重要的特质。布局设计的实用功能主要包括以下方面：

（1）满足用户的生理需求。

从生理需求上分析布局设计的实用功能，首先需要认识用户的不同类型，如表4.1所示。不同类型的用户有着不同的生理需求，布局设计需要针对自己的目标用户，满足他们差异化的使用需求。

表4.1 用户的不同类型

类型1	身体健康的用户。
类型2	盲人或严重视觉障碍者,他们使用屏幕阅读器来听取网站,或者通过点字显示器来感知网页。
类型3	近视者,需要将字体大小放大。
类型4	患有运动性残疾的用户,无法使用鼠标操作,只能通过点击棒来操作键盘,或通过视线点击器来操作网站。
类型5	使用跟踪球等不常见的计算机控制设备的用户。

(2)满足快捷信息传播需求。

万维网联盟(World Wide Web Consortium,简称W3C)针对用户可访问性问题,制定了很多规范,并发布了Web内容无障碍访问指南(Web Content Accessibility Guidelines,简称WCAG),目前已发展到2.0版,表4.2是该指南中关于可访问性的标准。这些标准应该在页面布局中被考虑和应用,例如页面布局设计应该能够自适应不同的浏览器窗口大小,而不会造成内容的缺失和阅读的困难。

表4.2 WCAG2.0中的可访问性标准

可感知性	人们可以通过适合自己的媒体来获知网页内容,比如应当让盲人可以收听页面内容,图像应该有替代文本来描述。
可操作性	人们可以与Web应用程序或内容进行交互。例如,用户应该可以不用鼠标也能与某个网站进行交互,并且可以通过屏幕阅读器来进行导航。
可理解性	使用者可以弄懂页面内容和用户界面。例如网页的提示或说明文字应像日常交流一样通俗易懂,且网站应以可预测的方式来运行。
兼容性网页	网页所提供的一切服务都应当不受平台或操作系统的限制。例如,不同设备上的浏览器能够一起使用网站,且导航应该是一致的。

2.审美功能

设计的审美功能始终贯穿布局设计,可以使用户有赏心悦目之感。布局设计的审美功能是指能够为用户的审美活动创造美感,满足人们的心理需求。

用户在访问一个页面时,不仅希望有良好的可用性,希望获得内容价值,也希望获得额外的美的心理需求。这也能产生“美即好用”效应，当界面被设计得足够美观时，用户往往会容忍一些较为轻微、影响较小的可用性问题。

布局设计的审美功能可以通过以下途径来实现：

(1)增强整体感。

任何一个布局设计都需要设计要素的配合。配合不是简单的叠加和堆砌，是彼此之间的融合，从而产生“1+1>2”的整体效果。

(2)增加表现性。

布局设计需要反映出页面的创意和风格，努力实现对用户视线的瞬间捕捉，最大限度地利用留白，使得元素间更加协调、平衡，创造出简单移动的视觉信息流。

(3)局部服从整体。

布局设计还应遵守多样统一原则。多样指构成整体的各个部分的差异性，即各个部分要有变化；统一是指这种差异性又彼此协调，即各种变化要有一致的方面，包括各个部分之间的和谐、比例、节奏、韵律等。

二、布局设计的具体流程

在开始布局设计之前，需要做一些准备工作。以网站设计为例，需要确定产品类型、合理规划栏目、选择信息结构、确定网站特色定位等。在此基础上，才能具体开展布局设计步骤。

(一)布局的准备工作

在正式开始布局设计前需要完成一系列准备工作：

(1)确定页面的类型。

页面的类型主要是指网站的主题，网站主题决定了网页的整体设计风格，对页面布局也会产生影响。

(2)分析用户对象。

在设计中确立用户思维是非常关键的。在这一步中需要确定页面设计的目的，通过广泛的调研建立用户画像，圈定产品可能的用户人群，分析该群体的特征。

(3)合理规划页面目录。

设置专门栏目,确定栏目的主次。

(4)选择页面链接结构。

如线性结构和非线性结构(包括树状结构、星状结构、复合型结构等)。

(5)确定整体形象。

确定整体形象即明确网站企业形象识别系统(Corporate Identity System,简称CIS)要素。CIS要素包括:Logo、标准色、标准字、广告宣传语、标志性图片等。

(6)新媒体页面特色定位。

对站点类型、风格、栏目设置、内容安排、链接结构、CIS要素、用户对象等诸多元素综合分析后,围绕中心思想,用独特的视觉语言进行艺术化的特色描述。

(二)布局设计的步骤

在完成以上准备工作之后,布局设计应该遵循由粗到细的原则按照绘制草图、线框图设计和视觉稿设计的步骤完成页面的布局设计。

1.绘制草图

新页面如同白纸,在绘制草图阶段没有任何约束限制,可以尽可能地发挥想象力。该阶段最佳的设计工具是纸和笔,建议暂时不要使用其他电子设备和软件。使用纸和笔的好处在于,这两种工具可以最有效呈现设计者在第一时间、不加任何思维转换的想法。利用纸和笔绘制草图的方式是一种最直接、最直观的方法。该阶段绘制的草图不用讲究细腻工整,不必考虑细节功能,只以粗陋的线条勾画出创意的轮廓即可。另外,尽可能多画几张草图,最终从中选定一个满意的方案作为继续创作的脚本。如图4.5所示。

图4.5 绘制布局设计的草图

2.线框图设计

在大量草图中选择经过讨论后确定的方案，对草图再进行细化，将确定需要放置的功能模块安排到页面上，这一步可以称为线框图设计。该阶段可以借助纸和笔或线框图创作软件，对草图细化。在进行线框图设计时，可以在不同的功能模块上标注设计说明，使设计意图更为明确，还需要确定主要功能模块的尺寸、位置和相互关系。功能模块主要包含网站标志、主菜单、新闻、搜索、友情链接、广告条、邮件列表、计数器和版权信息等。如图4.6所示。

图4.6 线框图设计

3.视觉稿设计

视觉稿设计是将线框图粗略布局精细化、具体化的过程。该阶段需要设计者依靠智慧和经验，旁敲侧击多方联想，才能做出具有创意的布局。视觉稿是高保真的静态设计图，一般就是视觉设计的终稿。视觉稿主要用于：表达信息框架，静态演示内容和功能，帮助团队成员以视觉的角度审阅项目。该阶段设计者往往需要借助专业设计软件来完成，如图4.7所示。

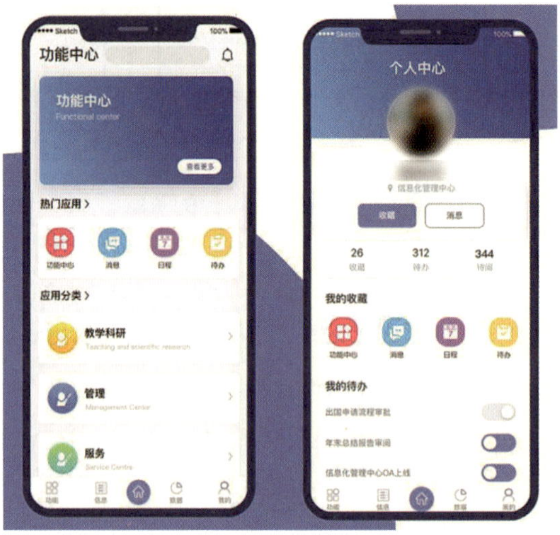

图4.7　布局设计的视觉稿

第二节　新媒体布局设计原理

对于布局设计而言，整体的和谐、平衡是很重要的。当用户看到界面时应能直观有效地接收信息，如界面中模块区域明确、内容组织明确、表意明确都能使得用户快速理解。优秀的布局设计，还要求根据用户在不同的设计环境下能够通过交互动效、界面样式有效作出适配反应。

一、布局设计的基本原则

系统规范的布局设计可以通过统一的设计元素引导用户跨平台使用，并且能够实现不同屏幕尺寸的适配，做到布局设计整体的一致性、可适配和可控性。布局设计需要遵循一些基本的设计原则。

1.比例

比例是指整体形式的部分和部分之间、部分和整体之间的数量比例关系。比例的作用在于能够使设计的页面协调和稳定。新媒体布局设计中,比例的体现主要包括长宽比、虚实比(如图文和空白的比例)、分割比、图文比、内部比(各造型元素内部的比例)等。

布局平衡对于页面设计很重要。最常用的经典比例关系是黄金分割比,这种比例关系常见于自然界和各种设计领域。在布局中使用黄金分割比的方法关键是控制好1∶1.618的比例关系。如图4.8所示,美国国家地理杂志的网站页面采用了黄金分割比进行布局设计,页面显得很协调。

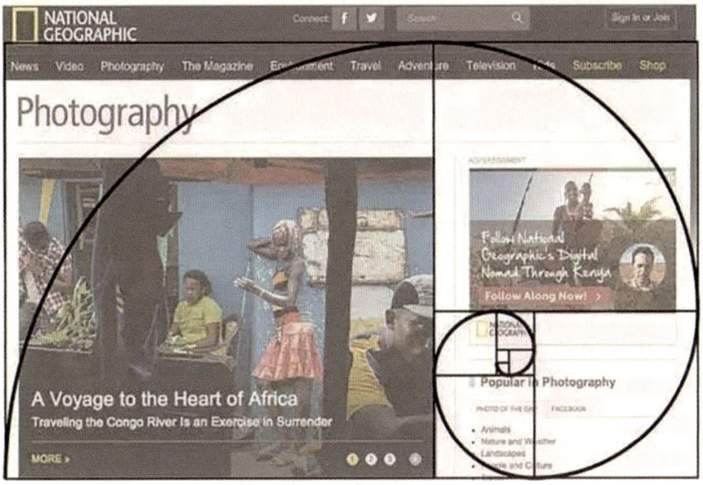

图4.8 美国国家地理网站页面中的黄金比例

2.重复与渐变

重复是指相同或相似的形态连续而有规律的反复出现。重复以单纯的手法求得整体形象的秩序和统一,节奏感强烈,让人产生清晰、连续、平和、安定和无限之感。重复包括单纯重复和变化重复。

渐变和重复有些相似,是指形状或色彩有规律地连续变化,通过类似的形状、色彩、空间等获得形式的统一。渐变强调的是过程,富有强烈的时空性。新媒体布局设计中,色彩渐变是较为常见的一种应用方式,如图4.9所示。

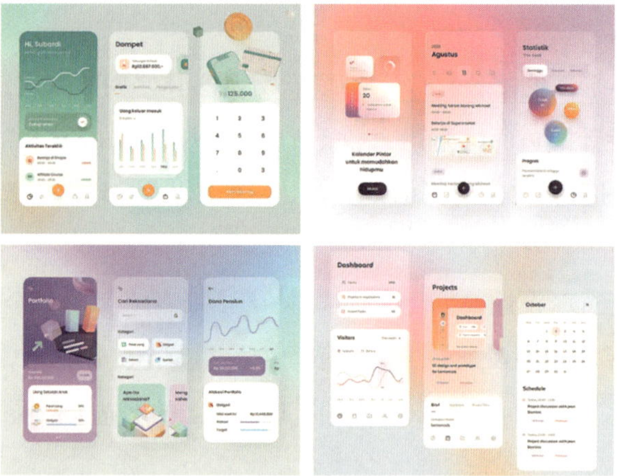

图 4.9　布局设计中渐变的运用

3. 对称与均衡

对称是指形态以某一点为中心，其左右或上下同等、同量、同形而形成的平衡，主要包括左右、上下和放射对称等。均衡是指以某一点为中心，在左右或者上下等量而不等形的配置，主要包括水平均衡和垂直均衡。如图 4.10 所示，Beagle 页面中白色文件的排列和青色的背景形成很好的呼应，整体布局呈现出均衡态势。

图 4.10　均衡的页面布局示例

4. 节奏与韵律

设计者对节奏的认知非常具体，如运用元素的聚散、反复、重叠和转换等，形成美感的变化，通过色彩的点、线、面等形式的不断重复，体现有规律、有秩序的美感等。

韵律是一种规律性的变化。强调“变化”，是建立在形象的点线构成、字体或图形图像的组合、图与底的关系，依靠比例、轻重、缓急、反复、渐变等规律形式体现。元素在排列的过程中有形状、颜色、大小、不透明度等有规律的变化就形成了一种韵律感。如图4.11所示，页面中部的圆环组通过虚实的变化，从中心向四周蔓延，生动而不拘谨。

图4.11　有韵律的页面布局示例

5.对比与统一

对比是将性质相异的形态要素直接或间接地配置在一起，相异的特点因比较而更加鲜明，使用户产生强烈的紧张感。对比强化矛盾，强调“异”，主要表现形式有形的对比（包括形状与形式）、质的对比、势的对比、空间的对比和结构的对比等。

统一是指把性质相同或类似的形态要素并置在一起，形成一种一致或趋向于一致的感觉。统一可以使单一版面元素之间的矛盾弱化，趋向“同”。如图4.12所示，页面中彩色和非彩色部分形成质的对比，但通过内部形的融通，达成页面统一。

图4.12　布局中的对比与统一

6.层次结构可视

优秀的页面布局具有好的视觉层次结构。用户在浏览页面时，视觉系统会将页面上的各个元素进行排序注册，使人能够更快速地对信息进行处理加工。因此，在页面设计时，设计者要根据内容的重要性对页面中的各个元素进行优先级排序。

布局中各个元素优先级的确定与页面定位及业务增长目标直接相关，根据各个元素的相关性及重要性顺序放置元素，确保用户能根据优先级的层次设置尽可能多地接收到重要信息。

7.保持简单

布局设计应使用户在使用产品或浏览页面时感觉到简单易用。根据希克定律，当信息传播者向受传者提供的选择越多时，受传者作出决定的时间就越长。在布局设计中，尽量避免将指意不清的信息加入其中，导致用户理解困难并阻碍产品触达用户。良好的产品信息架构和导航系统设计将有助于提升用户的使用效率。

此外，从用户使用心理来看，人们对于他们熟知和可以理解的情境中的内容更容易接受。基于此，设计者应较多使用用户比较熟悉的有效设计概念，并以元素或元素组合融入具体产品中，才能降低用户学习成本，让产品更具吸引力。

二、布局设计的视觉因素

理解布局的基本视觉因素是创建具有凝聚力和和谐视觉效果的第一步。这些对象可以以任何方式作为组合的一部分进行布局，包括概念要素和视觉要素。

(一)概念要素

布局设计作为整体性设计几乎包含了所有基础设计元素，也会将多种组合式元素涵盖其中。

1.点、线、面及其位置

点、线、面是基本设计元素，其位置的不同也会产生不同的视觉效果，进而引起不同的心理作用。点、线、面元素如果位于页面中心，则产生安静、庄重、平衡等视觉效果，同时也有呆板的感觉；如果偏离页面中心，则产生运动、变化等视觉效果，当然也会产生不稳定的感觉。

2. 页面尺寸

网络信息的传递依赖于硬件设备，大多数用户都是通过计算机显示器来浏览页面和获取信息。因此，页面内容的显示面积与显示器大小及分辨率有关，同时，由于浏览器边框、菜单、工具栏及滚动条等会占据一定空间，设计者为了使页面便于合理、方便地浏览，就必须明确实际可用的区域范围。一般情况下，显示器分辨率在800×600像素的情况下，页面的最大显示尺寸为778×435像素；显示分辨率在1024×768像素的情况下，页面的最大显示尺寸为1002×600像素。可见，显示器的分辨率越高则页面显示尺寸越大。

对于信息量较大的页面，在水平尺寸受限的情况下，通常可以增加页面的垂直高度。但需要注意的是，页面的垂直高度并不是可以无限制地增加的，因为越靠近底部的内容浏览率越低。因此，页面设计时原则上不要让浏览者拖动页面超过三屏。如果需要在同一页面显示超过三屏的内容，一般会通过增加页面内部链接的方式。①

3. Logo和Banner

Logo是新媒体产品内涵和特色的集中体现，优质的Logo有着独特的形象标识特性，在品牌的推广和宣传中起到事半功倍的作用。Logo在页面中一般位于左上角，按照用户浏览的普遍视觉流程，该位置是用户首先关注的。在桌面端，Logo通常有3种尺寸：88×31像素、120×60像素和120×9像素。

Banner即横幅广告，是互联网广告的最基本的形式。在桌面端，Banner可以位于页面顶部、中部或底部的任意一处，一般横向贯穿整个或大半个页面。它的尺寸一般是480×60像素或233×30像素。Banner既要和整个页面协调又要突出醒目，使用颜色要和页面的主色调搭配，如主色是浅黄，广告条的用色就可以用一些浅的其他颜色，切忌用对比色。②

4. 页眉与页脚

页眉的概念是从书籍杂志设计中移植而来的。在布局设计中，页眉的作用是定义页面的主题。大多数页面名称都会出现在页眉区域，便于用户快速获知页面的名称及主题。因此，在桌面端的视觉设计中，页眉是页面设计的关键环节之一，它直接影响了整个页面风格，牵涉到页面中更多设计细节和整个页面的协调性。页脚和页眉相呼应，

---

① 隋涌．网页布局之形式原理与设计要素[J]．北京印刷学院学报，2007(3)：70-72.

② 郑丽琴．浅谈网页布局的设计[J]．福建教育学院学报，2009，10(2)：116-118.

页眉是放置站点主题的地方，而页脚是放置制作者或者公司信息的地方。另外，一些制作信息、联系方式等都是放置在页脚的。还有一些网站，在页脚部分放置了一些文字版的导航，让浏览者可以不必来回拖动，而在此处就可以进入其他页面。[①]如图4.13所示，图中红色箭头标示的就是高德地图网站的页眉和页脚。

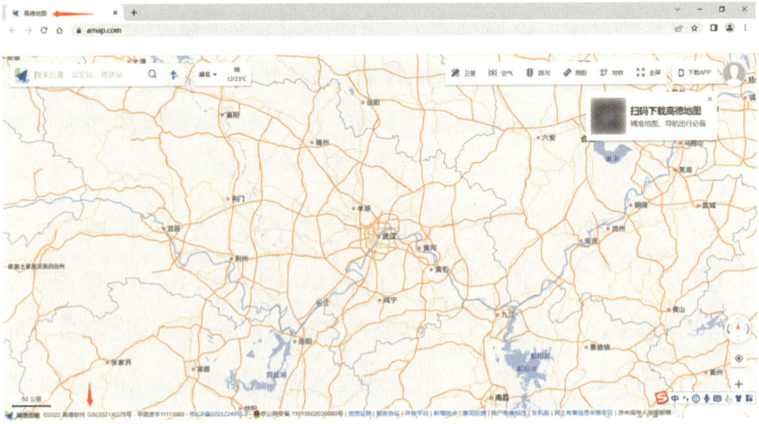

图4.13　高德地图网站的页眉和页脚

5.文字

文字的布局是通过对字号、字体、字色、粗细、间距和行距等属性的调整来实现内容的层次结构的改变。文字是页面内容必不可少的元素，随着用户审美情趣的提高，页面布局中出现的文字在字体、颜色、排版的疏密变化以及留白方面，越来越受到设计者的重视。文字在页面中有不同的性质，如装饰性质、标题性质或正文性质，对于不同性质的文字在布局上也要作相应调整。如图4.14所示。

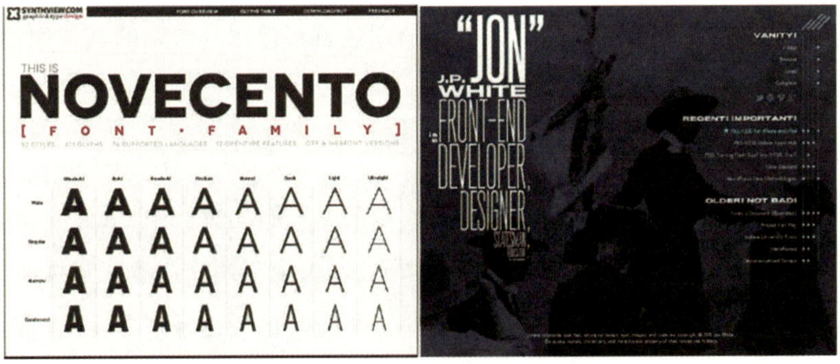

图4.14　文字要素应用示例

① 隋涌.网页布局之形式原理与设计要素[J].北京印刷学院学报，2007(3)：70–72.

6.色彩

视觉设计中常运用色块的形状、位置、面积及色彩的色相、明度和饱和度等属性，结合内容与环境来组织色彩布局。如图4.15所示，该页面利用两种对比鲜明的色彩将空间进行分割，色彩虽然反差强烈，但综合色彩面积和形状等因素，彼此间可以获得协调默契，使页面非常具有个性。

图4.15 色彩要素

7.图像和多媒体

图像和文字一样，也是页面中最重要的设计元素。图像的应用可以使页面更加美观、有趣，另外图像本身也是信息传播的重要手段之一。图像可以通过尺寸、色调、位置以及图文之间的配合等形成不同的布局风格。

声音、视频和动画等多媒体元素的运用，大大增强了页面的表现力。多媒体元素在页面布局中的运用需要注意三个问题。

(1)兼容性问题。并不是每一种多媒体文件都能够在页面中正常播放或显示的，有些需要插件的支持。

(2)文件大小需适应用户的网络环境。

(3)应出现在页面中的主要位置。多媒体文件效果直观，视觉冲击力强，在页面中尽量放置在引导页或首页的中上部，保证页面加载后用户能够看到。

此外，运用多媒体元素还要赋予用户控制播放它们的权力，以免引起反感。

8.表单

表单一般作为页面交互元素。表单的布局设计能体现其功能性。优秀的表单布局不仅能让用户轻松完成注册、登录、地址更新、付款和内容创建及管理等操作，还能让用户拥有愉悦的体验。桌面端和移动端的Web表单设计要考虑到用户的使用场景，在尺寸、色彩、空间布局等方面做出差异化设计。

9.图表和导航

信息图表是信息呈现的重要形式。通过对信息数据的归纳整理，有效分类、排布，信息图表将复杂信息高效、清晰地传递给用户，具有清晰、直观的特征。

导航能让用户在使用时方便到达不同的页面，因此务必做到清晰、醒目。一般来讲，导航要在“第一屏”显示，横向放置的导航要优于纵向的导航。

（二）视觉要素

页面布局设计中需要在有限的屏幕空间上将多种元素进行有机组合，利用页面中的各种构成要素，均衡、调和、律动的视觉导向，以及版式的空白来传达信息，根据网站主题的要求予以必要的元素关系设计，通过反复调整获得秩序，引导人们获得最佳视觉效果，从而完成网站信息的快速有效地传递。

1.可视性

可视性是指视觉流程的合理与通畅。斯蒂夫·克鲁格在《Don't Make Me Think》一书中提到“别让我动脑”是网站可用性的第一定律。他认为这是最重要的一条定律，是在网页设计中判断什么有用什么没用的终极法则。在页面设计中，设计者应遵循“阅读最省力”原则，注意视觉流程规律，注重画面的空间运用，确保视觉流速合理，视线导向的明确，要有意识地引导用户视线按流程顺序轻松、省力、愉悦地浏览或阅读。

2.视觉流程与视线诱导

视觉流程是一个由总体感知、局部感知到最后印象这三个感知阶段组成的心理认知过程。人的视线在一个平面上的流动具有比较固定的认知模式，即从左到右、自上而下、由左上沿着弧线向下方自然地流动。视线诱导是设计者为了实现页面信息的有序传达而使用的设计手段。在具体设计中，可以通过线性方向、形状方向、组合排列、运动趋势等来实现视线诱导。

3.约束率与跳跃率

网格排版在现代版面设计中应用十分广泛，严格按照网格排版，会形成一种高约束率的版面，体现一种理性与稳重；脱离网格排版，形成低约束率的版面，会使版面显得自由且具有活力。

在页面布局设计中，网格的应用更为明显。用水平线与垂直线分割页面，就产生了网格。网格为页面设立了框架结构，将图片、文字等元素放入框架中，很容易就使页面产生较强的秩序感。同时网格的运用可以大大提高页面布局的效率。

当然，当元素跳出网格的束缚就可以轻松吸引用户的注意，从而增强页面的生动性。跳跃率或称为大小比，如页面中正文的大小与最大标题文字的大小比叫作文字的跳跃率。跳跃率低给人平静沉稳的感觉，跳跃率高则会更有生机和活力。图片的跳跃率是指网页使用的插图或照片的大小比率。图片的跳跃率小，则会使页面显得稳重大方；图片的跳跃率大，能够提升页面的活跃程度，分清主次关系。①

第三节　布局常用模式

当人们在浏览网页时，对网页中不同位置的信息的关注程度是不同的，人眼会自动启发对视野里某个目标的特别关注，这个目标就是焦点。同时，人不能同时把视线停留在两处或两处以上的地方，只能依照先后顺序查看，因此眼睛处理信息是有一定顺序的，这就叫视觉动线。页面布局具有一般模式，随着互联网技术和移动终端的发展，布局模式也在发生变革。

一、常用模式

布局常用模式是当前应用最为广泛的布局类型，经过长时间的实践和优化后，其科学性已经得以证明，设计者可放心使用这些模式。

① 隋涌．网页布局之形式原理与设计要素[J]．北京印刷学院学报，2007(3)：70-72.

1.“F型”布局模式

尼尔森·诺曼(Nielsen Norman)通过研究发现,用户在浏览网页时倾向于以“F型”模式去查看。“F型”模式是指用户在浏览网页时沿着左侧的垂直方向浏览,首先阅读位于左侧的段落开头的内容,如果有兴趣,则会继续向右延伸。这也就意味着用户通常不会将所有文字读完,页面左侧的内容是否吸人眼球决定着用户是否会被留下。如图4.16所示。

图4.16 “F型”页面布局示例

在“F型”的页面布局中,通常把栏目的标题置于整个栏目的左上角,然后横向展开栏目的内容以供用户深入了解,这样的引导方式既符合阅读习惯,又节约用户的时间,也遵从了“内容为王”的准则。

2.“Z型”布局模式

“Z型”布局符合用户从左到右、从上到下的阅读规律。该布局模式适合用于视觉层次较少的页面,如图4.17所示。

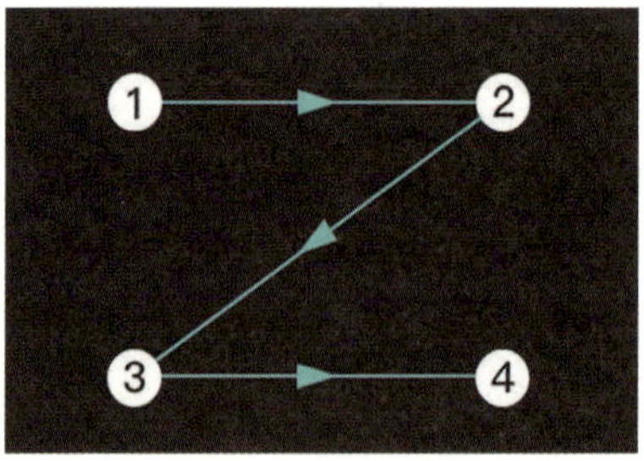

图4.17 “Z型”视觉动线

实际应用中，页面的视觉层次普遍较多，因此单纯的“Z型”布局难以满足需要，于是就出现了“Z型”布局的变体：“之”字形布局。具体设计中，常见情况是一行的左边为文字，右边为图片，下一行的左边为图片，右边为文字，并按此规律循环。这种布局在总体节奏一致的前提下产生了变化，更具设计感，还能缓解视觉上的疲劳，如图4.18所示。

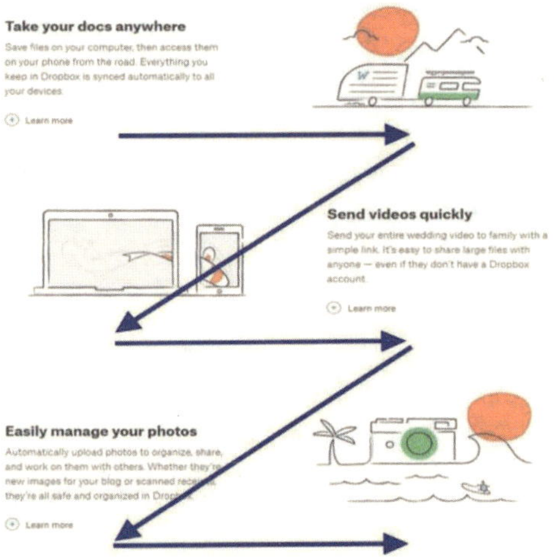

图4.18 “之”字形页面布局示例

当然，“Z型”布局也存在缺点。作为控制用户视线移动的模型，它容易受到外界因素干扰而使用户脱离设定的视线轨迹。因此，在采用“Z型”布局模式时要注意各类元素的平衡，清楚内容的主次。

3. “国”字型布局模式

“国”字型布局的特点就是规范，内容主次由上到下，网页上面是标题条幅、导航栏，下面就是网站相关内容信息等，一些大型门户网站经常使用这种类型，例如腾讯、网易等网站，如图4.19所示。

图4.19 “国”字型布局示例

4.“T型”布局模式

“T型”布局指网页上边和左边相结合，页面顶部为横条网站标志和广告条，左下方为主菜单，右面显示内容，这是网页设计中使用最广泛的一种布局方式，如图4.20所示。

图4.20 “T型”布局示例

在实际设计中还可以改变“T型”布局的形式。如左右两栏式布局，一半是正文，另一半是形象的图片、导航，或正文宽度不等的两栏式布局，通过背景色区分，分别放置图片和文字等。

5.“口”字型布局

“口”字型布局指页面上下各有一个广告条，左边是主菜单，右边是友情链接等内容，中间是主要内容。“口”字型布局在现代网页设计中已不常用。如图4.21所示，新浪微博的页面布局接近于“口”字型布局。

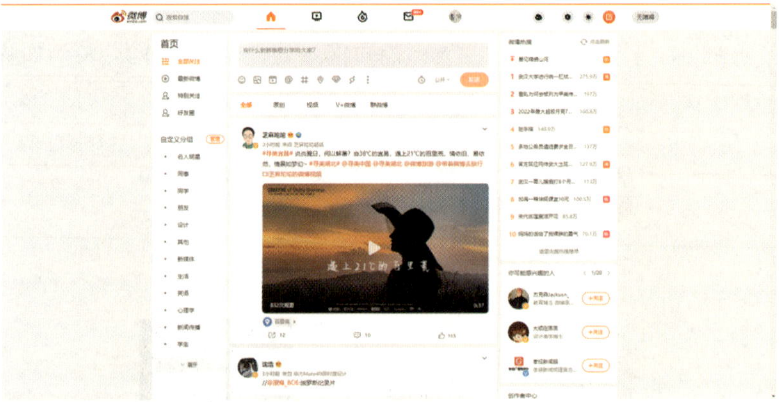

图4.21 “口”字型布局示例

“口”字型布局的优点是页面充实、内容丰富、信息量大，是综合性网站常用的布局方式，特别之处是顶部中央的一排小图标起到了活跃气氛的作用。缺点是页面拥挤，不够灵活。也有将四边空出，只用中间的窗口型设计。

6. 个性化算法推荐布局

个性化算法推荐布局可以根据个人的喜好量身定制数字体验。算法根据用户之前的订阅习惯等数据向用户推荐新产品或服务内容并完成页面布局。如图4.22所示，美国Netflix公司流媒体平台首页中为用户个性化推荐他们最有可能观看的电影。

图4.22 个性化算法推荐布局示例

二、布局模式发展趋势

随着新媒体技术的发展，布局设计也从传统的静态布局模式，发展出了自适应布局、弹性布局、流体式布局和响应式布局。

1. 自适应布局

自适应布局是指页面能根据不同的设备进行适配。分别为不同的屏幕分辨率设备设计不同的样式布局，相当于多个静态布局组成的一个系列合集，每个静态布局对应一个屏幕分辨率范围，如图4.23所示。页面通过百分比自动适配设备屏幕分辨率和可视窗口大小，当可视窗口改变时，不会出现横向滚动条，图片、文字自动缩放，元素内容、布局、交互方式基本不变。

图4.23　自适应布局页面在不同设备上的显示情况

2. 弹性布局

弹性布局是以“em”为基本单位，“em”是相对于字体大小的单位宽度。它随着字体大小的变化而变化，反映用户对字体大小的设定。

如果合理运用，这种布局设计能带来非常友好的用户界面。目标效果是所有东西都能根据用户的偏好增大或缩小尺寸。但是这种布局兼容性较差，只能兼容IE9及以上。

3. 流体式布局

流体式布局的特点是页面元素的宽度按照屏幕分辨率进行适配调整，但整体布局不变。流体式布局的代表是栅栏系统（网格系统）。该种布局方式中主要的划分区域的尺寸使用百分数表示。

流体式布局的页面在屏幕分辨率变化时，页面里元素的大小会随之变化但布局不变。该布局存在的问题是当屏幕过大或者过小时，元素可能无法正常显示，如图4.24所示。

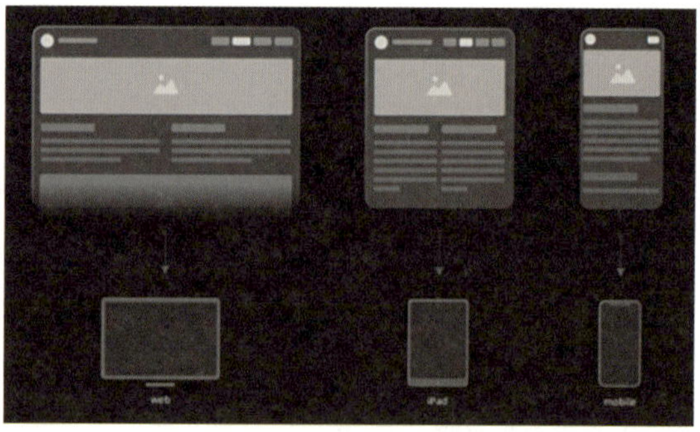

图4.24　流体式布局页面在不同设备上的显示情况

4. 响应式布局

随着CSS3出现媒体查询技术，响应式设计的概念由此诞生。响应式设计的目标是确保一个页面在所有终端上（各种尺寸的PC、手机、手表、冰箱的Web浏览器等等）都能显示出令人满意的效果。页面的设计和开发应当根据用户行为以及设备环境（系统平台、屏幕尺寸、屏幕定向等）进行相应的响应和调整。对CSS编写者而言，在实现上述目标时一般不拘泥于具体手法，但通常是糅合了“流体式布局+弹性布局”，再搭配媒体查询技术来达到目的。

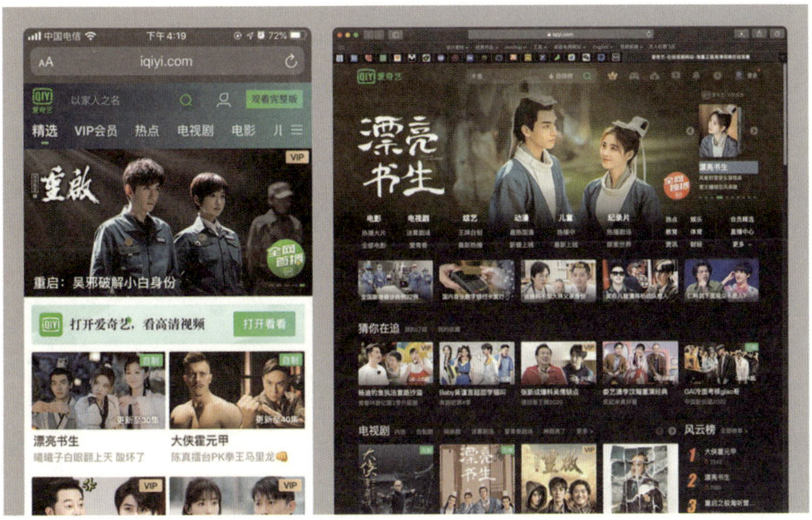

图4.25　响应式布局页面在不同设备上的显示情况

如图4.25所示，以爱奇艺的移动端和桌面端为例，可以看到网页上的许多信息在移动端上要么被取消了，要么被折叠了。

响应式布局在每个屏幕分辨率下面都会有一个布局样式，即元素位置和大小都会变。具体表现为：分别为不同的屏幕分辨率定义布局，同时在每个布局中，应用流式布局的理念，即页面元素宽度随着窗口调整而自动适配。也就是创建多个流体式布局，分别对应不同的屏幕分辨率范围。可以把响应式布局看作是流体式布局和自适应布局设计理念的融合。

第四节　布局设计形式

布局设计形式具体可分为桌面端布局和移动端布局。桌面端和移动端原本是相对比较割裂的两种平台，设计语言相差较大，用户的使用习惯也相差较大，所以在布局设计时需要注意差异性。

一、桌面端布局

桌面端布局设计的目的是将文字、图形等视觉元素进行组合配置，使页面整体的视觉效果美观且易读，便于理解，实现信息传达的最佳效果。桌面端布局设计需要遵循桌面端设计原则(参见第二章第二节)。

(一)桌面端布局形式

桌面端具有较大的布局空间，布局形式上具有更多的选择性。

1. 卡片式布局

卡片式布局适合在新闻类网站和博客类网站上使用，如Pinterest、Facebook和Twitter等网站均使用了该种布局。卡片式布局的优势是可以在页面上放置大量内容，同时又保持每部分内容各自独立。

卡片式布局主要有两种形式：卡片尺寸相同和卡片尺寸不同。

(1)卡片尺寸相同。该布局形式中卡片的排列标准规范。如图4.26所示。

图4.26　卡片式布局——同尺寸卡片

(2)卡片尺寸不同。该布局形式中,卡片间没有固定的排序,如图4.27所示。

图4.27 卡片式布局——不同尺寸卡片

2. 对称布局

对称布局可分为两类:对称对比布局和不对称布局。

(1)对称对比布局。这种布局采取左右或者上下对称的形式,一半深色,一半浅色,一般用于设计类网站。其优点是视觉冲击力强,缺点是将两部分有机地结合比较困难。如图4.28所示。

图4.28 对称对比布局

(2)不对称布局。不对称会产生动态化的视觉冲击力,能引起用户注意,对于品牌传播具有特殊价值。如图4.29所示。

图4.29　不对称布局

3. 分屏布局

分屏布局是一种古老但持续流行的设计选择，主要用于强调两个权重近似的元素，例如文本和图像都需要突出显示的设计中。当用户需要立即看到两个内容时，分屏布局能够有效地发挥作用。分屏布局能够创建独特的视觉流程，帮助建立与其他设计技术和趋势一致的模式。如图4.30所示。

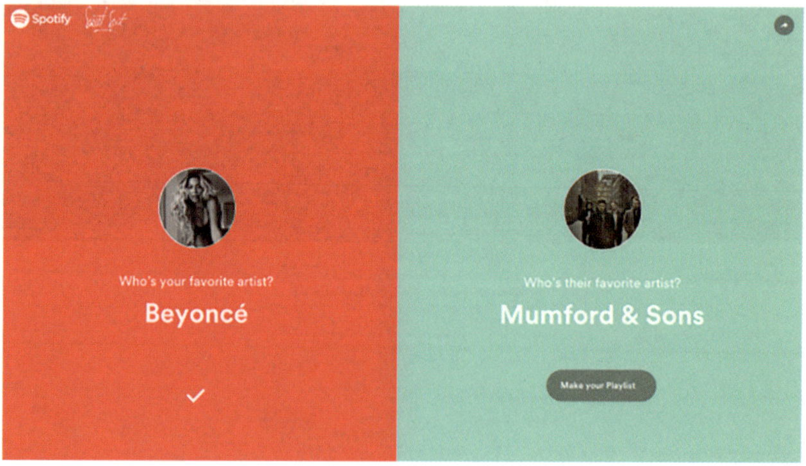

图4.30　分屏式布局

4. 大标题布局

大标题布局即标题在版面中占据很大空间，采用较粗字体和较大字号，更具可读性，阅读体验更好。大标题布局既有实用效果又有视觉效果，前卫且具有设计感。如图4.31所示。

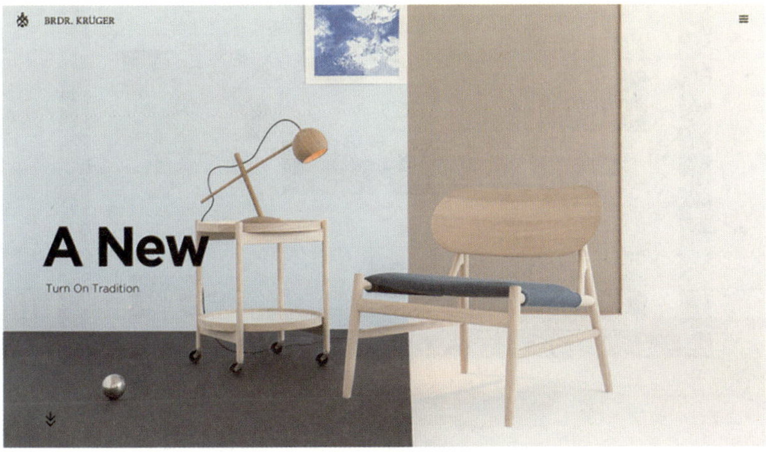

图4.31　大标题布局

5. 网格布局

网格布局具有强烈的视觉秩序感，以一种平衡且有组织的方式呈现内容，更易被浏览。网格布局强调网格的作用，用明显的网格分割内容，使页面界限分明、稳重和有秩序，同时也有设计感。如图4.32所示。

图4.32　网格布局

6. 杂志化布局

杂志化布局借鉴了纸质期刊的排版方式，比较适合新闻类、资讯类等以内容为主的媒介产品。如图4.33所示。

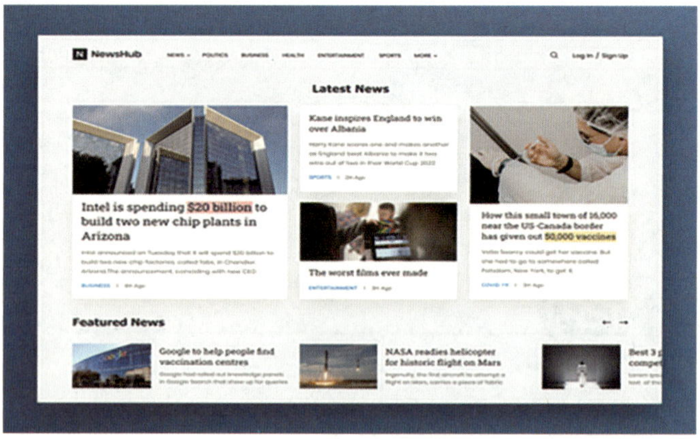

图4.33　杂志化布局

7. 单页布局

单页布局已经成为最常用的桌面端布局之一。该布局类型将网站的所有主要内容置于一个页面上，通过滚动完成导航，通常还会使用视差滚动等效果。单页布局适合于内容稀疏的网站，同时，因适合内容叙事，可作为交互式儿童读物的布局方式。

（二）桌面端布局方法

桌面端布局方式较为成熟，但也会导致设计固化，为使页面布局更为灵动，设计者可选择不同的方法来改变这种局面。需要强调的是，方法是可以组合使用的。

1. 促活布局

“变”是使页面产生“动”感的有效方法，如“过渡”“突破”“错位”“分割”和“互动”等。

（1）过渡边缘。

页面中明确的图文边缘可以使对比效果更好，但同时也会使页面显得呆板。过渡边缘方法利用不规则的边缘衔接打破整齐，使页面变得生动和更有质感，如图4.34、4.35所示。

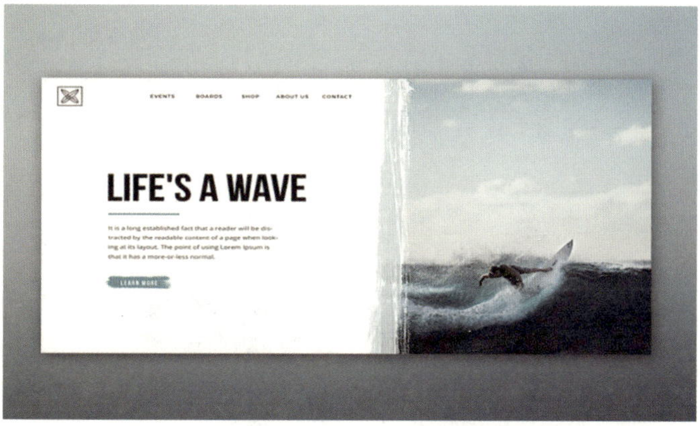

图4.34　用不规则的边缘过渡营造质感示例1

图4.35　用不规则的边缘过渡营造质感示例2

(2)突破边界。

突破边界和过渡边缘有些类似。这种方法通常会打破页面整体布局中的条块分割,通过图文穿插,横跨多个模块,制造一定的延伸感和连接感,如图4.36所示。

图4.36　突破边界

(3)尝试错位。

将元素错位布局也是一种打破条条框框的方法。该方法会使页面产生一种美妙的韵律感,变得更有生机,如图4.37所示。

图4.37　尝试元素的错位

(4)曲线分割。

曲线分割方式可以有效打破直线分割的局促,使页面更为灵动,具有女性特质。曲线往往还可以与“数据”“波动”等关键信息巧妙结合,如图4.38所示。

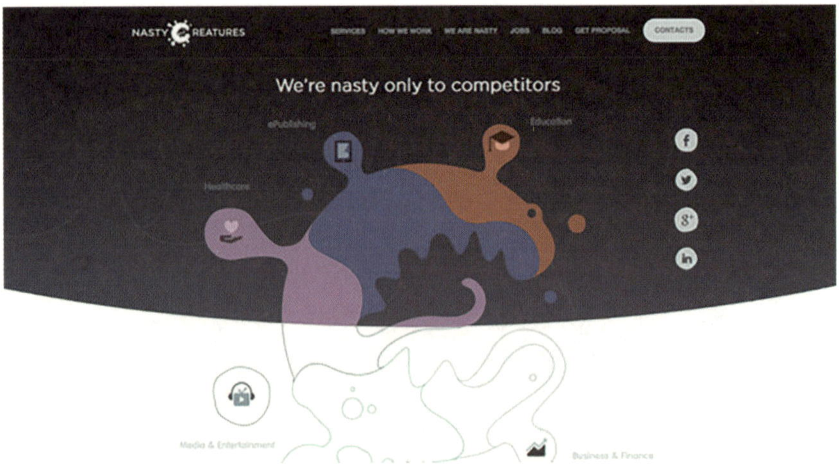

图4.38使用曲线分割

(5)图文互动。

当页面偏向于沉浸式布局时,作为页面主体的高清大图和文本展开“对话”,形成图文互动,可以提升页面内部活力,如图4.39所示。

图4.39 围绕图片进行互动设计

2. 活用层叠

页面虽然是二维的,但有时需要营造三维的立体效果,层叠方法将图形图像和文本等信息进行叠加,打破传统的左右和上下布局,有效增加了画面的透视与层次关系,如图4.40所示。

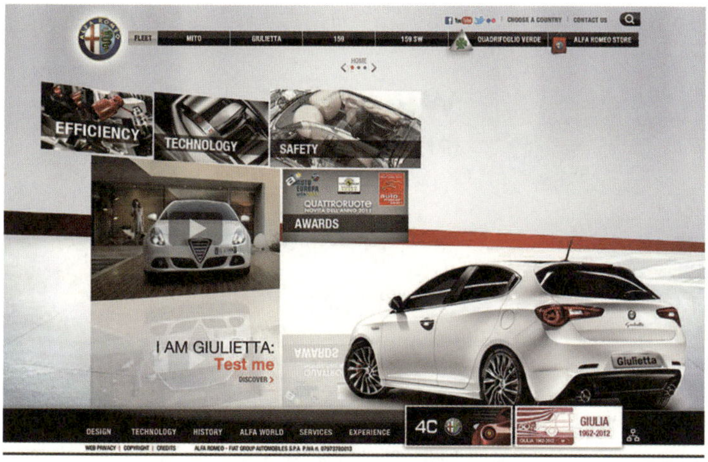

图4.40 灵活运用层叠技巧

3. 强调细节

当页面整体偏向于简单时，可以通过一些细节和故事感较强的素材，赋予页面更多的信息量，如图4.41所示。

图4.41　使用细节丰富的素材

4. 巧妙隐藏

有效布局可以有针对性地强化页面信息。其中一种方法就是适度隐藏不重要信息，只展示最重要的部分，这种方法使页面具有一定的延伸感，给用户提供更多的想象空间，如图4.42所示。

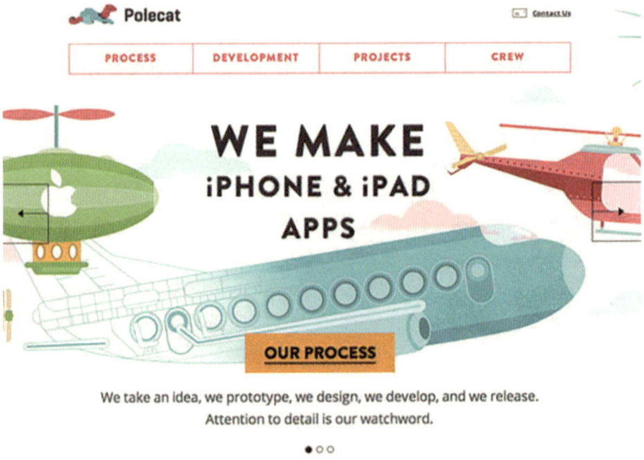

图4.42　巧妙隐藏

二、移动端布局

移动端应用的成功一定程度上取决于页面布局的合理性。相对桌面端而言，移动端页面可视可用的空间较小，需要更加强调信息优先级和页面布局契合度，选择能够提高移动产品易用性和交互体验的合适布局就很关键。

1. 列表

列表是最常用的一种布局形式，一般用于功能比较单一的应用场景。常见样式包括文字列表、图标和文字混合列表、标签和控件（复选框、按钮）列表、图片和视频缩略图与文字组合列表等，如图4.43所示。列表布局遵循自上而下的用户阅读习惯，用户使用起来很便利。

图4.43　列表布局

列表中有一种特殊形式是卡片式列表。卡片是一组特定数据集的组合，往往是关于单一主题的照片、文本或链接。卡片具有清晰直观、简单易懂和信息模块化等特征，如图4.44所示。

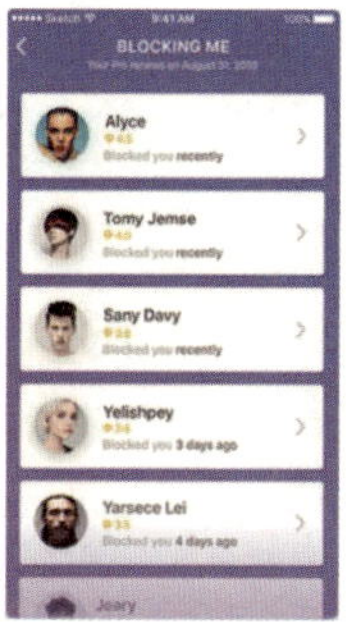

图4.44　卡片式列表布局

2. 网格

网格就是把应用图标、缩略图、功能图标等内容根据水平和垂直方向划分所构成的辅助线进行布局。其中，九宫格是最常用的网格布局类型，如图4.45所示。网格布局通常用来展示媒体内容，比如照片、视频、音乐专辑等，或包含图像、文本、按钮、链接元素的卡片。群组中的网格还可以进行有限或无限的滚动，通过屏幕轮显的方式来实现页面翻动。

图4.45　网格布局

3. 泳道

泳道(Swimlane)是一组垂直排列的轮显，每个轮显能独立水平滚动，互不影响。泳道结合了网格布局的方法，排列比较规整，如图4.46所示。水平泳道布局一般将最后一个(一般为最右侧)内容露出局部，引导用户进行水平滑动。垂直泳道布局则让页面最底部内容露出局部，引导用户操作，降低用户困惑。该布局方法需要谨慎使用，避免隐藏的内容被忽视。

图4.46　泳道布局

4.堆叠组合

在非游戏类移动应用中，堆叠组合是最多使用的布局形式。堆叠组合一般整合了列表、网格等形式，且在顶端或底端有一个控制导航或访问功能的条栏，如图4.47所示。

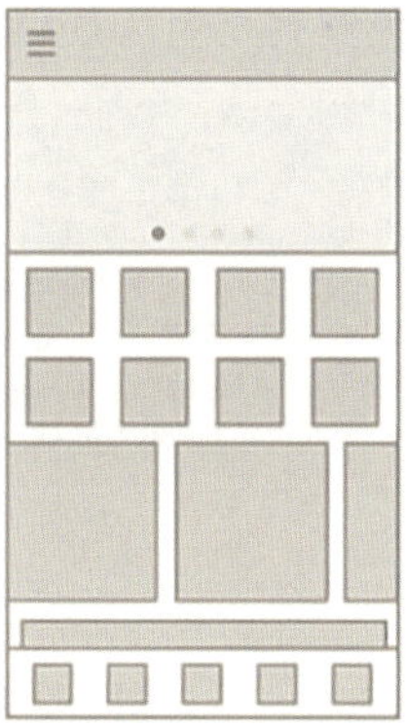

图4.47　堆叠组合

5.圆心点放射形

在页面布局中，圆心点放射形通过构造一个大圆圆心来起到聚焦、凸显的作用。另外周围布局一系列小圆，呈卫星状，如图4.48所示。中心圆形打破了矩形规则方正的格局，使页面变得生动。此外，圆形还可以使得页面感觉更有科技感，且能包容万象。

图4.48　圆心点放射形布局

6.三角形布局

三角形布局主要运用在文字与图标的页面布局中，且一般是图上字下，如图4.49所示。这种布局模式能让整个页面保持平衡稳定，这也是正三角形具有的特征。此外，自上而下的三角形构图，能把信息层级罗列得更为规整和明确。

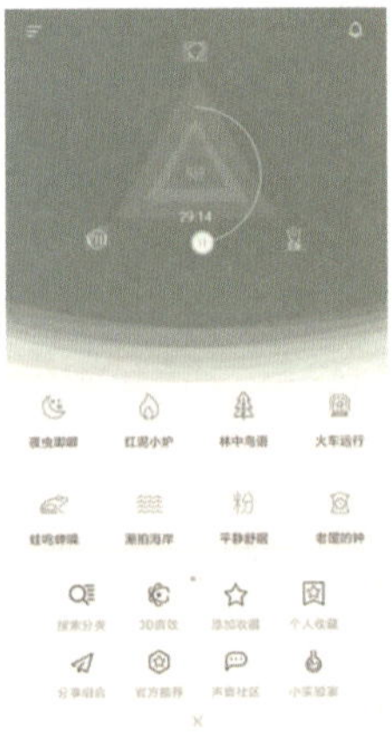

图4.49 “小睡眠”APP的三角形布局

7.瀑布流形式

瀑布流形式打破网格形式布局，多列之间存在错乱，更具有吸引力，频繁更新的实时内容更容易产生沉浸感，如图4.50所示。

图4.50 瀑布流布局

案例解析及设计

知识回顾

新媒体布局设计是视觉设计研究中的重要环节之一，是将移动端和桌面端上的图片、文字、色彩、动画等视觉构成元素进行合理配置与表现的过程。新媒体布局设计既要满足实用功能，也要体现审美功能。由于新媒体产品的信息量很大，又因为各种各样的原因设计师不能对内容进行轻易删减。如果不以合适的布局形式整理信息，就会让界面越来越凌乱。一个新媒体产品的好与坏，很大部分取决于页面布局的合理性。因此，合理的布局形式、元素组合，既可以为建立网页的视觉秩序提供有效的途径，也可以为提升新媒体产品的艺术性、满足受众的审美需求和提高信息传递的效率服务。

思考题

1. 如何理解新媒体布局设计？
2. 桌面端和移动端分别有哪些布局形式，侧重点有什么不同？
3. 请选择一款新媒体产品，试对比分析其桌面端和移动端的布局设计。

第五章 新媒体导航设计

知识目标

1. 新媒体导航设计的基本概念，以及常用的新媒体导航形式。
2. 新媒体导航设计的原则及未来发展趋势。

能力目标

1. 了解新媒体导航设计的基本概念内容。
2. 熟悉桌面端和移动端设计原则，并能结合案例进行简单分析。
3. 能够对具体新媒体导航产品进行分析。

思维导图

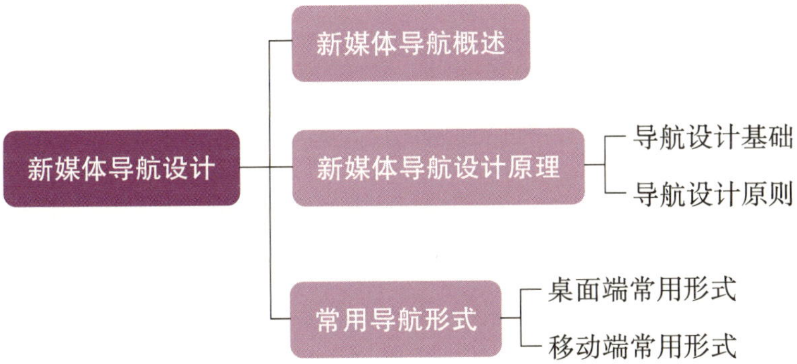

在注意力成为稀缺资源的信息爆炸时代，一个优秀的导航设计能够帮助用户快速明晰新媒体产品结构框架，帮助其找到所需。导航设计在实践过程中，也应遵循基本的设计原则，以用户和产品为中心进行设计把关，增强新媒体产品的可用性和易用性，提升用户的产品体验。进而帮助新媒体产品吸引更多用户，实现更高效率的留存与转化，这也是新媒体产品存活、实现自我价值的必经之路。

第一节 新媒体导航概述

传统阅读时代，以期刊、书籍、杂志、词典、报纸等纸质材料为阅读对象，根据其目录，往前或者往后翻阅，就能实现线性阅读，获取所需信息。但在互联网时代，网页中的超链接将不同层级、维度、空间的信息串联起来，用户通过鼠标点击可以作跳跃式的阅读，整个阅读过程是非线性的。在这样的情境下，用户容易失去方向感和位置感，迷失在信息的海洋中。同时，海量的信息使用户的时间、注意力都处于高度压缩和极易转移的状态，用户对获取信息的要求也逐渐提高。快速、便捷是新媒体产品所必须具备的基础性功能，否则会导致用户流失及口碑、声誉等的下降，对产品本身会造成致命威胁。因此，在新媒体产品开发过程中，高效、简洁的导航设计成为必须。

牛津词典对导航（Navigation）在互联网领域的解释是"The way that you move around a website or the Internet when you are looking for information"，即用户在浏览网页或互联网时一切寻找信息的方式。卡尔巴赫（Kalbach，J.）给出Web导航的三种定义：①关于Web上人们如何在页面间移动的理论与实践；②是目标导向的、查寻和定位超链接信息的过程，也是Web浏览的过程；③包含诸多元素，如所有链接、标签与其他的元素，它们提供页面的获取途径，帮助人们在与特定网站交互时确定方向。因此，导航设计（Navigation Design）是设计者运用导航设计元素、满足用户在不同页面间移动并获得信息、满足需求的过程设计①。

认知科学相关研究指出，在阅读过程中，浏览者需要对上下文具有一定程度的感知

① 卡尔巴赫.Web导航设计[M].李曦琳，译.北京：电子工业出版社，2009.

以了解自己在信息组织中的位置，进而形成认知地图（Cognitive Map），这是用户在浏览访问过程中安全感、归属感以及信任感的主要来源。新媒体产品的导航系统即负责帮助用户在访问过程中明确访问路径和所处位置，以及可以继续访问何处，帮助用户形成自己的使用认知地图，建立与用户之间的联系，根据小世界理论，甚至能够实现新媒体产品的进一步传播。同时，基于对导航物质上与精神上的解释，或可将导航理解为帮助用户创建和解释内部心理模型的系统，用户通过这一心理模型能更好地认识方向、查询信息、获取知识。按此理解，导航系统应由四个部分组成，浏览访问（Browse）、构建心理模型（Construct an internal model）、解释（Interpret）和形成浏览策略（Formulate a browsing strategy）①。

新媒体导航和日常生活中常见的地图、路标、指示牌等物品有诸多相似之处，都具备指引和向导的重要作用。当然也存在不同，新媒体导航更侧重于将包含的所有信息内容按照特定规则进行分类，在此基础上，帮助用户更快捷地获取所需信息，实现预期目标。网站“hao123”卖出5000万的案例从商业实践上证明了导航的重要性。而众多相关研究也从理论上证明了导航的重要性。导航不仅是设计元素，更是新媒体产品与用户的交互窗口，对引导用户的访问行为、提升用户的体验具有重要影响。

第二节　新媒体导航设计原理

随着互联网的发展，新媒体产品如雨后春笋般涌现，产品形态虽存在诸多差异，但其设计原理却存在共性。本节将着重明确导航设计的目标和功能指向，并探讨新媒体导航设计的原则，包括协同、可用、积极反馈原则等。

一、导航设计基础

导航设计是设计者运用导航设计元素、满足用户在不同页面间移动并获得信息、满足需求的过程设计。在此过程中，设计者将用户目标与业务目标综合考虑，利用合理且

① SPENCE R. A framework for navigation[J]. International Journal of Human Computer Studies, 1999, 51(5): 919-945.

简单的设计，将有价值的信息进行归纳整合，做好一只“无形的手”，引导用户去往适宜的位置，寻找所需信息，尽可能降低用户的使用成本，提升用户体验。

导航是一种在应用内跳转不同页面的方法。在有限的屏幕中我们不能将内容一股脑的抛在用户眼前，因此导航设计必须能自然而然地促进或引导用户的跳转行为。

设计导航时要思考跳转入口和所包含的内容之间的关系。仅仅提供一个跳转入口的列表是不够的。入口和按钮之间相互之间有什么关系？是否有业务功能的侧重点？传达的信息对于用户快速理解一个产品，上手使用一个产品是非常必要的。

还要思考结构化传达内容和当前浏览页面之间的关系。帮助用户去快速理解哪个跳转入口可以最好地支持他们的任务或他们想要达到的目的地。

导航设计本身并无优劣之分，关键是与信息内容的契合，“合适”是最重要的考虑要素。不要为了导航而导航，导航设计时首先要思考“我们是否需要导航”，然后才是“我们需要一个什么样的导航”，真正解决“你在哪里”和“你可以去哪里”的导航问题。

（一）目标指向：我们为什么需要导航设计

导航设计一方面是呈现新媒体产品的信息架构，另一方面更好注重用户视角，尊重用户的惯习并为他们提供更优质的体验。

1.新媒体信息空间的虚拟多元

用户的Web使用体验缺少了日常生活中的空间感，所有的信息内容都存放在各自的URL①里，信息呈现多维度多空间状态，而超链接的阅读方式很容易让用户失去位置感，在Web上“得知你当前的位置”比在物理空间中更重要。斯蒂夫·克鲁格认为，“Web导航通过具体化网站的层次结构补偿了这种缺失的空间感，营造出某种位置的感觉。”②

2.用户的行为惯性

信息觅食理论是研究人们如何在信息环境中寻找对自己有用的信息的基本理论。该理论由认知科学家彼得·皮罗利（Peter Pirolli）和斯图尔特·卡德（Stuart Card）在20世纪90年代提出，它的灵感来自于关于动物如何觅食的动物行为理论。用户信息觅食的目标是寻求信息，消除不确定性。在新媒体导航中，用户所需要消除的不确定性既包括

① URL就是Uniform Resource Locator，即统一资源定位器，是Internet上用来描述信息或资源位置的字符串，从左到右分别是Internet资源类型、服务器地址、端口号、路径及文件名等。

② 克鲁克.点石成金：访客至上的网页设计秘笈：第2版[M]，De Dream，译.北京：机械工业出版社，2006.

无用、不相关的信息，也包括具有迷惑性的表面相关信息，同时还需要对各类信息进行筛选、整合，真正实现有用、有效信息的输出与提供。

当人们在网上寻找信息时，他们会希望在最短的时间内获得尽可能多的信息。为了减少时间，人们会估计页面的信息价值，并通过已习得行为或交互，来提高在信息觅食中快速获得所需信息的机会。而良好的导航机制能够降低用户的浏览成本，以便用户能够在最短的时间内获得最多的相关信息。这是新媒体产品的内在要求，也是新媒体产品的生存之本。

（二）功能探讨：新媒体导航设计需求指引

在遵循导航设计两个目标的前提下，导航设计需要为用户获取信息提供多重便利，也要能够体现新媒体产品的整体结构。

1.为用户获取信息提供便利

"以用户为中心"的导航设计通过合理的视觉设计为用户提供途径、定向和信息便利，创造优良的体验环境。

（1）途径便利。

用户在浏览网站时，其获取信息的方式是多样的，比如逐页浏览、搜索框查找等。导航的出现为用户提供了更多获取信息的途径，而且导航所提供的信息具有指向性且分门别类。良好的导航设计将促使用户关注更多重要的内容，增加用户在网站停留的时间。

（2）定向便利。

导航不仅能为用户提供页面跳转的选择，还能提示用户当前所处的位置，解决"我在哪儿""我可以去往何处""哪里有我所需要的信息"等具体问题，从而让用户不会迷失方向。面包屑导航即发挥此项功能，是应用频率最高的导航设计样式之一。

（3）信息便利。

信息便利包括两方面的内容：一方面，信息便利是指用户在浏览时可以快速找到所需信息，节省时间，实现高性价比的产品使用；另一方面，信息便利还意味着用户在浏览时，尽量少被广告等信息干扰。

2.呈现产品宏观结构

优秀的导航系统承载了对新媒体产品整个信息架构显化的作用。

(1)凸显主题。

新媒体产品导航设计是系统工程,包含多种导航类型。一般情况下,导航使用的标签由产品各部分内容的关键词构成,不同类型、层级的导航共同为用户呈现出产品的宏观结构,从而映射出产品主题,也能构建出用户的"认知地图",增强访问浏览时的全局把控感。如图5.1所示,通过"中国大学MOOC"的导航系统,用户可以归纳出这是一个能获取不同专业课程和学习资源的学习类网站。其导航设计也能十分清晰地展现各个行业、专业领域的知识信息,用户无需反复跳转、查找即能进行学习。

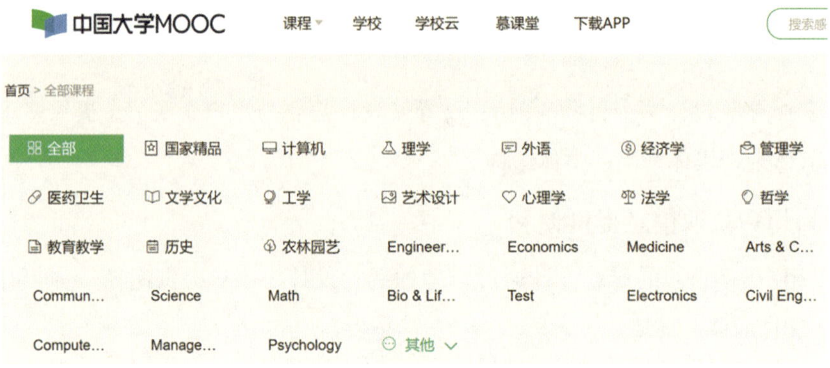

图5.1 中国大学MOOC网站

(2)显示相关性特征/提供内容相关性。

导航中的标签不是孤立的个体,而是存在一定的相关性,它们被整合在一起使产品主题更加连贯和有意义,有助于用户了解网站主题和上下文的关系,让用户内心对产品产生预期,从而影响用户寻找信息的方式。

总之,导航设计传达了产品的内容、服务的广度和类型,提供了产品内容语义上的周边视界,暗示了用户信息需求的相关程度,能帮助用户进行信息定位、内容定位。

二、导航设计原则

导航设计要以用户易接受的方式将信息结构化呈现。优质的新媒体产品往往都需要体验良好、可用性优异的导航设计作为支撑,最大限度帮助用户达成信息获取的预期目标。因此,导航设计除了遵守新媒体视觉设计的一般原则外,还需要遵循以下原则。

1. 协同原则

导航设计过程中，设计者首先需要明确新媒体产品自身的定位，导航本身应与其在信息内容、视觉呈现和结构设计等方面保持一致，达到界面元素的和谐。

信息内容方面，新媒体导航要对产品内容进行分类、整合、标示。在视觉呈现方面，新媒体导航设计要在风格、调性上与页面整体风格保持一致，营造一种融入感。在结构设计方面，首先，导航的位置要合理，要与原有内容的逻辑架构相契合，如按字母顺序排列目录索引、关键词和术语表等；其次，产品不同版块间导航模式可能不同，但基本结构需保持一致，要确保该导航在整个网站的通用性。

2. 可用原则

导航设计时，要确保导航的组成要素，如标签、按钮、箭头、链接等简单明了、易于理解，同时突出关键性元素，准确传达导航信息，避免误导用户。

新媒体产品中，导航扮演定位和指引方向的角色，其本身需要具有方向性，从而提升其可用性。如导航文字编排上，不管是横排、竖排导航还是倾斜式导航，都应该做到有秩序、有条理。此外，导航的方向性还会影响整个页面的布局设计。如知乎APP的导航就用简单的色彩变化，提醒用户所处位置。在点击“首页”“动态”“会员”或者“我的”按钮时，相应版块的图标会变为蓝色样式，从而帮助用户确定自己所处的位置，如图5.2所示。

图5.2 知乎APP的导航栏

3. 积极反馈原则

导航设计要注重对导航和链接的交互性与页面反馈，确保用户在操作前、操作中、操作后都能获得积极的反馈。积极的反馈信息能给用户带来成就感与控制感，避免其中途退出。在“中国国家地理”网站(http://m.dili360.com/)中，当鼠标悬置于导航栏时，对应位置的内容会出现不同色块进行突出显示，如图5.3所示。

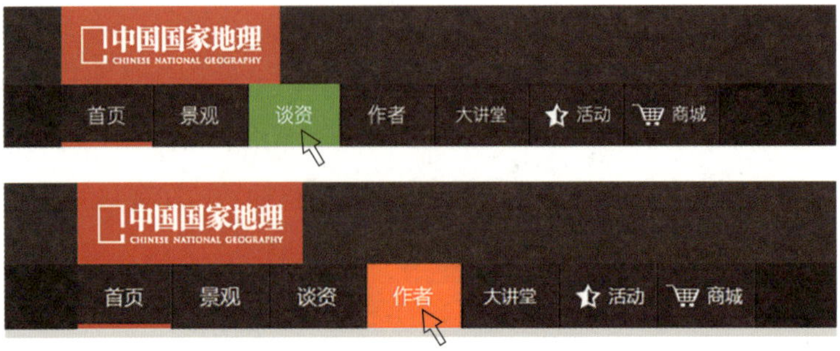

图 5.3　中国国家地理网站导航栏

导航设计趋势

第三节　常用导航形式

导航系统是一个抽象的概念，是最直接的产品地图。在导航发展历史中，它经历了不同时期的实践和用户"考验"，设计理念和实践示例也在发展变化中。在不同产品理念、不同终端等因素的影响下，新媒体产品导航设计在桌面端和移动端也呈现出不同的实践形式。

一、桌面端常用形式

桌面端导航设计形式很丰富，根据位置、样式和内容还可以再具体细分。

(一)按导航位置分类

从空间关系来看，导航可以布局在顶部、底部，还可以采用嵌入式。不管采用哪种位置布局均要体现导航的作用和为用户提供页面指引的便利。

1.顶部导航

顶部导航是应用最广泛的一种导航，样式上一般比较中规中矩。顶部导航的优点是可以确保组织结构的清晰可靠，降低用户寻找信息的难度和时间成本。当页面垂直高度较大，存在多屏情况时，可以将顶部导航固定，如“李宁”官方网站（https://www.lin-ing.com/）中的导航，如图5.4所示。

图5.4　向下滚动页面后导航仍然位于页面顶部

2.侧边导航

侧边导航设计形式多样，一般放置在页面的左侧，用不同的底色或分割线将其与主内容分开。侧边导航设计力求简洁，避免占用过多空间，特别是导航的宽度。如“简书”网站（https://www.jianshu.com/）右侧的导航栏，如图5.5所示。

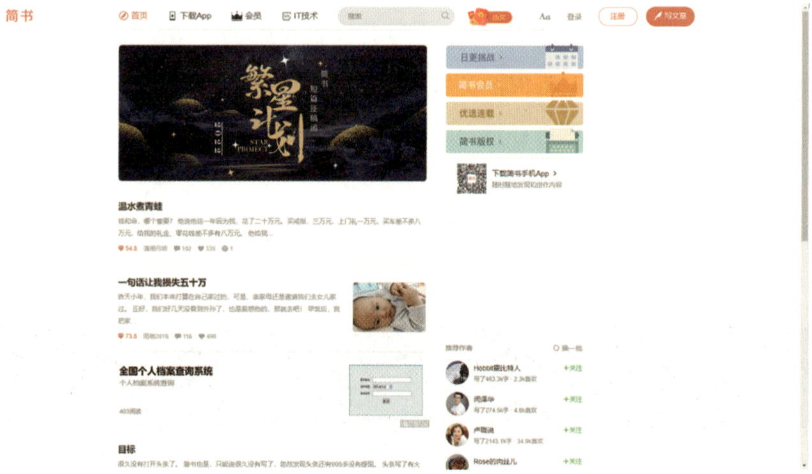

图5.5　“简书”网站的侧边导航栏

3.底部导航

底部导航在桌面端使用得并不多，在移动端较为常用。底部导航不是很符合用户从上至下的浏览习惯，实用性较低，一般不作为主导航，可用于结构简单的单页网站。

4.嵌入式导航

嵌入式导航也称为上下文导航，是指嵌入页面自身内容的导航。嵌入式导航能够最大程度上简化页面的表现形式，将最关键、最显著的信息放在同一个页面，抓住用户注意力。如“NBA”中国官方网站就采用的是嵌入式导航，设计者以图片和文字作为链接点，点击即可观看比赛，如图5.6所示。

图5.6 “NBA”官方网站的嵌入式导航

（二）按导航样式分类

导航有具体的形态样式，不同的形态适配不同的应用情境并具有不同的功能。

1.导航条

导航条是最常见的导航样式，其基本形态就是把文本超链接放置在一行中，再用竖线、方格或者一定的间隙将彼此分割开。其中，导航Tab（标签）是导航条的一种特殊形态，它是对导航条进行突出处理，采用的方法包括下划线、颜色改变、字体大小改变等，可以更好地让用户查找内容信息。如“鸿星尔克”官方网站（https://www.erke.com/）中的导航条，通过红色下划线以及字体颜色改变等方式突出显示被激活的导航标签，如图5.7所示。

图5.7 鸿星尔克官网导航

2.“面包屑”导航

“面包屑”导航是位于页面顶部或底部的一行内部链接，可让访问者快速返回上级页面，占用很少的空间并提供深层次定位功能，通常用“>”“/”等符号分隔。“面包屑”导航不仅可以展示用户在网站中的位置以及产品的架构层级，让网站的结构更加清晰，强化用户的心理层级模型，还便于用户在不同的层级间跳跃切换。面包屑导航一般作为次级导航系统对顶部导航起辅助作用。如“三星堆博物馆”官网(https://www.sxd.cn/)中使用的“面包屑”导航，能够直接显示用户当前位置以及所处层级，如图5.8所示。

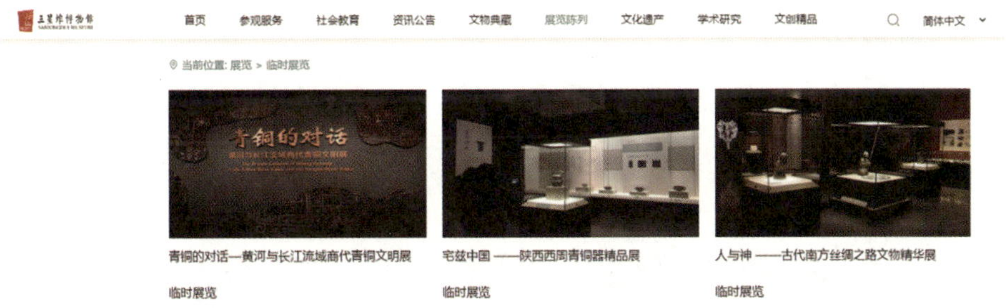

图5.8 “三星堆博物馆”官网中使用的“面包屑”导航

3.“汉堡包”导航

“汉堡包”导航是一种弹窗导航形式，由三条横线组成导航按钮的图标，当鼠标停留或点击导航按钮时，导航栏会弹出。这种导航设计可以节约页面空间，为网页设计留出更多的空间，是一种很常见的导航形式，在桌面端和移动端都经常被使用。如“Mammoth Media”网站(https://www.mammothmedia.co.nz/)右上角使用的“汉堡包”导航，如图5.9所示。

图5.9 “Mammoth Media”官网中使用的“汉堡包”导航

5.树状导航

树状导航用一种简单而有效的方法来组织大量的内容，允许用户访问层次结构。当用户将光标悬停在导航标签上或单击它时，更多的导航内容会展开或弹出。为避免过多层级结构对用户产生误导，一般信息层级不超过四级。如“华为云”官网(https://

www.huaweicloud.com/)中使用的树状导航，采用了“图片+文字”的形式增加用户的阅读趣味，冲淡因字数过多、内容较为集中而可能出现的阅读疲劳现象，如图5.10所示。

图5.10 “华为云”官网中使用的树状导航

（三）按导航内容分类

导航的内容指导航中包含的具体元素。常规的导航设计具有很强的包容性，也有一些比较特殊的导航形态，如字母索引、自然索引等。

1.基础性导航

这类导航通常置于网站右上角，内容主要是关于用户、消息、登录、帮助等。它主要用来确认用户身份、给用户提供使用帮助等，是网站觉察用户行为轨迹、留住用户的一种方式。在基础性导航中，用户想要进行更多操作和信息获取，必须完成特定信息的提交、注册或登录。基础性导航还是和用户进行沟通交流的重要方式，一般会以信息推送的方式告知用户相关的重要信息，并为用户提供帮助。

2.字母索引

这类导航以字母顺序排列信息，字母索引中的标签不存在主次关系，适用于信息量巨大的网站，常见于书目列表、地区导航以及介绍客户、合作伙伴等场景。如QQ音乐官网中“歌手”版块就采用了字母索引，用户在搜索歌手时，可以通过字母索引栏直接筛选出相应的歌手名字，避免了在长列表中逐页翻找的麻烦。这种设计不仅提升了操作的便捷性，还使得界面更加整洁，用户可以更直观地找到所需内容。如图5.11所示。

图 5.11　QQ 音乐官网中“歌手”版块使用的字母索引

3. 根据自然属性划分的导航

这种导航以时间、位置、颜色等属性来组织信息结构，适合有特定主题的网站。如中国色(http://www.zhongguose.com/)网站，侧边导航以相对应的色彩进行导航标识，在点击具体颜色时，网站背景色也会变为相应的色彩，视觉反馈明显，具有较好的趣味感和体验感，如图 5.12 所示。类似的网站还有中国传统颜色手册网站(https://colors.ichuantong.cn/)，日本传统色网站(https://nipponcolors.com/)等。

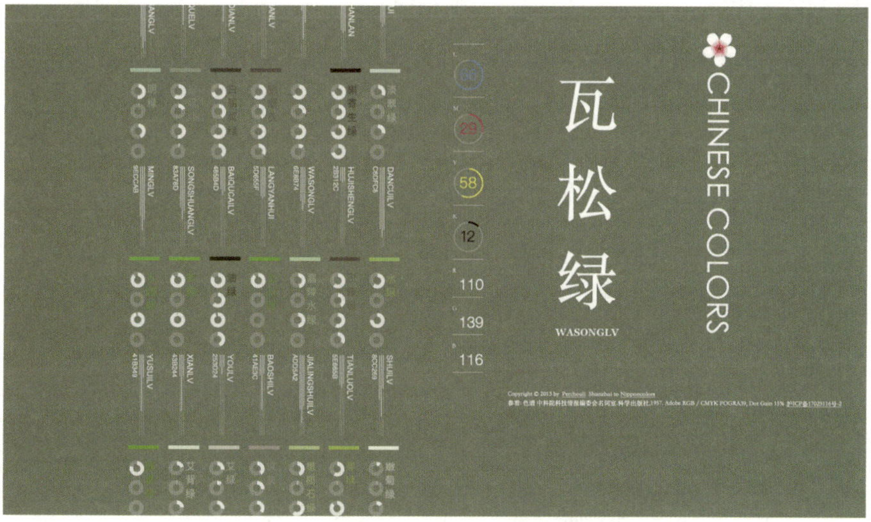

图 5.12　中国色网站根据色彩属性设计的导航

总之，桌面端新媒体产品导航设计种类多样，且发展历程相对较长，形成了一套相对比较完整的设计流程和理念。在实际应用中，设计者应结合实际，将理论性内容与现实相匹配，不用拘泥于特定的、固有的形式和理念，在创新中寻找新的破局之法。

二、移动端常用形式

与桌面端相比，移动端的便携性、可触控性为导航设计提供了新的思路和承载空间。但更小的屏幕也对导航的内容和形式提出了新的要求，设计者需要考虑到屏幕限制、手指操作等多种情况来进行移动端导航设计，既要满足实用、审美的要求，又要满足人体工程学的要求。常用的移动端导航总体可以分为三个种类：全局型、瞬时型和创新型。

（一）全局型导航

全局型导航是指打开移动端界面直接显示选项的导航。该类导航通常位于页面中固定的位置，直接将功能条目按顺序呈现。主要分为宫格式、选项卡式和列表式三种。

1.宫格式导航

宫格式导航中，宫格之间相互独立，宫格内部信息彼此没有交集，不能随意跳转。如要跳转到其他功能单元，用户需返回到导航中心页面后再次进入。如“腾讯地图”APP的“附近”页面，就是以宫格式导航作为页面设计选择，导向清晰且明确，如图5.13所示。

图5.13 “腾讯地图”APP的“附近”页面中使用的宫格式导航

2.选项卡式导航

选项卡式导航很常用，它对核心功能进行了明确分类，通过分类标签可实现主要功能的切换，很适合用户的使用习惯。该类导航主要分布在APP的顶部或底部，有时还有可扩展的形式,甚至可以“定制”选项卡内容。如“扇贝听力”APP的顶部和底部均使用了选项卡式导航,如图5.14所示。

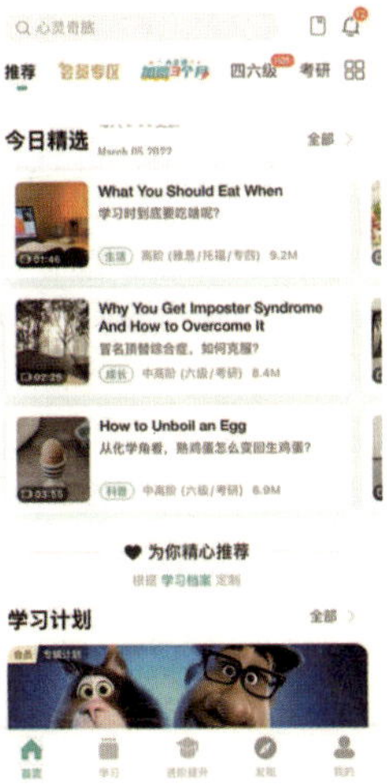

图5.14 “扇贝听力”APP的顶部和底部使用的选项卡式导航

3.列表式导航

列表式导航可以显示包含更多信息的长标题或副标题,内容呈现十分简洁,便于用户查找和使用,而且还会根据“接近原则”对所呈现内容进行归类。如“微信”APP中的列表式导航,在各组内容之间用浅灰色线条加以区分,整体界面简洁清晰,如图5.15所示。

图5.15 微信的列表式导航

（二）瞬时型导航

瞬时型导航是指通常被隐藏，当用户调用时才会出现的导航。该类导航可以通过手势或入口标签进入，占用的页面空间更少。瞬时型导航要求用户单击一个条目（图标/标题/箭头）或以手势操作来调出菜单选项。该条目占用相对较小的页面区域，用户需要时就可以调用它，这是打破屏幕边界并使用页面视觉层次结构的一种聪明方法。瞬时型导航主要类型有侧列表式、下拉菜单式和点聚式。

1.侧列表式导航

侧列表式导航的交互方式通常使用左上角的用户头像、昵称等标识作为入口。侧列表式导航的兼容性较强，抽屉中的内容支持多种排版方式。需要时拉出，扩展性强，单独的页面能够承载更多的信息，适合多文字内容的加载。到达导航菜单界面之后也需有明确的提示告知用户当前位置，防止用户“迷路”。这也是许多侧列表式导航界面的侧边还会留有部分前一个界面内容的原因。如图5.16所示，“小红书”APP使用的就是侧列表式导航，实现各类功能的集成，且在右侧留有前界面信息。

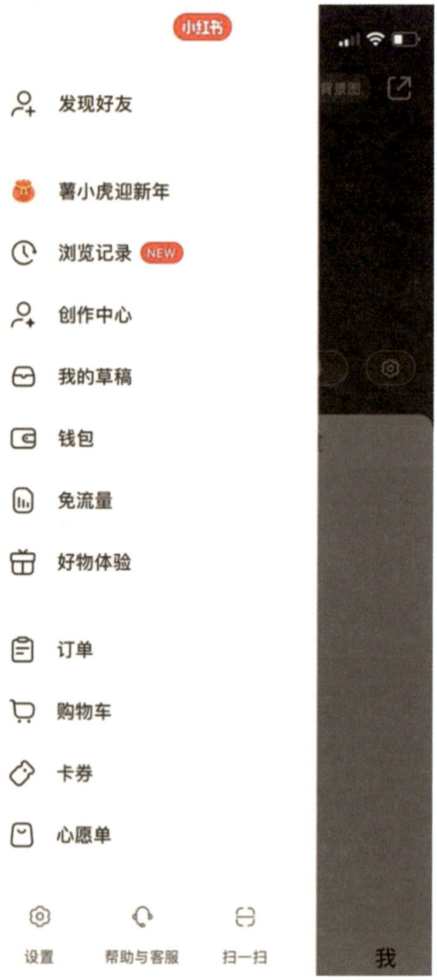

图5.16 “小红书”APP的侧列表式导航

侧列表式导航具有强大的伸缩性，可以节省页面空间。它通常与底部的选项卡式导航结合使用，使页面内容清晰和有组织。它是一个具有辅助功能的二级导航。使用侧列表式导航可以让用户把注意力集中在主页的内容上，增强沉浸体验感。

2.下拉菜单式导航

下拉菜单式导航通常以一个按钮为入口，用户点击入口按钮后，会展开或弹出功能选项菜单。这种导航样式使得整体界面更加简洁，且下拉菜单的导航菜单分类会更加清晰，用户可以随时使用。如“微信”APP和“QQ”APP都在页面右上角采用了下拉菜单式导航，利用“+”作为触发按钮，点击后会出现一些常用选项，方便用户随时使用，如图5.17所示。

图5.17 “微信”APP和“QQ”APP的下拉菜单式导航

3.点聚式导航

点聚式导航是将各个功能集成到一个入口，当点击该入口时，各个功能入口会围绕该入口散开。点聚式导航所占空间小，一般带有交互动效使导航打开更具趣味性。如“闲鱼”APP在首页下方有一个“+”按钮，点击该按钮后，就能出现“发会玩帖子”“一键转卖”“省心卖”“发闲置”的导航栏，按钮“+”变为按钮“×”，指引用户下一步操作，如图5.18所示。

图5.18 “闲鱼”APP中使用的点聚式导航

（三）创新型导航

除了常规的导航形态外，在新媒体移动端结合硬件技术可以实现更有特色的导航形态。

1.手势导航

手势导航是指移动端设备通过识别手势滑动来完成的特定操作。手势滑动模式不仅符合用户使用习惯，也增加了使用过程的动态性和娱乐性。如Android 10提供了新的系统导航模式，用户可以通过手势交互执行后退、返回至主屏及打开设备助手等操作。通过手势操作系统导航为信息内容呈现节省了屏幕空间，有助于增强用户的沉浸式体验。又如华为鸿蒙系统也提供了用手势控制系统导航的方式，如图5.19所示。

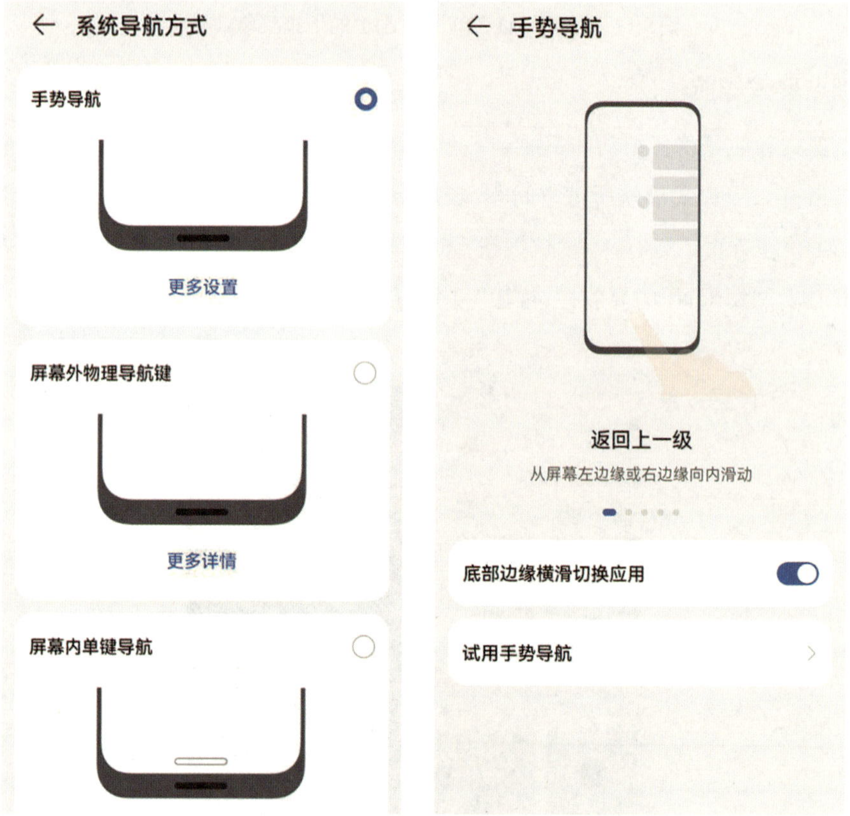

图5.19　华为鸿蒙系统导航方式中的手势导航

2. 3D Touch

3D Touch 也被称为三维触控，是美国苹果公司研发的一项新技术，该技术可令屏幕感应不同的按压力度，从而实现不同的操作。

在苹果手机中，用力按一个 APP 的图标会弹出一层半透明导航菜单，里面包含了该应用下的一些快捷导航操作，如图 5.20 所示。这种导航方式还可以帮助用户实现内容预览，如预览邮件内容（邮箱 APP）、显示航班信息（航班 APP）、显示快速导航选项（地图 APP，如图 5.21 所示）、预览拍的照片（相机 APP）等。

图 5.20　3D Touch 调出的菜单

图 5.21　按住地图图标弹出的快捷导航选项

总之，移动端导航设计需要注意两点。首先，要清晰明了，把有限的屏幕空间发挥应用到极致，利用折叠、可配置的方式将导航按钮按照用户个人使用频率、使用习惯进行个性化定制。其次，牢记移动端操控导航的是用户的手指，设计时需要遵守人体工程学原则并按照逻辑顺序将内容集中放置，让用户感受到“一切尽在手边”掌控感。

案例解析及设计

知识回顾

新媒体导航系统可以说是产品的骨架，它有组织地架构起了全局，并对内容进行归类，用户通过导航，可以直观地看到整体框架，继而寻找到需要了解的信息。这是用户体验的起点，也是用户和产品进行沟通交流的一种方式。因此在导航设计过程中，要遵循系统、可用、简洁、提供正反馈、审美性强等原则，再加以设计。导航在桌面端常用的形式可按导航位置、导航样式和导航内容进行分类，在移动端则包括全局型、瞬时型、创新型三种导航样式。

当然，技术和时代始终在不断地发展，用户所需要的新媒体导航也处于变化之中，设计者在新媒体导航设计实践中所遵循的原则、呈现的方式也并非一成不变。在未来，新媒体导航设计亦会跟随技术、价值等的变化而变化，可配置的导航、多重感官加入的导航是其发展向度之一。无论从何种向度来说，新媒体导航是时代发展变化的一个缩影，设计者需要深入洞察时代和用户的需求变化，不将视野局限于本行业，也要带着融合思维、数据思维、创新思维实现新媒体导航设计的与时俱进。

思考题

1. 如何理解新媒体导航设计？
2. 为什么要注重新媒体导航设计？
3. 试列举网页端导航设计形式有哪些，配合案例加以解释。
4. 试列举移动端导航设计形式有哪些，配合案例加以解释。
5. 交互设计七大原则是什么，配合案例加以解释。
6. 选择一项新媒体产品，分析其导航设计的优劣所在。
7. 浅析新媒体导航设计的发展趋势。

第六章 新媒体色彩设计

知识目标

1. 色彩的基础理论知识、心理感觉及应用形式。
2. 新媒体色彩设计的应用趋势及常见色彩搭配方式。
3. 无障碍色彩应用的基本概念和应用流程。

能力目标

1. 了解色彩的基本理论知识以及色彩在新媒体视觉设计中的应用。
2. 掌握常见色彩搭配方式，并结合案例进行简单分析。
3. 掌握并运用无障碍色彩设计。
4. 理解不同的新媒体形式中色彩设计的特点，并结合案例进行简单分析。

思维导图

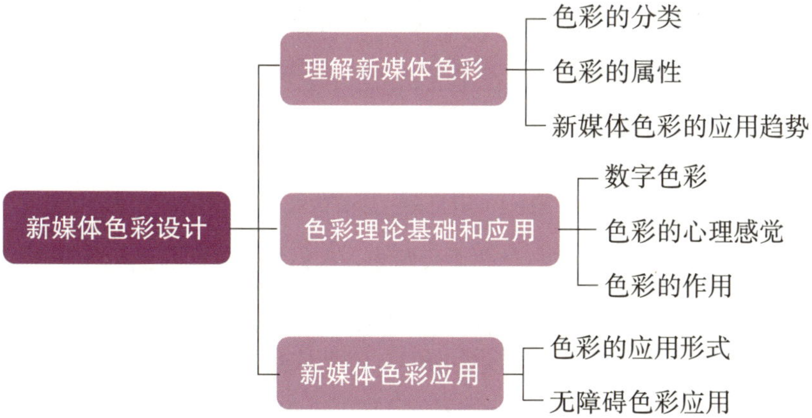

色彩是视觉设计中最为重要的设计元素之一。新媒体极大地丰富了人们的视觉体验，也使得色彩设计发生了相应的变化。本章内容主要包括色彩的基础知识和应用，以及新媒体中色彩的应用及其发展趋势。

第一节　理解新媒体色彩

色是光作用于人眼引起除形象以外的视觉特性。色彩产生的基础是光，无光则无色。物理学中，光是电磁波的一部分，而只有被称为“可见光”的一小部分，才能被人眼以光的形式辨认出来，如图6.1所示。因此，光是产生色的原因，而色是光感觉的结果。

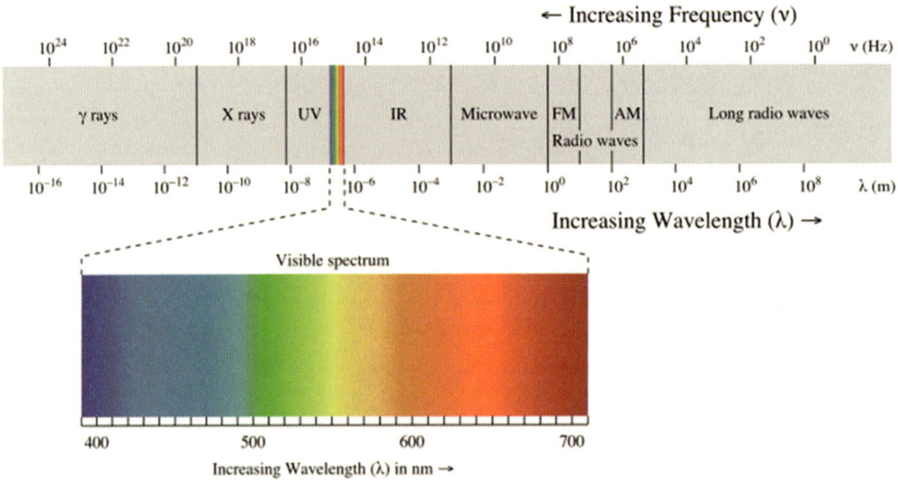

图6.1　可见光的波长范围

现实世界中，绝大多数物体本身并不会发光。人们之所以能看到不发光的物体，是光照射在物体表面后反射到人视觉中形成的影像。物体的色彩是由光源的色彩，以及该物体对光的选择吸收与反射能力所决定的。正常日光下物体所呈现的色彩，即为物体的固有色。日常生活中所说的某个物体的颜色，通常都是指它们的固有色，如绿叶、红花等。

考古工作者在史前人类居住过的洞穴中发现，距今大约4万年前，他们已经学会使用泥土、动物脂肪、烧焦的木炭、白垩混合组成简单的调色板。该调色板中存有五种色彩：红、黄、棕、黑和白。

而在古代中国，也存在一套以色彩标志社会乃至规范宇宙的色彩系统，即中国传统的五色体系或五色系统。五色系统把黑、赤、青、白、黄视为正色。《黄帝内经》中描述了五行与五色的搭配关系：东方木，在色为苍；南方火，在色为赤；中央土，在色为黄；西方金，在色为白；北方水，在色为黑。天地万物由金、木、水、火、土这五种基本物质组成，而与五行相对应的，也就是青、赤、黄、白、黑这五种颜色。

尽管以上对色彩的认知已经具有了一定的系统性，但仍然局限于感性层面。科学、理性的色彩理解是在西方光学物理基础上发展起来。1666年，牛顿通过三棱镜将太阳光分解成了从红光到紫光的不同色光，由此他发现白光是由红、橙、黄、绿、青、蓝、紫等各种颜色的光组成的。在进行了大量的科学研究后，牛顿对色彩做出了定义：色彩是以色光为主体的客观存在，对于人则是一种视像感觉。产生这种感觉基于三种因素：一是光，二是物体对光的反射，三是人的视觉器官——眼睛。自此，现代色彩学的研究和应用拉开了序幕。

一、色彩的分类

色彩可分为两大类，有彩色与无彩色。

光谱中的全部色彩都属有彩色。有彩色数量无限，而无彩色即指黑色、白色和灰色。从物理学角度看，无彩色不在可见光谱中，所以不能称之为色彩。但在心理学上，它们有着完整的色彩属性，在色彩体系中扮演着重要的角色。

根据色彩之间的相互关系，可以将色彩划分为原色、间色和复色。

色彩的分类

二、色彩的属性

色彩同时具有三种属性，即明度、色相和纯度（饱和度）。它们是色彩中最重要、最稳定的三个要素。色彩三种属性相对独立，但又相互关联和相互制约。

1. 明度

明度指色彩的明暗度，反映的是色彩的深浅变化，如图6.2所示。明度是全部色彩都具有的属性，其独立性表现在它可以不携带任何色相特征而仅通过黑、白、灰的关系单独呈现，而有彩色系中色相和纯度特性必须依赖于一定的明度关系才能呈现。因此，色彩一旦发生，明度关系必然同时存在。

现实生活中，明度关系很常见，如自然界中一些物体在早晨和晚上的色彩不同，树木和山脉，早晨色调浅；而傍晚因为光线减弱，色调变得偏暗。另外，明度关系和光源间距有关，如距光源越近，明度越高，反之，则明度越暗。

图6.2　明度

2.色相

色相是自然状态下的色彩，是色彩的相貌，如图6.3所示。色相是色彩的首要特征，是区别各种不同色彩的标准。如红、橙、黄、绿、青、蓝、紫就是其中不同的基本色相，而玫红、大红、朱红、橘红则同属于红色色相。黑色属于没有色相的中性色。可见光谱中，色相主要有对应光的波长，红色光波长最长，紫色光的波长最短。

图6.3　色相

3.纯度

纯度是指色彩的纯净程度，用来表示颜色中所含有色成分的比例，也可称为饱和度，如图6.4所示。纯度越高，色彩会更强烈、鲜艳生动；纯度越低，颜色中灰色成分越大，色彩会变得暗淡乏味。当某色相颜色掺入黑、白或其他色彩时，纯度就会下降，当掺入颜色达到很大的比例时，人眼即无法分辨出原来的色相了。

在色光中，纯度与色光中单一波长光的比例相关，比例越高，纯度越高。

图6.4 纯度

三、新媒体色彩的应用趋势

色彩作为最重要的设计元素，被广泛应用于新媒体产品设计的各个环节中。在新媒体语境下，色彩设计呈现出鲜明化、人性化、扁平化、动态化和简易化的发展趋势。

1.鲜明化

新媒体对信息容量的扩充及其碎片化的信息形式，使人们被无所不在的信息所包围，因此对信息的敏感度大大降低。在此背景下，作为视觉传播的第一元素——色彩，成为吸引用户注意的关键所在。醒目的、大胆的、鲜明的、有辨识度的用色成为新媒体时代色彩设计的特点之一。如图6.5所示，“Hyper Tria”网站（https://hypertria.com/）运用鲜艳多变的色彩能有效抓住用户的注意力。

图 6.5　鲜明化趋势

2. 人性化

新媒体的发展强化了用户地位，“以用户为中心”的设计理念使得色彩设计越来越具有人性化的发展趋势。这主要体现为色彩设计的个性化和普适性。

色彩设计的个性化，即在色彩设计的过程中充分考虑了用户的个人因素和色彩偏好，在部分应用中，甚至还给予了用户自定义界面色彩的权利。如“Bilibili”APP中提供了主题色彩设置的功能，如图6.6所示。

与此同时，为了让所有人群都能够平等地享受新媒体带来的便利，具备无差别应用的普适性的色彩设计也越来越受到重视，成为新媒体色彩应用的重要在发展趋势，如针对色觉障碍人群的无障碍色彩设计等。

图 6.6　“Bilibili”APP 中主题色彩的设置功能

3.扁平化

扁平化设计即指使用简单的效果(或省去某些效果)来打造不包含三维属性的设计方案。扁平化设计避免了拟物化设计中高光、阴影、渐变等3D的装饰效果对用户的干扰,往往能够使画面看上去更加干净、清晰,提升画面的质感和辨识度。如图6.7所示,苹果iOS系统经历了从拟物化到扁平化设计风格的更迭。

新媒体语境下,用户对视觉体验的偏好逐渐向清晰、简约、直观转变。此外,新媒体产品的丰富性对色彩设计的跨媒介适应提出了要求。简明直观、适应性更好、储存内存更小、加载速度更快的扁平化色彩设计成为趋势。

图6.7 苹果iOS系统从拟物化发展到扁平化的色彩设计

4.动态化

新媒体技术的发展推动了色彩设计由静态向动态转变。动态化使色彩设计增加了时间维度和空间维度,同时伴随声音、用户的即时操作等传播优势,交互性更好,且趣味性更佳。除了直观的动态色彩,丰富的渐变色也是色彩设计动态化的体现,如图6.8所示。

图6.8　QQ桌面端登录界面采用的动态化色彩设计

5.简易化

新媒体语境下，由于各种设计软件和配色网站的出现，降低了色彩设计的门槛，简化了操作。当然，这种局面也导致配色同质化、配色质量低下、配色与现实需要脱节等“色彩滥用”的问题。

第二节　色彩理论基础和应用

为了更好地进行新媒体色彩设计，有必要对色彩的基础理论及其功能作用进行了解。其中，有关数字色彩与色彩心理学的内容，对于理解与掌握新媒体色彩设计的理念与方式具有重要意义。

一、数字色彩

在数字时代，计算机通过由0和1组成的信息流实现了跨越时空的信息传输，而数字色彩则是那些通过由0和1构成的数字信号所显示出的颜色。新媒体语境中的色彩，指的正是数字色彩。

(一)数字色彩的相关概念

在应用数字色彩之前,先要对数字色彩涉及的一些关键概念有一定的了解。

1.混色系统

现代色度学是认识色彩的基础,它给色彩应用制定了国际通用的色彩标准。1931年,国际照明委员会(Commission Internationale de l'Eclairage,法语简称CIE)以CIE-RGB光谱三刺激值为基础,统一了"标准色度观察者光谱三刺激值",确立了CIE 1931-XYZ系统,奠定了现代色度学的基础,如图6.9所示。

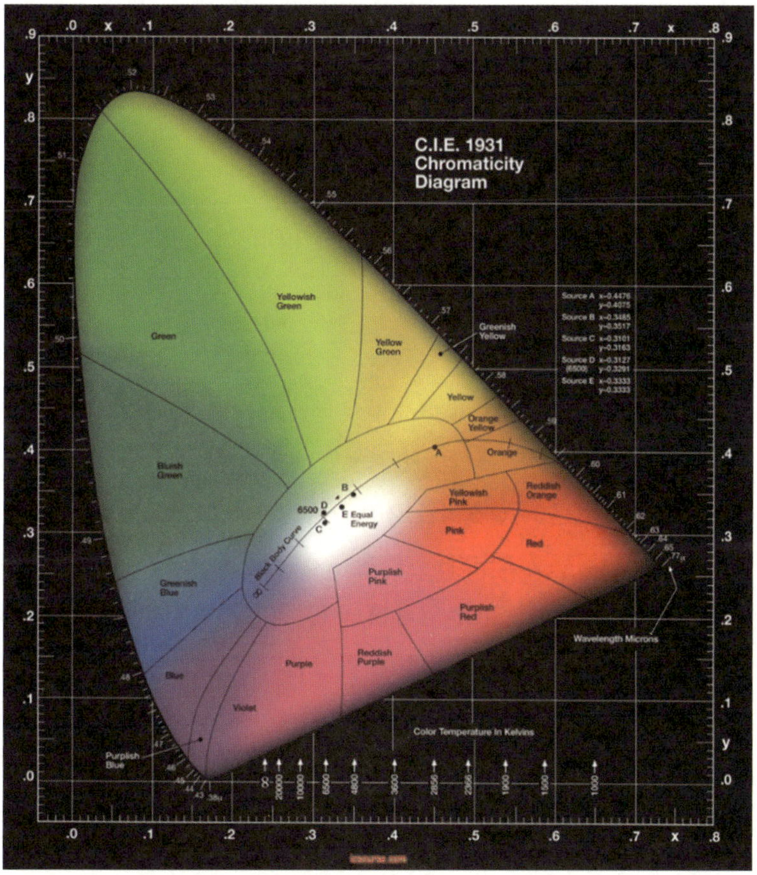

图6.9 国际照委会制定的CIE 1931色度图

2.色彩模式

色彩模式是数字颜色的一种算法。为了表示颜色,通常将颜色划分为若干分量,这些分量叠加后就可以得到一个准确的颜色。但是,由于成色原理的差异,显示器、投影仪、扫描仪等设备和打印机、印刷机等印刷设备在生成颜色的方式上也有区别。色彩模式的基本类型包括RGB模式、CMYK模式、HSB模式和Lab模式等。

3.位深度

在数字图像中,每一个像素都由一组二进制的数据来定义它的色值,这组二进制的数据的位数就称为位深度,也称色彩深度、色彩解析度等。位深度决定了图像中每个像素可以表示的颜色数量。位深度为8的图像每一个像素可以表示256种不同的颜色,而位深度为24的图像则有约1677万种颜色。

常见的位深度有8、16和24等,分别对应8位色、16位色和24位色。其中,24位色亦称为"真彩色",即能真实再现自然界的各种色彩,也是人眼所能分辨色彩的极限。

(二)常见数字色彩模式

数字色彩模式普遍出现在视觉设计和日常应用中,了解其呈色原理有助于设计中对具体色彩模式的选择。

1.RGB色彩模式

RGB色彩模式是一种运用加色法把光源色进行混合的模式。随着色光混合的次数逐渐增加、强度逐渐增强的时候,得到的颜色也就越来越亮。

RGB各色的色值范围在0~255。当RGB各色的色值为0时,呈现黑色;当RGB各色的色值为255时,呈现白色;当RGB各色的色值相等时,则呈现为灰色。此时,相等的RGB色彩数值越低,灰度越高。RGB色彩模式下,数字图像色彩解析度为24位。RGB色彩模式常用于电子显示屏、投影仪、数码相机、扫描仪等媒介中。在实际应用中,数字色彩的显示效果与所用设备的显示性能密切相关。一台设备所显示的色彩在另一台设备上再现时,二者所呈现的视觉效果可能会相去甚远。因此,调校设备是一项不可或缺的工作,它可以使色彩尽量真实地表现出来。

2.CMYK色彩模式

CMYK指的是青色(Cyan)、品红色(Magenta)、黄色(Yellow)和黑色(blacK),如图6.10所示。受物质颜料本身和物质间相互作用的制约,C、M、Y三色等量混合之后形成深灰色,并不是黑色,因此需要加入专门的黑色来适应图像中的黑色部分,减小色彩理论与实际的距离。

CMYK色彩模式是以印在纸上的油墨的光线吸收特性为基础。当白色光线照射在油墨印刷的图案上,一部分光被反射而其余的光线被吸收,这样就减少了一部分辐射功率,最后反射出来的光是几种油墨减光的结果,因此这样的色彩混合称为减色混合。CMYK色彩模式常运用在画册、包装、海报等印刷品中。

CMYK色彩模式下,数字图像色彩解析度是32位,其中C、M、Y、K四色各占用8位,其中K为256级灰阶,用以调节色彩的纯度和明度。由于灰阶的存在,CMYK色彩模式数字图像的文件大小要比RGB模式下大三分之一,两种模式不能随意互换,因为色彩范围存在差异。

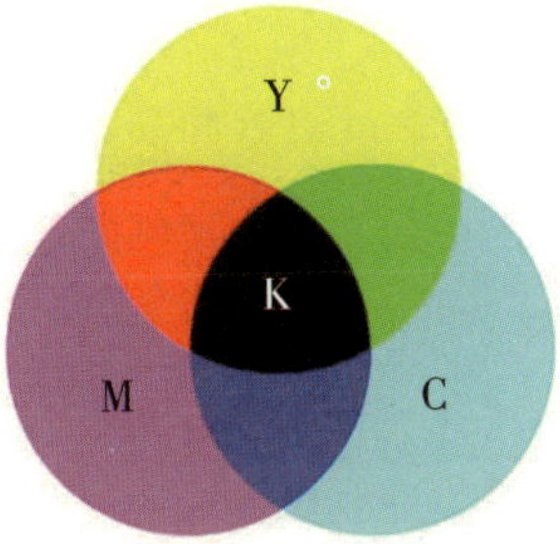

图6.10 CMYK色彩模式

3. HSB色彩模式

在HSB色彩模式中,H(Hues)表示色相(色度),S(Saturation)表示饱和度(纯度),B(Brightness)表示亮度(明度),所对应的媒介是人眼,如图6.11所示。人眼看到的饱和度、亮度等色彩元素,绝大部分都是以HSB的模式输出的,Adobe Photoshop软件中的拾色器就采用了HSB色彩模式。HSB色彩模式与人脑感知色彩的方式高度贴合,首先确定是什么颜色(色相),其次判断深浅(饱和度和亮度)。因此,HSB一般出现在设计软件的色彩调节部分,如果H、S的数值越高,饱和度越高,色彩越鲜艳。

HSB色彩模式中,H的取值范围为0~360°,S和B的取值范围为0~100%。当使用调和型(例如同明度配色、同纯度配色)的配色方式时,通过HSB来选择颜色既方便又准确。

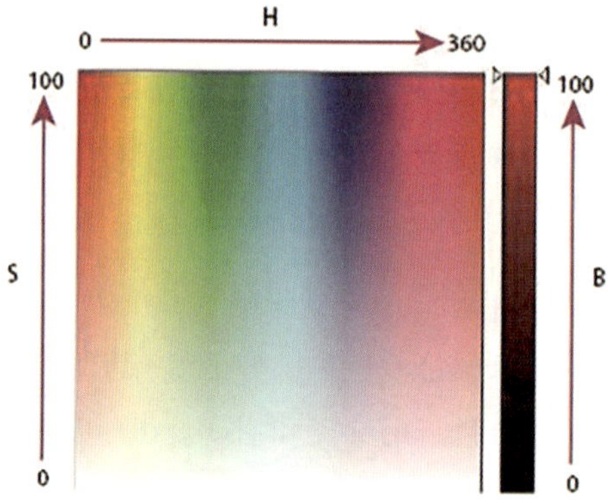

图 6.11　HSB 色彩模式

4. Lab 色彩模式

Lab 色彩模式建立在 CIE*Lab 数字色彩空间的基础上。该模式以色彩的三要素明度、纯度和色相对色彩进行表述。它具有 3 个颜色通道，每个通道下的像素位深均为 8 位，解析度为 24 位，如图 6.12 所示。

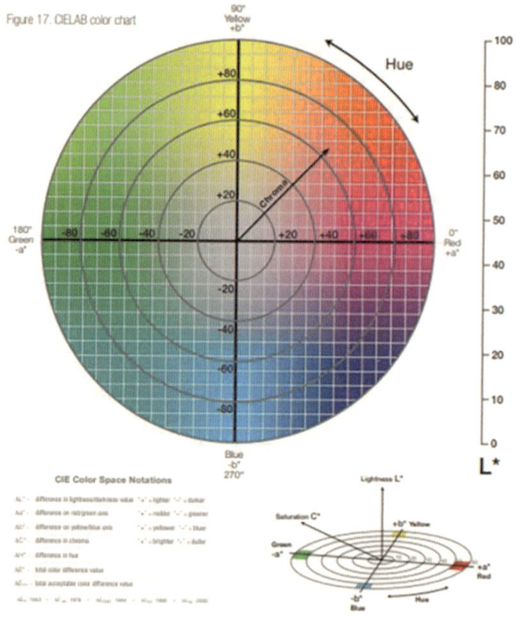

图 6.12　Lab 色彩模式

Lab 色彩模式可对色彩的三要素进行独立的调校和更改，它是由人眼直观感觉、同时又能够参数化描述的色彩模式。Lab 色彩模式可以很好地再现人眼感知到的色彩，具有较高的可靠性。此外，Lab色彩模式下的数字图像在进行处理或在不同平台和系统间交换时，颜色都能保持不变，不会产生色偏或失真的情况。

二、色彩的心理感觉

一个视觉功能正常的人从外界接受的信息80%以上来自视觉器官。在视觉传达中，人眼对物体或信息的感知首先是色，其后才是形。物体的形状、空间、位置的界限和区别等都可以通过色彩和明暗关系来反映。色彩成为认识世界、改造世界的重要认识功能。

《文心雕龙》中有言："物色之动，心亦摇焉。"作为视觉信息传达的重要因素，色彩在传递信息的同时，也会对人的视觉产生刺激，从而引发人情感和感官上的变化，乃至对人们的精神和行动产生一定程度的影响。

色彩的心理效应发生在不同层次中，有些来源于直接的物质性刺激，有些需要通过间接的联想才能生成，更高层次的则涉及人的观念与信仰。康定斯基将色彩的心理感觉划分为色彩的直接性心理效应和间接性心理效应。在人们对色彩的实际感知中，这两者往往同时存在，很难进行区分。

（一）直接性心理效应

色彩的直接性心理效应是由色彩表面的、直观的物理性感应发展为某种心理的体验的过程。该心理效应来自于物理光刺激的直接影响。如红色环境中，人的脉搏会加快，血压会升高，情绪易冲动；而在蓝色环境中，人的脉搏则会减缓，情绪会变得沉静。

1. 色彩的物理性心理感觉

色彩的物理性心理感受普遍存在，主要有冷暖感、进退感、胀缩感、轻重感和软硬感。

(1)冷暖感。

色彩的冷暖感并非来自物理层面的真实温度，而与心理联想有关。

在十二色相环中，从紫色至黄绿色为冷色，黄色至紫红色则为暖色。冷色可以让人联想到天空、海洋、冰雪等，产生寒冷、冷淡的感觉；暖色可以让人联想到太阳、火焰、热血等，产生温暖、热烈的感觉。如图6.13所示。在所有色彩中，橙色是让人感觉最温暖的色彩。因此，在十二色相环中，距离橙色越近，感觉越温暖；距离橙色越远，令人感觉越寒冷。

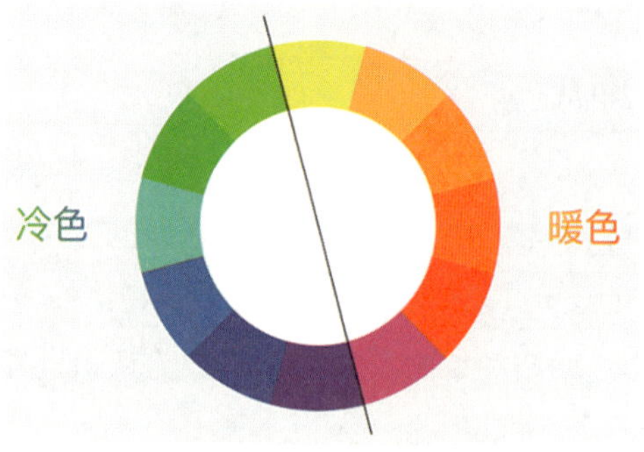

图6.13　十二色环中的冷暖色

(2)进退感。

在同一背景下，两个或两个以上同形同面积的不同色彩给人的进退感觉是不同的。感觉的距离比实际距离近的色彩称为前进色，感觉的距离比实际距离远的色彩称为后退色。

从色相来看，暖色给人前进的感觉，冷色则给人后退的感觉；从明度和纯度来看，明度或纯度高的色彩在感觉中的距离往往比实际距离显得近，而明度或纯度低的色彩在感觉中的距离往往比实际距离显得远。如图6.18所示。

(3)胀缩感。

与进退感类似，不同的色彩给人的胀缩感同样存在差异。给人感觉比实际大的色彩叫膨胀色，给人以比实际小的色彩叫收缩色。

影响色彩胀缩感的因素也和进退感相似，即明度、纯度高的暖色给人膨胀的感觉，而明度、纯度低的冷色给人后缩的感觉。如图6.14所示。

图6.14　色彩的进退感和胀缩感

(4)轻重感。

色彩的轻重感是物体色与视觉经验而形成的重量感作用于人心理的结果。在色彩三要素中，明度决定色彩轻感觉，明度越高则给人感觉越轻，明度越低则给人感觉越重，如图6.15所示。在同明度、同色相条件下,纯度越高给人的感觉越轻,相反感觉越重。色相方面,暖色给人的感觉更轻,而冷色给人的感觉更重。

(5)软硬感。

色彩的软硬感觉主要取决于明度和纯度,高明度的、含灰色的色彩具有软的感觉,低明度的、纯度高的色彩则具有硬的感觉。色彩的软硬感与色彩的轻重感有关,轻则软、重则硬。显得硬的色彩称为硬色,显得软的色彩则称为软色。如图6.15所示。

图6.15 色彩的轻重感和软硬感

2.色彩的抽象心理效应

除了直观的物理性心理感觉,色彩还能够引起人们对于抽象概念的感受。

(1)红色。

在可见光谱中,红光的波长最长,最容易引起人的注意、兴奋、激动或紧张,在视觉上亦会形成较强的扩张感。红色能提高肾上腺素的分泌,加快血液循环,提升血氧浓度、升高血压、提高身体内部温度,刺激神经系统,为生理机能注入能量。

同时,红色代表喜庆、热情、奔放、自由、欢乐、激情和力量,是强势的颜色。由于它的注目性和美感,红色在标志、旗帜、宣传等用色中占据首位。不同纯度和明度的红色具有不同的心理效应,如浅红更能体现活力,而深红则更能体现力量和优雅气质。

红色也是一种具有警告含义的颜色。在新媒体产品设计中,一些需要引起用户高度注意的位置往往运用红色,达到提醒用户的目的,如红色的按钮。“可口可乐”网站的标识用红底白字,显得很突出,如图6.16所示。

图6.16 红色在视觉设计中的应用

(2)黄色。

黄色光的波长适中,它是所有彩色中最明亮的颜色。黄色能作用于人的神经系统、肌肉群及心脏,会刺激肝功能、胆囊的运作,还能促进胃液的分泌,是一种激发大脑和精神机能的颜色。

同时,黄色代表着信心、青春、聪明、尊贵、辉煌、时尚、敏感或高傲,是一种充满活力的颜色,如图6.17所示。在新媒体产品设计中,由于黄色所具有的高贵、尊容的意义,还常常被应用于VIP标识的设计中。黄色也具有较强的警示效果,如黄色的交通警示牌。黄色也具有扩张和不安宁的视觉印象。

另外,黄色的明亮使其难以运用。只要在纯黄色中混入少量的其他色,其色相感和色彩性格均会发生较大程度的变化。不同明度和纯度的黄色具有不同特征,鲜黄色可以增添快乐和愉悦的感觉;相对鲜黄色而言,淡黄色则给人一种更为内敛的快乐感受;而深黄色和金黄色则富有古韵,可以营造永恒感。

图6.17　黄色在视觉设计中的应用

(3)橙色。

橙色是最暖的颜色,能够刺激血液循环系统,使心跳更有力。同时,橙色代表着温暖、欢乐、辉煌、健康、阳光、年轻或华丽,是一种充满朝气的颜色。橙色不仅温暖,也很温和,它所烘托出的活跃气氛没有危险的感觉,而是给人一种友好的态度。因此,新媒体产品设计中,通常会选择橙色而避开红色或蓝色。

橙色还是一种能引起食欲的颜色,给人香、甜并略带酸味的感觉,如图6.18所示。

图6.18　橙色在视觉设计中的应用

(4)绿色。

绿色光的波长适中,对人的视觉系统刺激也最小。绿色对于交感神经有特别的功效,具有改善和治疗失眠的作用,对细胞组织的复原有帮助,有助于肌肉和皮肤细胞的构建,缓解紧张情绪、降低血压。绿色在生活中常用于表示安全,如绿色通道、绿灯等。

绿色是一种柔顺、恬静、满足及优美的颜色。同时,绿色也是自然界植物王国的色彩,它的表现价值是丰饶、充实、平静与希望,如图6.19所示。

图6.19　绿色在视觉设计中的应用

(5)蓝色。

蓝色光在视网膜上成像的位置最浅。因此,蓝色属于后退色。蓝色是一种冷静、放松、清爽的颜色,可以缓解紧张和不安,它作用于免疫系统时,扮演着保护预防有害细菌和病毒侵害的角色。

同时,“自然的”蓝色往往让人感到崇高、深远、纯洁、透明和智慧,如图6.20所示。“社会的”蓝色则代表冷静、商务、未来、科技、安全,是一种比较理智的颜色。色彩心理学认为蓝色是大多数用户都喜欢的颜色,因为它往往会给用户一种安全、放心的感觉。

蓝色因为朴实稳重和内向性格特征,适合作为性格活跃、具有较强扩张力的色彩的背景空间。蓝色的个性特征在其淡化后依然存在。在新媒体视觉设计中,浅蓝色通常表示放松和平静;亮蓝色则代表活力和清新;深蓝色意味着沉稳和可靠,适合于企业网站。以蓝色为主色调的新媒体产品很多,如知乎、支付宝、钉钉,等等。

图6.20 蓝色在视觉设计中的应用

(6)紫色。

紫色光在可见光谱中波长最短,明度也是最低的。由于人眼对紫色光的细微变化分辨力较弱,因而久视紫色容易产生疲劳。紫色对人体的腺体和荷尔蒙的分泌有一定调节作用,能够帮助平衡体内的钾、钠等元素,达到控制体内水分平衡和控制心率的作用。①

同时,紫色代表浪漫、时尚、性感、梦幻和创造力,如图6.21所示。由于紫色在日常生活中较为罕见,会给人一种稀有、高贵、奢华和优雅的感觉。在新媒体视觉设计中,深

① 色彩心理学中的观点,医学上并没有确凿的证据。

紫色往往具有富有和奢华的感觉，浅紫色则会联想到春天和浪漫。当然，紫色也含有流动、不安的情感色彩，灰暗的紫色甚至代表着伤痛、疾病，容易造成人们心理的沉闷、忧郁和痛苦。因此，紫色既具有胁迫性，又具有鼓舞性，难以分辨，在设计中一定要谨慎使用。

图6.21 紫色在视觉设计中的应用

(7)白色。

白光是全部可见光均匀混合而成的，称为全色光。在给人的心理感受上，白色明亮、干净、卫生、畅快、朴素、雅洁的特性比任何颜色都显得清净、纯洁。当然，如果白色使用不当，也会产生虚无、凄凉的感觉。

在新媒体视觉设计中，白色通常作为中立的背景色，凸显页面内容，增强内容的易读性。同时，白色也用来传达简单的设计理念，如极简设计风格，如图6.22所示。

图6.22 白色在视觉设计中的应用

(8)黑色。

黑色即无光,是无色。在生活中,只要光照弱或物体反射光的能力弱,都会呈现出相对黑色的面貌。

黑色既具有消极心理感觉又具有积极心理感觉。从消极层面来看,黑色因为视觉的丧失会产生手足无措、迷茫困顿的感觉,也会产生阴森、恐怖、烦恼、忧伤、消极、沉睡、悲痛、绝望甚至死亡的印象。从积极层面看,黑色给人休息、安静、沉思、坚持、准备、考验等感觉,显得严肃、庄重、刚正、坚毅。此外,介于两类之间,黑色还有捉摸不定、神秘莫测、阴谋、耐脏等印象。

在新媒体视觉设计中,黑色可以代表品质、高端、时尚、低调、权威、严肃、稳重,是一种充满质感的颜色,如图6.23所示。作为一种无彩色,黑色是一种很好的衬托色,可以充分衬托其他色彩的光感与色感。

图6.23　黑色在视觉设计中的应用

(9)灰色。

灰色介于黑白之间,没有色相和纯度,只有明度变化。灰色是一种无彩度或低彩度的色彩,或给人以睿智、高雅、含蓄、执着、沉稳、耐人寻味的感觉,或产生平淡、严肃、乏味、枯燥、单调、没有兴趣,甚至沉闷、压抑、寂寞、颓丧的感觉。

灰色也是一种很好的衬托色,常用作背景色,如图6.24所示。相对于黑色和白色,灰色缓和而更有弹性和质感,具有深层次的力量,还能体现出一定程度的现代性。因此,新媒体视觉设计中,深灰色比纯黑色用得多,浅灰色也常代替白色。

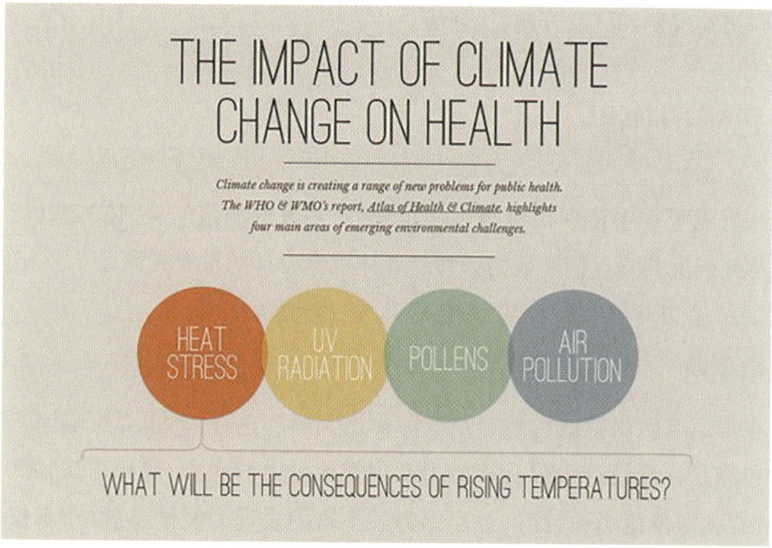

图6.24 灰色在视觉设计中的应用

(二)间接性心理效应

色彩对人所产生的心理效应,除了色彩本身所引发的物质性刺激外,还存在着一种更为强烈的感受,它来自于印象所导致的心理联想。色彩的间接性心理感应即以某种心理的刺激和想象为媒介,作用于人的感受。

当我们看某种色彩时,常常想起以前与该色彩相关的具体事物,这种因某种刺激而产生的色彩与事物之间的联系,称之为色彩的联想。色彩的联想是通过过去的经验、记忆或知识而取得的,也就是说,色彩的联想与人的认知有关。

色彩给人带来的心理联想可分为两类,即具体的联想和抽象的联想。

1.色彩的具体联想

色彩的具体联想是指人们在看到某种色彩时,该色彩会引发人们对于某种事物的联想。如看到红色,则想到太阳、鲜花、血液、火焰;看到黄色,则想到月亮、灯光、柠檬;看到绿色,则想到树叶、草地、森林;看到蓝色,则想到海洋、天空、湖泊等。

2.色彩的抽象联想

色彩的抽象联想,是指人们看到某种色彩时,不是联想到某种具体的事物,而是在头脑中形成一组抽象的概念。同样是红色,使人联想到热情、激情、喜庆、危险;黄色往往使人联想到明快、活泼、希望、不安;绿色往往使人联想到平静、新鲜、和平、理想;蓝色往往使人联想到理智、沉稳、开阔、忧郁等。

三、色彩的作用

色彩在视觉呈现中体现出显著性和直观性，对人们的情绪、心情等造成影响，能唤起人的情感并产生共鸣。色彩成为一种新媒体视觉设计的重要元素。

具体而言，在新媒体视觉设计中，色彩具有三方面的作用。

1.突出主题

用户在很短时间内就能针对某个产品作出判断和选择，其重要影响因素就是产品的色彩。色彩是视觉设计中最具感染力和视觉冲击力的元素，对用户认知产生巨大影响。因此，在新媒体色彩设计时，色彩因为其丰富的表现力及情感效应，不仅实现了形式和内容的有机结合，明确了主题，而且体现出产品的特色与风格，彰显了差异，如图6.25所示。

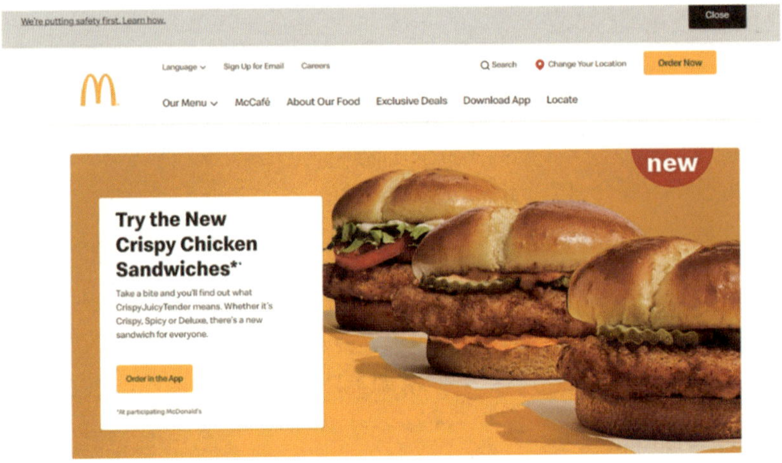

图6.25　色彩与产品主题的契合

2.划分区域

新媒体产品界面，尤其是桌面端网页，往往内容丰富、信息量大。如果缺乏有效的视觉引导，用户会感到无所适从。色彩可以作为界面视觉区域划分、信息内容分类布局的工具，使用户视觉信息流程变得有序，从而使界面具有良好的易读性和贴合目标的导向性，如图6.26所示。

此外，经过系统规划和设计的色彩能够使界面保持统一风格，给用户留下完整、有序的视觉印象。

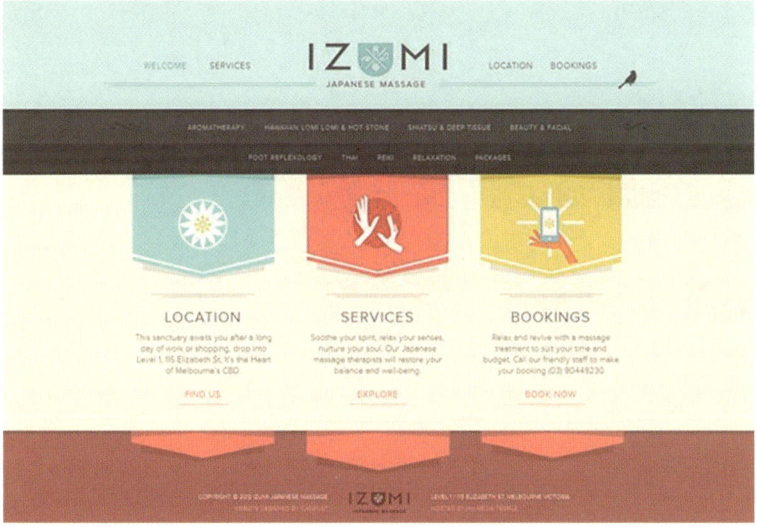

图6.26　色彩对视觉流程的规划

3.吸引视线

色彩非常有力量，对其的适当利用能够实现用户注意力的瞬间聚焦。在新媒体视觉设计中，色彩可用于突出强调重点内容，加深用户记忆，提高信息传递效率，如图6.27所示。

图6.27　色彩对重点内容的强调

第三节　新媒体色彩应用

新媒体视觉设计中的色彩应用，同样需要遵守传统色彩应用的各项准则。但结合新媒体的具体设计实践，其色彩应用也有一些新的发展。

一、色彩的应用形式

在新媒体色彩设计中，色彩的主要应用形式包括色彩对比与色彩调和。

（一）色彩对比

色彩对比是指两种或两种以上的色彩排列在一起时产生出的明确的色彩差异。各种色彩在页面中面积、形状、位置以及色彩三要素心理刺激的差别共同构成了色彩对比。

在新媒体视觉设计中，色彩对比可以弥补单一色彩的贫乏与单调，形成诱人的视觉冲击力，引起用户的注意和兴趣，从而突出主题，提升视觉效果。

常见的色彩对比方式包括色相对比、明度对比、纯度对比、面积对比和冷暖对比等。

1.色相对比

色相对比是指两种或两种以上的色彩因色相差异关系而呈现的色彩对比效果。色相对比的程度并非取决于色光的波长差异，而是受到色彩在色相环上的相互距离角度影响。在色相环中任取一种颜色，与其距离角度在15°以内的为同类色；位于15°~60°之间的为邻近色；距离角度在90°左右的为中差色；120°左右的为对比色；180°左右的则为互补色。

（1）同类色相对比。

这是最弱的色相对比。由于色相间的差异并不明显，常被看作同一色相不同明度和纯度的对比。同类色相对比的效果较为单纯、稳定和雅致，但也容易产生单调、平淡和呆板的感觉，如图6.28所示。

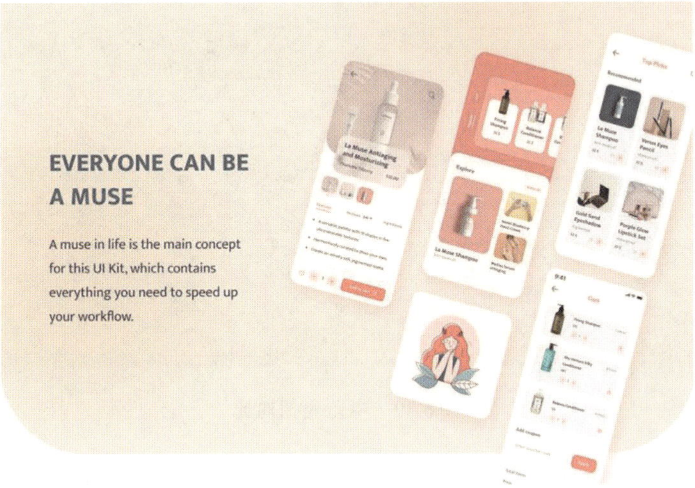

图6.28　同类色相对比

(2)邻近色相对比。

邻近色相对比的视觉效果更加明显,具有相对明确的色彩倾向,表现出较强的统一感和表现力,可使页面更为丰富、活泼、和谐、柔和。但也可能带来单调的问题,如图6.29所示。

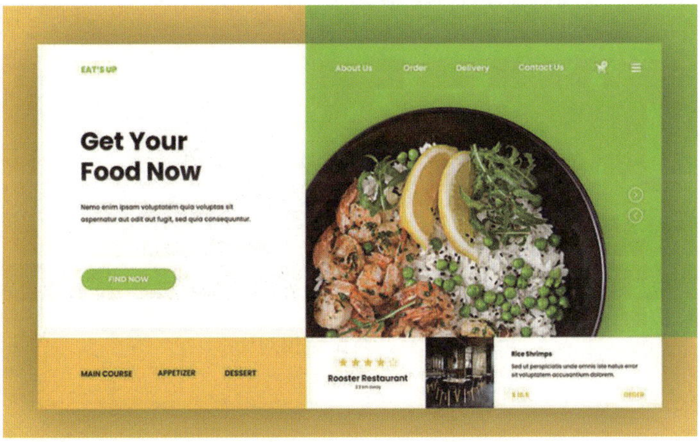

图6.29　邻近色相对比

(3)中差色相对比。

中差色相对比属色相的中对比,色相差比较明确,色彩对比效果比较明快,是色彩设计中常用的配色形式,如图6.30所示。

图6.30　中差色相对比

(4)对比色相对比。

对比色相对比的色感鲜明、强烈,具有饱满、华丽、欢乐、明快、活跃等特点。当大面积使用时易使人兴奋、激动,也会引起视觉和精神疲劳。在同一界面中,要尽量避免使用过多色相,如图6.31所示。

图6.31　对比色相对比

(5)互补色相对比。

互补色相对比是最为强烈的色相对比。需要注意的是,互补色相对比既能有效吸引用户视线,也会带来不安定、不协调、过分刺激的问题,难以呈现单纯、雅致、含蓄的作品主题,有时还有幼稚、原始和粗俗的感觉,如图6.32所示。

图 6.32 互补色相对比

2.明度对比

明度对比是指色彩明暗程度的对比。色彩设计中,空间感、层次感、体积感等主要依靠色彩的明度对比来呈现,如图 6.33 所示。

同时性效果也出现在明度对比中。即同一个灰色块,置于高明度的背景上时会显得较暗,而置于低明度的背景上反而会感觉比原灰色更亮。

图 6.33 明度对比

3.纯度对比

纯度对比是色相之间出现纯与浊的差别时所形成的对比。纯度强对比的色彩效果令人感觉明确肯定,但有时也会产生生硬、杂乱、刺激、炫目的感觉,还容易模糊重点、主次不分;而纯度弱对比的色彩效果则偏于柔和,但也会产生单调、平淡的感觉,久视会感到厌倦。

在纯度对比中，同时性效果同样也会起作用。当两色并置时，纯度高的色会显得更加鲜艳，而低纯度的色则显得更为晦暗，如图6.34所示。

图6.34　纯度对比

4.面积对比

面积对比是色彩在界面中所占面积大小差异的对比。在同一空间中，色彩面积越大往往视觉刺激越强。相同色相组合因色彩面积比例不同会形成不同的色彩风格，一般会形成以面积最大的色彩为主体色的色彩结构，如图6.35所示。

图6.35　面积对比

5.冷暖对比

冷暖对比是基于色相所具有的冷暖属性的差异而产生的对比。新媒体视觉设计中，冷色和暖色的分布比例决定了界面的整体色调。冷暖对比能够使界面更加有层次感，并借助色彩的心理效应能表达不同的意境和情绪，如图6.36所示。

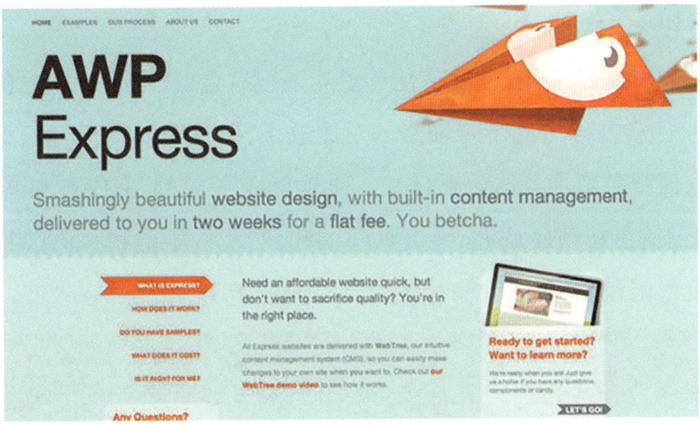

图6.36 冷暖对比

(二)色彩调和

色彩调和是指不同色彩在同一空间并置时取得的和谐效果。色彩调和并不是要将色彩变得同一,而是有秩序地调配具有明显差别的色彩使其统一。色彩调和具有多种类型,包括同一调和、秩序调和、面积调和等。

1.同一调和

同一调和是指通过选取具有同类色彩成分的颜色加以组合,或增加对比色双方的同类型因素,以避免造成视觉上的尖锐刺激感,从而实现调和色彩效果的基本方法。

同一调和的具体方式有同色相调和、同明度调和、同纯度调和以及双性同一调和(如同色相、同明度调和),如图6.37所示。由于具有相同的构成因素,同一调和在视觉上具有较强的统一感和舒适的色彩效果,有着丰富的明暗对比和节奏感,但有时也会有单调的感觉,尤其是在双性同一调和中的同色彩又同明度关系,会使人感到厌倦、乏味。

图6.37 同一调和

2.秩序调和

秩序调和是指通过选择有秩序变化的色彩进行组合，或增强对比色秩序感的方法。在色彩构图中，色彩差异可能带来强烈的对比效果，但从局部看，任何一组色彩都有近似调和的关系，使得色彩的整体效果具有一种渐变的、等差的、有序而和谐的调和效果。

秩序调和包括色相秩序调和、纯度秩序调和、明度秩序调和、垂直调和、内面调和、圆周调和、螺旋形调和、斜内面调和等多种形式，如图6.38所示。

图6.38　秩序调和

3.面积调和

面积调和是通过面积的增大或减少来达到调和的目的的方式。常用方法是适当缩小视觉刺激较强的色彩面积，同时适当扩大较弱的色彩面积，如图6.39所示。

图6.39　面积调和

(三)其他应用形式

除了最为常见的对比和调和外,色彩设计中还有一些较为独特的应用形式。

1. 分裂互补色

分裂互补色是指寻找三种颜色,其中两种互为邻近色,另一种与它们形成互补色,例如红色、橙色和绿色。这种组合既能保持互补色的强烈对比和视觉趣味,又能使整体界面看起来柔和。如图6.40所示,黄色、橙色和蓝色相互搭配在保持视觉冲击的同时也让画面更柔和协调。

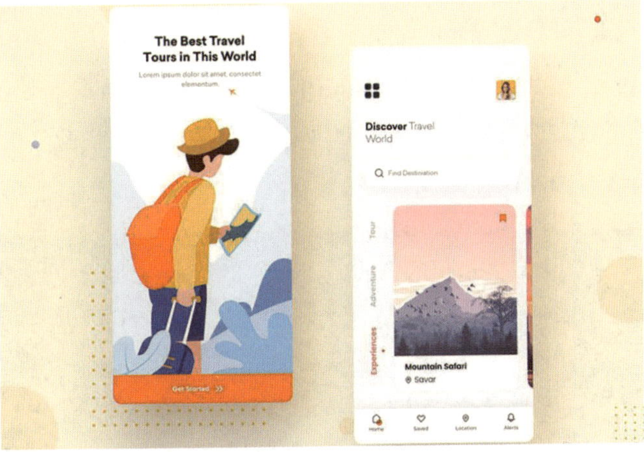

图6.40 分裂互补色搭配

2. 四原色搭配

四原色搭配中选取的四个颜色在色环上形成一个矩形,使用了两对互补色。该色彩应用方式将其中的一个颜色作为主色,其余颜色则作为辅助色进行搭配。如图6.41所示,以深蓝色为主色,明度高的红、黄、绿为点缀,富有冲击力的同时也保持着界面整体的和谐感。

图6.41 四原色搭配

3.色调搭配

色调指的是色相、纯度和明度之间的关系，是色彩的总体倾向。色调搭配则是由同一色调构成的统一性配色。即使出现多种色相，只要保持色调一致，画面也能呈现出整体性。

色调可以分为明色调、暗色调和浊色调三种。在鲜艳的纯色中加入白色即成为明色调，明色调轻松、明快、新鲜、积极向上，适合绝大多数的主题；加入黑色会变成暗色调，暗色调成熟稳重、庄严、有质感、神秘，同时也会给人阴森、恐怖、压抑的感觉；加入灰色则变成浊色调，在浊色调中，明度较高的部分温柔、淡雅、轻盈、宁静，明度较低的部分则类似暗色调，稳重、可靠、冷静，同时也会使人感到沉闷、压抑。

另外，色调还可分为暖色调、冷色调和中间色。暖色调搭配是指使用红色、橙色、黄色等色彩的搭配，可以营造出稳定、和谐和热情的氛围；冷色调搭配是指使用绿色、蓝色及紫色等色彩的搭配，可以营造出宁静、清凉和高雅的氛围，如图6.42所示。

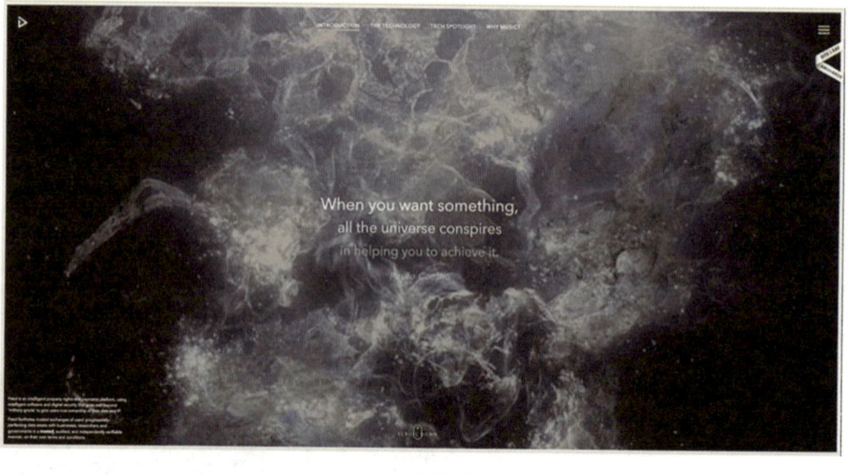

图6.42　冷色调搭配

4.焦点配色法

焦点是通过对比实现的，因此焦点配色法就是用色相对比形成焦点、用冷暖对比形成焦点、用深浅对比形成焦点、用有彩色与无彩色对比形成焦点、用花色与纯色对比形成焦点或用色彩面积对比形成焦点等，如图6.43所示。

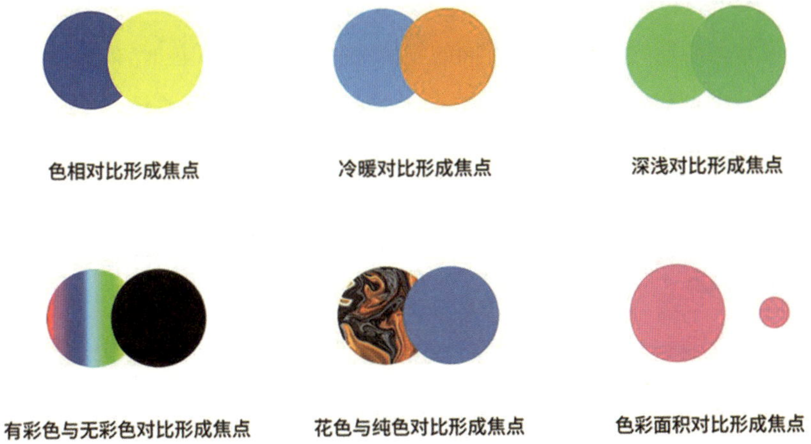

图6.43 焦点配色法的具体应用方式

5. CMYK配色法

CMYK配色法的核心就是C、M、Y、K中一定存在两个元素的数值为0%。如网易云音乐在6.0版本中，将其Logo图标的颜色进行了调整，如图6.44所示。红色中的CMY三种色值都有减少，较之前变得更加明亮。同时，图标红色背景由之前的纯色改为轻微的红色渐变填充。新的红色着重考虑了用户长时间使用屏幕造成的视觉疲劳，采用比较“轻”的色彩可有效降低这种问题。

图6.44 “网易云音乐”APP改版前后的图标

（四）色彩设计的基本流程

色彩设计有其基本步骤，明确设计目标是前提，在确定主色后，由点及面再确定色系，在此基础上融入其他色彩进行合理配置，最后进行色彩优化。

1.明确设计目标

虽然设计是相通的，但是针对不同的领域中的产品进行配色时，依然会存在较大的区别。不同行业间设计目标的差异，决定了配色目标和理论的差异。所以配色设计的第一步，就是明确配色目标。

表6.1　不同领域中的配色目标

设计类型	色彩设计目标
广告设计	准确地传递商品、广告等信息
品牌设计	创造品牌概念，留下品牌印象
工业设计	营造产品氛围，引导产品使用
室内设计	传递生活理念，创造理想的生活氛围
新媒体产品设计	传递产品信息，引导用户阅读和操作

在新媒体视觉设计中，色彩设计服务于产品界面设计，即要传递产品信息，引导用户阅读和操作，给用户提供良好的阅读和操作体验。

具体而言，产品界面设计中色彩设计的目标包括：信息传递、引导操作和品牌价值。

表6.2　产品界面设计中色彩设计的目标

信息传递	传递用户所需要的信息，这就需要界面有清晰的层级关系，明确、舒适的阅读体验
引导操作	清晰合理的操作引导，让用户能够准确地根据引导进行下一步操作
品牌价值	在产品界面与品牌之间形成关联，提升界面的品牌感

对产品界面设计中色彩设计的应该遵循清晰、舒适、引导明确、有品牌感等目标。

2.选定主色

在色彩设计操作环节，首先应确定色彩基调，即选定主色或主色调，以此来传递直观主题印象。

主色是指在配色中处于支配地位的色彩，是整个色调的核心颜色，通常也是相对占比最多的颜色，它决定了整体的风格和基调，主要用于核心的组件、组件的背景、大面积色块等。主色是传达品牌感的重要元素，明确的主色能够产生强烈的品牌辨识度。

选取主色的方式主要有三种，即根据品牌调性选取主色、根据色彩的心理效应选取主色，以及根据目标用户群体选取主色。

3.选择正确的色系

明确配色目标并选取主色后，下一步则是根据不同的配色目标来选择合适的色系，丰富整个画面的配色。因此还需要根据色彩的具体应用情况和配色原则选取背景色、衬托色、强调色。

背景色一般选择无彩色或低饱和度的色彩，衬托色是为了衬托主色而出现的另一种色彩。衬托色通常为主色的互补色或对比色，可有可无，采用与否取决于色彩设计计划的需要。强调色是在主色以外起强调作用的色彩，可以作为视觉焦点。强调色可以是主色的对比色、互补色，面积较小，有时强调色还扮演衬托色的角色。

4.平衡色彩

色彩平衡主要是指颜色的强弱、轻重和浓淡的关系趋于一种稳定、均衡的状态，往往通过色彩的对比与调和来实现。此外，对色彩层级进行简化也可以达成色彩平衡。优秀的新媒体产品界面一般都具有整体而强烈的品牌感，简约而高级的配色，丰富细腻的细节。如图6.45所示，星巴克咖啡的Logo经过色彩平衡处理后显得更简约。

图6.45　精简色彩层级有助于色彩平衡

5.提升品质感

完成以上步骤后，由于界面还缺乏足够的细节和品质，因而不耐看。品质感对于设计作品来说，是一个综合性的评价。“品”代表物体本身的品相和细节，而“质”则代表质感。如图6.46所示，“苹果”官方网站的页面设计就具有较高的品质感。品质感的提升可以通过使用合适的色彩渐变，也可以借助光线的漫反射原理来实现。

图 6.46 “苹果”官网的设计常给人一种很有质感的感觉

二、无障碍色彩应用

色彩的无障碍设计主要针对色彩不敏感或者无法感知的用户群体，以色盲用户群体为主，这是新媒体视觉设计中包容性设计原则的体现。

在色彩的无障碍设计中，不仅能够满足障碍人群需要的设计，还能够满足正常人群的需要。

（一）了解色盲群体

全球有2亿~3亿人患有色盲，大约8%的男性和0.5%的女性患有不同程度的色盲。色盲一般分为红色盲、绿色盲、蓝色盲和全色盲。其中，红色盲和绿色盲最为普遍，简称红绿色盲，占到了色盲总数的99%。色盲并不是看不到任何颜色，超过99%的色盲人群都是可以识别部分颜色的。如图6.47所示，色谱可以反映出色盲人群在色觉识别上的规律。红绿色盲不能分辨红、紫、青、绿各色，仅能识别整个光谱中的黄、蓝两色；蓝色盲不能分辨紫、青、绿、黄各色，仅能识别整个光谱中的蓝、白、红三色。

图 6.47 不同色盲人群可以识别的色谱

色盲人群对色相的辨识能力较弱，但却对明度、饱和度非常敏感。红色在红绿色盲眼中近似于深灰色，而蓝色盲眼中的黄色近似于灰白，如图6.48所示。

图6.48　不同色盲人群对同一张图片的色彩识别情况

表6.3　不同色盲人群对颜色的感知

色盲种类	不能分辨	容易混淆	亮度
红色盲	红与深绿/青蓝与紫	红与绿/蓝与紫为/浅绿与橘	均能识别亮度的变化
绿色盲	深棕与深红/紫与青	黄与黄绿/浅绿与棕	
蓝色盲	红与青	黄绿与蓝绿/橘与红	
全色盲	只能感受光的亮度		

模拟色盲色觉的工具

(二)无障碍色彩设计的方式

对于色觉障碍群体,颜色依然是一种简单快速区分不同类信息的方式。作为视觉设计者,可以通过提高视觉信息的识别性和易读性来帮助该类用户。

1.调整配色

无障碍视觉设计中,需要遵守一些规则,如慎用无彩色系的搭配;采用明度与饱和度兼具的配色,并注意明度的区分;谨慎使用红色。对于色盲用户,红色不再鲜亮,而是像蓝色或深绿色一样深;特别是红色盲用户,他们对暗红色的视觉等同于黑色。因此,无障碍色彩设计应避免在黑色背景上使用红色字符,并将色盲人群容易混淆的红色、绿色、橙色换为红色、蓝色、黄色。如图6.49所示

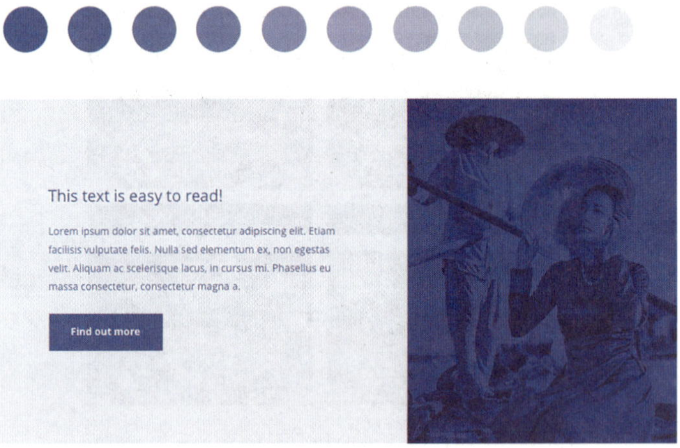

图6.49　利用明度差异实现的无障碍色彩设计

2.注意保证色彩对比度

在无障碍色彩应用中,还需要注意内容颜色与其背景颜色的对比度。这一点在WCAG(Web Content Accessibility Guidelines,即Web内容无障碍指南)和苹果、Google的无障碍指南里都有明确的规范:所有重要内容(包括文字和图标)的色彩对比度需要达到4.5:1或以上(字号大于18号时达到3:1或以上)。

WCAG中的POUR无障碍原则包括了:易于感知的(Perceivable)、便于操作的(Operable)、易于理解的(Understandable)、稳定耐用的(Robust)。颜色正对应了易于感知的这一无障碍原则。网站中的文字和图像应该具备足够高的色彩对比度,使之更易被用户感知识别。

3.避免仅以单一色彩形式传达重要信息

在无障碍色彩应用中，应尽量避免仅仅以单一色彩来传达重要信息的情况，最好同时使用多种视觉变量和视觉线索来表达信息，并尽可能添加文字或图标标签。无法添加标签的时候，应当在同一版面内提供带有图案或纹理的色盲友善模式，如图6.50所示。

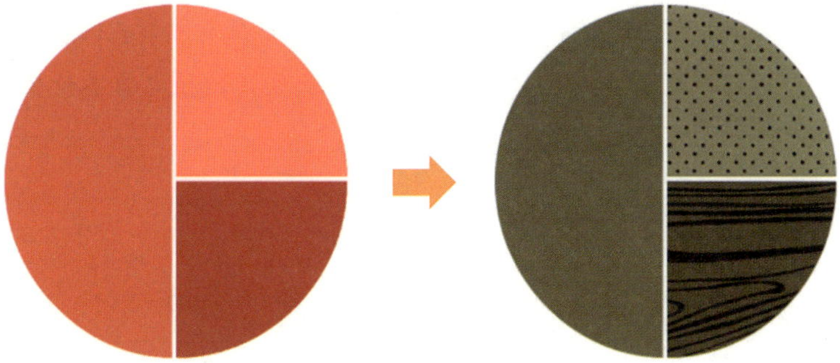

图6.50　用图案和纹理代替颜色

4.模拟检验

设计者还可以通过图像处理软件中的色盲插件对色觉障碍人群所看到的界面进行模拟，来确保界面的可用性。

同时，设计者还需要考虑该类用户的设备情况和使用环境。为了优化用户体验、提升设计效果、达成预期目标，有必要对色彩进行可用性测试。

相较于其他的设计内容，无障碍色彩设计并不是一个很难的工作。设计者的“有心之举”，对于色觉障碍人群却会产生实实在在的影响。

案例解析及设计

知识回顾

人类对色彩的应用拥有悠长的历史。随着新媒体的出现和发展,色彩的传播媒介和内容、视觉形态和传播方式等都发生了巨大变化,也改变了设计师的创作流程和用户的体验方式。尽管如此,新媒体时代的色彩设计仍然离不开对色彩的分类与属性、色彩的心理感觉、色彩的搭配原则等基础理论知识的理解。在这些有关色彩的基础知识的基础上,进一步认识数字色彩、无障碍色彩设计以及色彩在不同形式的新媒体中的应用方式,能够更好地帮助我们在新媒体的语境下创作出实用价值与审美价值相统一的色彩设计作品。

思考题

1. 新媒体时代的色彩应用有哪些发展趋势? 试举例说明。
2. 数字色彩与传统色彩之间存在哪些差异?
3. 试列举主要的色彩模式,并用案例解释。
4. 色彩会给人带来哪些心理感觉?
5. 常见的色彩搭配方式有哪些? 试比较其优缺点。
6. 简述色彩搭配的基本原则与实践流程。
7. 简述无障碍色彩应用。
8. 试分别举例分析网页、手机媒体和平板媒体中的色彩设计。

第七章 新媒体图形图像设计

知识目标

1.新媒体图形图像的概念与分类。

2.桌面端和移动端的常用设计原则。

能力目标

1.了解新媒体图形图像设计的通用原则及典型案例。

2.熟悉桌面端和移动端设计原则,并能结合案例进行简单分析。

思维导图

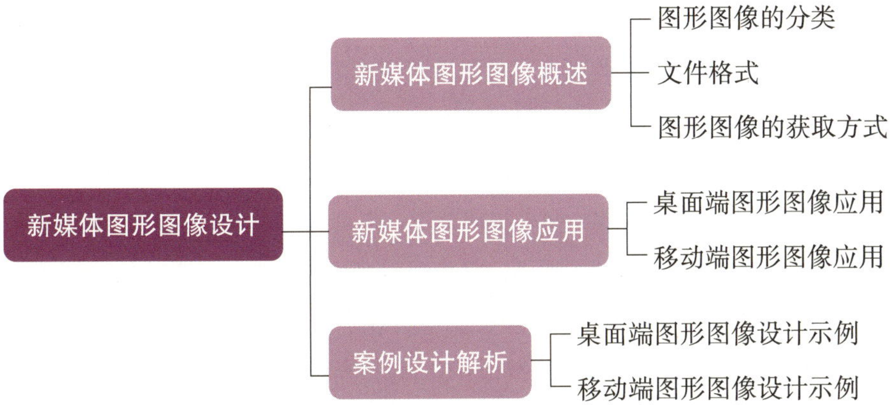

图形图像在新媒体视觉设计中的作用不只是装饰和美观，事实上，大多数网络用户都是由视觉驱动的，他们对图片的感知比文字更快。因此，图形图像通常是用户访问页面时首先捕捉和扫描的布局元素。图形图像不仅可以有效地吸引视线并传递信息，还能创造出特定的情感和功能体验。

第一节　新媒体图形图像概述

图形和图像实际是两种设计元素，它们具有不同的特征，其应用场域也存在较大差异。在新媒体产品中，图形图像都有着广泛的运用。对它们的认识和理解有助于设计者进行正确选择和合理利用。

一、图形图像的分类

计算机记录图形图像的方式有两种，即矢量图和位图。

矢量图也叫向量图，是一种面向对象基于数学方法的绘图方法，在数学上定义为一系列有线连接的点。矢量文件中的图形元素被称为对象（Object），每个对象都是有具体颜色、形状、轮廓、大小和屏幕位置等属性的实体。这使得基于矢量图的应用程序特别适用于制作图例和三维建模，放大缩小图形都不会失真。

位图也叫点阵图，是由像素组成的。像素是组成位图图像的最小单位，每个像素具有位置值和颜色值。放大缩小位图都将使图像失真。位图可以方便地在不同软件之间交换文件，但无法制作出真正的三维图像；同时位图文件较大，会占据较多的内存和硬盘空间。

分辨率是指位图图像文件单位长度内含有多少个像素，分辨率的单位为“像素/英寸”（pixel per inch，简称PPI），分辨率的大小直接影响图像的品质。分辨率越高，图像越清晰，文件越大，所需系统资源越多。

借助软件，矢量图可以轻松地转换为位图，但相反的过程则需要经过复杂、庞大的数据处理且质量无法保证。实际应用中，矢量图和位图可以相互结合，如利用矢量图建模再利用位图贴图可以实现逼真的视觉效果。

表7.1 位图和矢量图对比总结

图像类型	位图 点阵图像	矢量图 矢量图像
定义	由像素组合而成，这些像素点可以进行不同的排列和染色以构成图形图像。	用点、曲线或多边形等基于数学方程的对象元素表示的图像，存储单位是图形形状等相关的参数特征信息。
组成	像素	对象
优点	只要有足够多不同色彩的像素，就可以制作出色彩丰富的图像，逼真地表现自然界的景象。	文件容量较小，在进行放大、缩小或旋转等操作时图像不会失真。
适用范围	适用于存储内部信息量大、图像复杂、规律性不明显的图像数据。	适用于存储信息量不大且有较明显规律性的图形数据，以及需要高图像分辨率的图形。
常见编辑工具	Photoshop，Painter，画图等	CorelDRAW，Illustrator，AutoCAD等

二、文件格式

图像文件格式指图像保存在磁盘上的方式。在视觉设计中，常用的新媒体图形图像文件格式有以下几种。

1. PSD格式

PSD(Photoshop Document)格式是Adobe Photoshop专用格式，可以包含图层、通道和颜色模式，还可以保存具有调节层、文本层的图像。PSD格式文件保留了所有源图像的数据信息，是唯一能够支持全部图像颜色模式的格式。PSD格式文件主要作为新媒体图形图像设计文件的格式。

2. JPEG格式

JPEG(Joint Photographic Experts Group)是目前所有格式中压缩率最高的格式,是一种有损压缩,普遍用于图像显示和一些超文本文档中。该格式支持CMYK、RGB和灰度颜色模式,不支持Alpha通道,在打开图像时会自动解压缩。

3. GIF格式

GIF(Graphic Interchange Format)是一种无损压缩的8位图像文件,由于文件体积较小,广泛应用于网络的HTML网页文档中。该格式支持位图(Bitmap)、灰度和索引颜色的颜色模式,不支持Alpha通道,不能用于存储真彩色图像。

4. PNG格式

PNG(Portable Network Graphics)是一种采用无损压缩算法的位图格式,其设计的主要目的是替代GIF和TIFF格式。支持带有一个Alpha通道的RGB、灰度模式和不带Alpha通道的位图、索引颜色模式。在浏览器上采用流式浏览方式,传输速度快。

5. PDF格式

TIFF(Tagged Image File Format)是一种广泛使用的图像文件格式,用来存储高分辨率的图像数据,包括黑白、灰度、彩色和多色图像。TIFF格式以其灵活性和对不同类型图像数据的支持而闻名。

6. SVG格式

SVG(Scalable Vector Graphics)是一种基于XML的矢量图形文件格式,可以无限缩放且不失真,具有良好的兼容性、交互性、集成性、可编辑性和跨平台性等特性,同时也支持动画和特效,适用于网页图标和简单图形的设计。

7. AI格式

AI文件格式是由Adobe公司开发的专用矢量文件格式,主要用于Adobe Illustrator软件中,它是一种专门用于存储矢量图形的分层文件格式,支持多种属性和编辑功能。它支持矢量图形的创建、编辑、无损缩放等功能,具有高度兼容性等特点,适用于图标、插图和字体设计等领域。

此外,还有EPS(Encapsulated PostScript)、PDF(Portable Document Format)、CDT(CorelDRAW Template)、XAR(Cross-platform Archive)、SKP(Sketch)等文件格式也适用于新媒体视觉设计的不同阶段。

三、图形图像的获取方式

图形图像有多种获取方式，需要注意的是，设计者在获取图形图像过程中要遵守知识产权保护的相关规定。

1.自行获取和制作

图形图像可以通过摄影等技术手段获取，也可以借助各种图形图像设计工具制作。自行获取或制作图像的好处一方面是拥有明确的知识产权，另一方面是图像可以更贴切需要表达的主题与风格。

2.内部资源

稍微成规模的企业一般都有一套VIS（Vsual Identity System，视觉识别系统）。企业在开发相关的新媒体产品时可充分利用该套资源，在此基础上进行衍生开发，这样做不仅可以在网络空间中继续宣传企业形象，也可以减少侵犯著作权的顾虑。

3.无版权素材网站

当无法通过自行获取和制作方式完成图形图像获取时，可以借助网上免费素材资源，如提供无版权限制图片的网站。图标素材可以从“阿里巴巴”旗下的免费矢量图标库Iconfont（https://www.iconfont.cn/）中获取，该网站还支持更改图标的颜色和尺寸。

4.与应用软件捆绑的图像

许多网页创作工具都提供了免费使用的图像。但这部分资源非常有限，可以作为图形图像获取方式的一种补充。

第二节　新媒体图形图像应用

新媒体产品的桌面端和移动端通常都采用了大量的图形图像设计，可以有效增强信息传播效率和页面的美感，在信息指引上也更为明确，能够为用户带来更好的视觉体验。

一、桌面端图形图像应用

(一)桌面端页面结构中的图形图像

图形图像是桌面端页面结构中重要组成部分,不同类型的呈现形式具有不同特征。

1.标志(Logo)

桌面端页面基本都有品牌标志,一般出现在页面左上角或中上部。品牌标志常以经过精心设计的文字或图像组成的象征性传播符号构成,以精炼的形状传达特定的含义和信息。如图7.1和7.2所示,“可口可乐”官方网站(https://www.coca-colacompany.com/)中其品牌标志位于中上部;“小米”官方网站(https://www.mi.com/)中其品牌标志位于左上角。

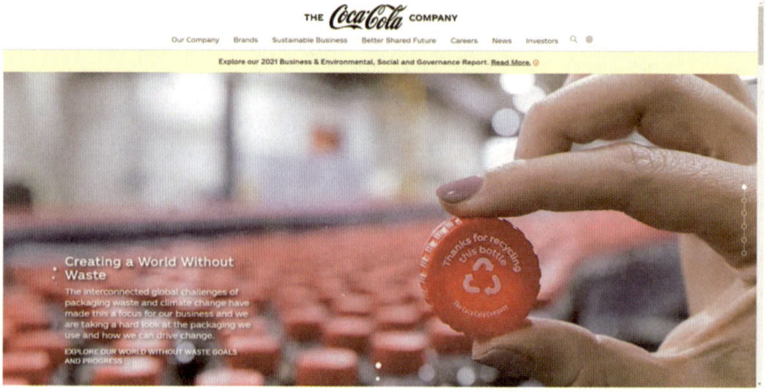

图7.1 “可口可乐”官方网站

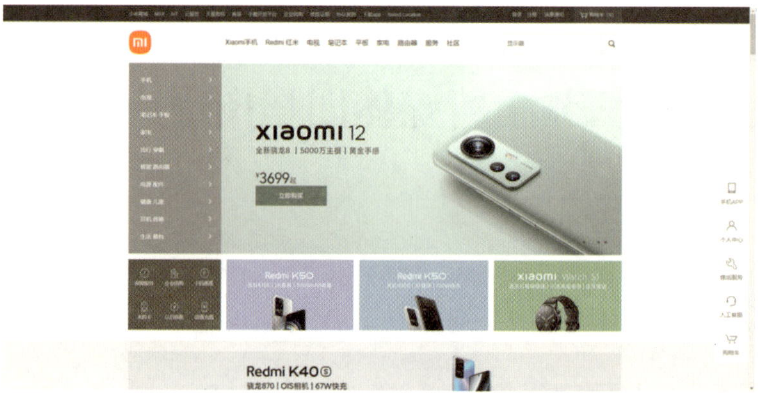

图7.2 “小米”官方网站

2.导航图标

桌面端的导航或下拉菜单中经常使用矢量图作为图标，抽象出按键概念，如手势、日常生活中常见示意图等使导航更易读。如图7.3所示，“迪卡侬”网站(https://www.decathlon.com.cn/)中以图像和简易图形组合形成的导航图标，结合清晰的文字，易于理解。

图7.3 “迪卡侬”网站的导航图标

3.轮播图

轮播图一般位于页面中最为显眼的位置，轮播图往往采用经过精心设计的高清大图来加以呈现。轮播图图片素材选择要结合主题，尽量选择高分辨率位图，可以形成很好的视觉焦点。如图7.4所示，“宜家”官网(https://www.ikea.cn/cn/zh/)中的轮播图选择“家”味浓厚的多组图片，与网站定位紧密关联。

图7.4 “宜家”网站中的轮播图

4.内容图片

在桌面端页面内容中，图形图像也可以占据主导地位，有的甚至占据整个页面，在较少文字的情况下仍然能达到传递信息、体现内容的效果。如图7.5所示，“茶颜悦色”官方网站(http://www.cyysncjm.com/)的产品展示版块主要以产品大图来表现，并未出现大量文字介绍，直观且清晰。

图7.5 “茶颜悦色”官网中的产品展示页面

5.二维码

桌面端图形图像应用中还有一种特殊的类型就是二维码。二维码是一种特殊的图形，一般呈现为像素化黑白颗粒组成的正方形。目前，桌面端页面中的二维码主要用于向社交媒体账号、产品APP下载、促销活动等引流。如图7.6所示，“华住会”网站(https://www.world.com/)中同一屏页面中出现两个二维码分别是促销活动入口和APP下载。

图7.6 “华住会”官网中的二维码

(二)桌面端图形图像应用形式

新媒体产品桌面端对图形图像的应用时间更长也更为成熟,其具体应用形式丰富且多样,可以适配不同的应用环境。

1.图片作为背景

在桌面端页面设计中,使用贴合场景和氛围的图片作为背景已经成为一种主流应用形式。作为背景的图片可以是静态的,也可以是动态的。该方法可化解页面单调,带来更好的沉浸体验。如图7.7所示,一位波兰艺术家的个人网站、使用的就是动态图片作为整个网页的背景。需要注意的是,用图片作为背景一般要选择高清大图,还需要通过调整背景图片的明暗色调,确保前后景具有较强的对比度,满足用户易于识读的需求。

图7.7 图片作为背景

2.图片融入背景

与直接将图片作为背景相似,将图片融入背景同样是一种制造沉浸式视觉体验的设计方式。如图7.8所示,"Gigantic"糖果公司网站(https://giganticcandy.com/)通过抠图等技术让一部分糖果的图片元素和整个背景融为一体,形成图片和背景的无缝衔接,另外一部分糖果则悬浮在背景之上,营造出动感特效,给人以一种奇妙而和谐的视觉体验。

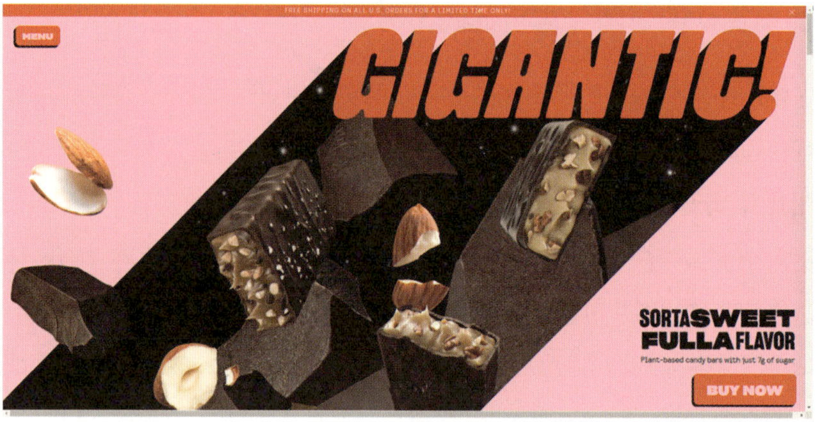

图7.8　图片融入背景

3.图片紧密拼接

紧密无缝地拼接高清的图片，将这些图片并排布局，能够制造出一种高级的视觉效果。如图7.9所示，高清的图片通常包含着丰富的视觉信息，将它们并排拼接起来之后，与负空间结合，能够让整个版面呈现出信息的疏密节奏变化。

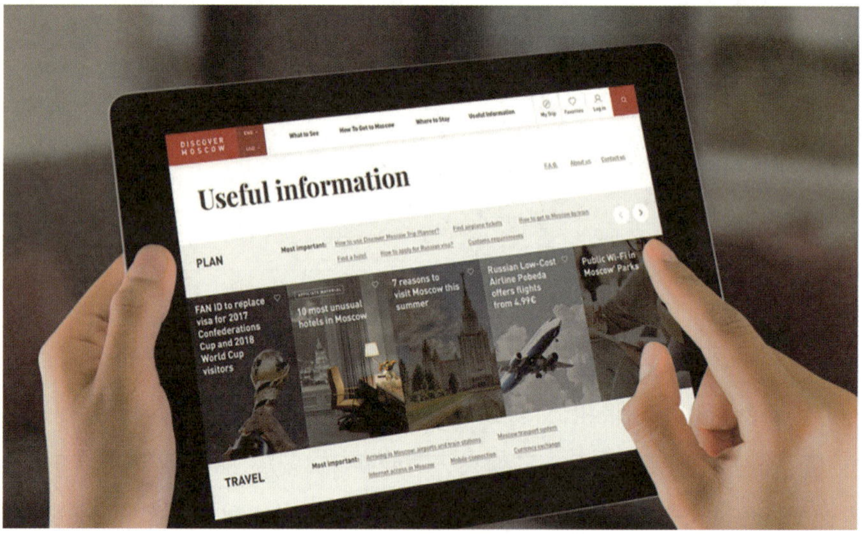

图7.9　图片紧密拼接

4.多图间隔并置

页面中除了可以对多张图片进行紧密布局外，还可以采用松散布局的方式。如图7.10所示，“GUCCI beauty”网站中的多图均匀且分散地并置于页面中央，很有秩序感。

再如图7.11所示，这是一个小众艺术家网站，为追求个性，采用更为零散的布局方式放置图片，充满个性。

图7.10　多图均匀分散布局

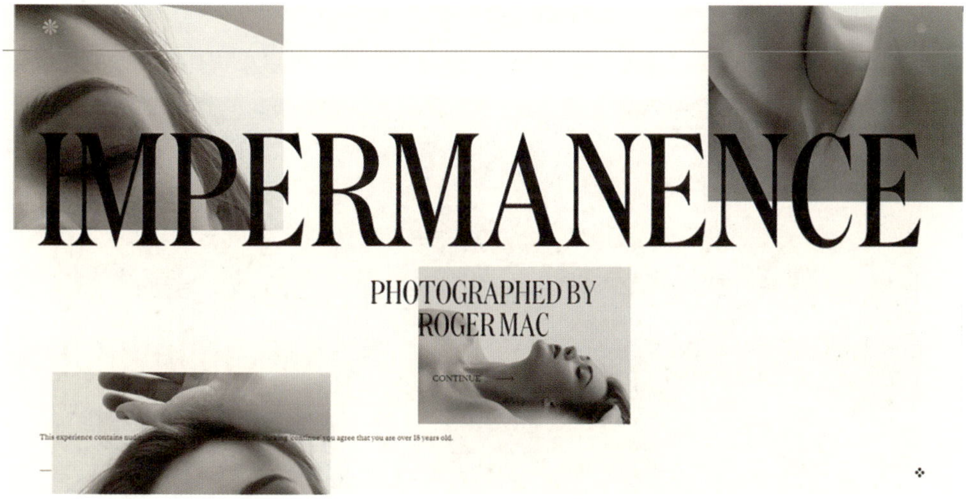

图7.11　多图不均匀分散布局

5. 增添图片投影

为图片添加色块投影可以增加信息层级，消减单调的感觉。这种方式简单实用，适合各类网站，可以快速提升页面视觉效果。如图7.12所示，某设计网站在其主页右侧的图片增加了渐变色块投影，营造了不错的空间感。

图7.12　为图片添加色块投影

6.文图剪贴蒙版

用剪贴蒙版将图片约束在文本或者图形的轮廓当中，是一种增加形式感并且有趣的传递信息的方式。如图7.13所示，在“NBT”网站（https://nextbigthing.ag/）首屏页面下方就运用字母“NBT”作为蒙版透出底下图片，配合黑色背景可以很快抓住用户视线。

图7.13　剪贴蒙版

7.图片叠加色彩

在图片上叠加色彩，或者说将图片制作为单色调的配色，能够产生更强的形体感和轮廓感，增强视觉主体的感染力。如图7.14所示，“WinShape Camps”网站（https://camps.winshape.org/）通过不同的色彩的蒙版改变了背景图的色彩，营造出统一的氛围和情绪。

还可以选择在图片的一部分上叠加色彩，这样的处理方法不仅更加生动灵活，还增加了信息层级。

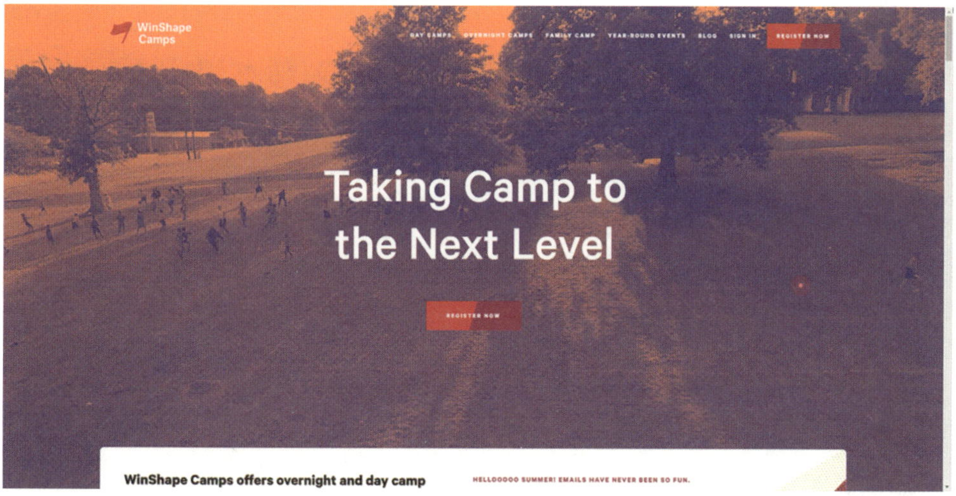

图7.14　整体叠加色彩

8.图片裁切形状

这种方式和文图蒙版类似，但更强调图片被裁剪为几何形状。这种方式会融入几何形状的理性特征，限制了图片的部分想象力，别有风味。如图7.15所示，“BIND”网站（https://bindfilm.nl/projecten/）页面底端运用了三角形裁切图片，使页面更生动。

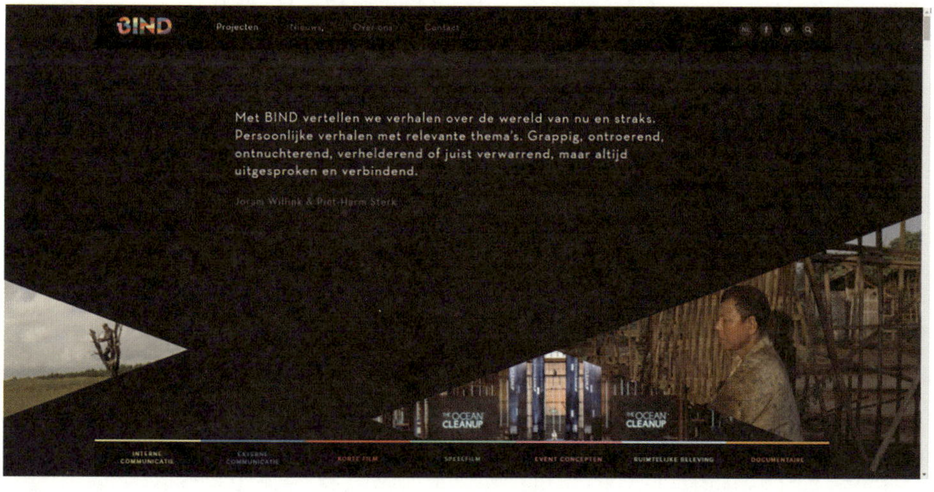

图7.15　三角裁剪

二、移动端图形图像应用

随着技术的进步，网页设计的流程正悄无声息地发生着颠覆性的变化。精准具体的设计交付列表不再是网页设计的唯一标准，静态页面设计在整个设计流程中所占的比重也逐步降低，正如同Stephen Hay所说，我们所设计的不再是单纯的页面，而是包含诸多组件的一整个系统。随着移动端设备的使用量超越桌面端，移动端的浏览无疑已经成为用户获取信息的主要渠道。

（一）移动端图片类别

新媒体产品在移动端的空间受限，交互方式也存在差异，对于图形图像的应用需更为谨慎，一般装饰性的应用较少。

1.信息图片

信息图片是在页面中单独存在的图片，图片作为主要元素向用户传达有效信息。如“好好住”APP，它在“看图”板块中就展示了大量图片，重点表现图片中的信息，周围无任何干扰元素或辅助信息元素，如图7.16所示。

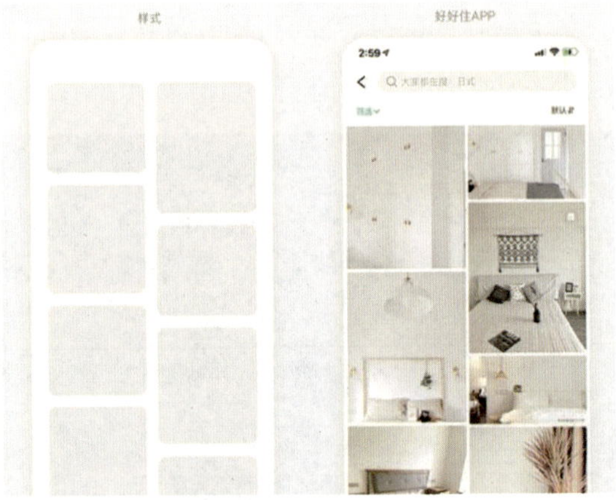

图7.16 “好好住”APP

2.背景图片

背景图片可以用于单个元素，也可以用于整体画面，主要作用是营造氛围。

（1）单个元素的应用如“嘀嗒出行”APP的“优惠券板块”，把插画图片应用在单个卡片中，如图7.17所示。

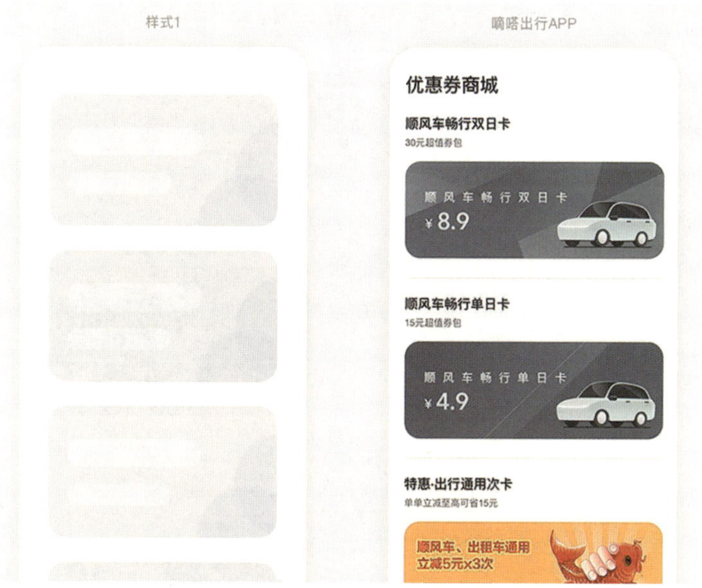

图7.17 “嘀嗒出行”APP的优惠券板块

（2）整体画面的应用如“网易云音乐”APP的播放页面，使用歌曲封面的图片作为页面整体的背景，如图7.18所示。

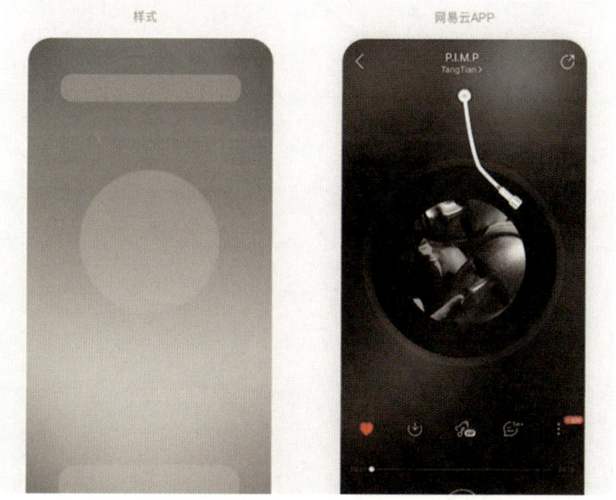

图7.18 “网易云音乐”APP的播放界面

3.轮播图

轮播图(Banner)作为导航入口,可用来引导用户点击进入详情页面,在各应用都普遍使用。作为最常见的图片使用形式之一,可以出现在APP中的各个界面中,如"ZAOZUO"APP的首页、个人中心、运营活动页等均有采用,如图7.19所示。

图7.19 "ZAOZUO"APP中使用的轮播图

4.信息配图

信息配图往往用来作为文字的辅助元素,与文字相符合的配图可以更好地辅助传达文字的意思,如图7.20所示。

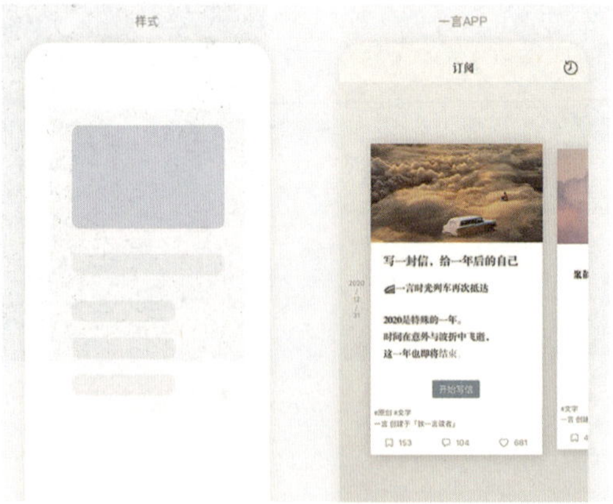

图7.20 信息配图

(二)移动端图片处理的五种原则

新媒体产品移动端具有更好的沉浸性体验,在图形图像处理上也需要尽量营造这种氛围。

1.图片遮罩

(1)黑色遮罩。

图片与文字之间加黑色到透明度(10%~60%)的遮罩,保证文字内容区域在黑色区域,目的是能让用户更容易看清文字,如图7.21所示。

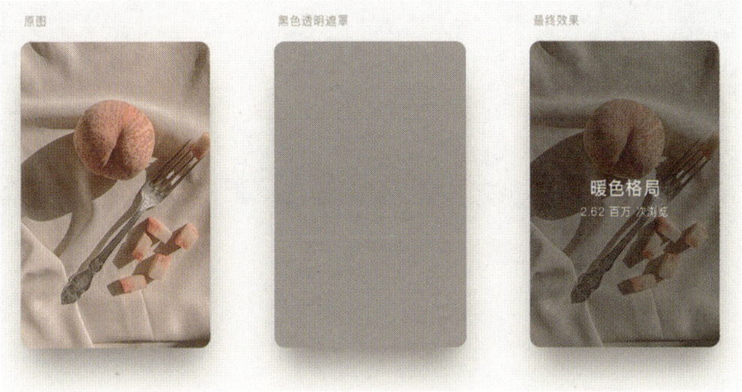

图7.21 黑色遮罩

(2)颜色遮罩。

根据图片整体的色调,在图片上加与图片色调统一的颜色遮罩,既可以保证文字的可识别性,又不影响图片的正常显示,如图7.22所示。

图7.22 颜色遮罩

(3)渐变遮罩。

图片与文字之间加透明度的渐变遮罩,可以让文字的显示更加清晰,使画面过渡更加协调,如图7.23所示。

图7.23 渐变遮罩

2.背景模糊

在很多场景下,移动端图像都会采用封面图模糊处理后作为背景图的方案,在背景上加一个深色半透明蒙层,目的是保证信息能够清晰显示。半透明层可以取黑色、深灰色、背景颜色(深),透明度为25%~40%,它们呈现出来的效果都各有不同,可以根据不同的场景选择不同的方案,如图7.24所示。

图7.24 背景模糊

3.图片圆角

在图片圆角的设计中,往往根据不同的产品属性去设定气质相符的圆角设计。小圆角或直角给人硬朗、高冷、具有攻击性的视觉印象,多用于时尚、高端、冲突感强烈的设计中,如图7.25所示。

图7.25 图片的小圆角设计

大圆角给人有亲和力、柔软、安全的视觉第一印象,多用于母婴产品、二次元产品、娱乐性强的设计中,如图7.26所示。

图7.26 图片的大圆角设计

4.投影

移动端运用最多的投影效果有普通投影、等高线投影和图片模糊投影，如图7.27所示。

图7.27 投影

（三）移动端图形图像设计中需注意的要素

新媒体产品移动端对图形图像设计提出了更高的要求，这里简要介绍一下图片文件的格式、比例和栅格系统。

1.PNG和JPEG

PNG是一种无损压缩的位图图形格式。这种格式不会轻易造成细节像素模糊或输出文件变色的情况，并且支持alpha通道（透明度）。所以对于高质量图像文件建议输出为PNG格式，不过正因为无损，所以PNG文件相对较大，在特定情况下可以选择8位处理的做法来减小文件大小，这样在保证尽可能缩小文件大小的同时，也不会降低图像质量。

JPEG格式会损失掉图片中的一些细节，所以输出为JPEG文件通常会比输出为PNG文件的大小更小，适用于对于图片质量要求不太高的场景。并且JPEG格式支持对文件质量进行二次压缩，当我们选择使用JPEG格式的图片文件时，应注意在文件大小和图像质量之间找到平衡。

2.比例

移动端界面中常用的图片比例是1:1、3:2、4:3和16:9。

（1）1∶1比例。

1∶1比例是传统的120胶片画幅，因为相机结构和其他一些原因导致了胶片是正方形的。此比例可以规整构图，突出主体，通常用于头像、电商宣传图片等，如图7.28所示。

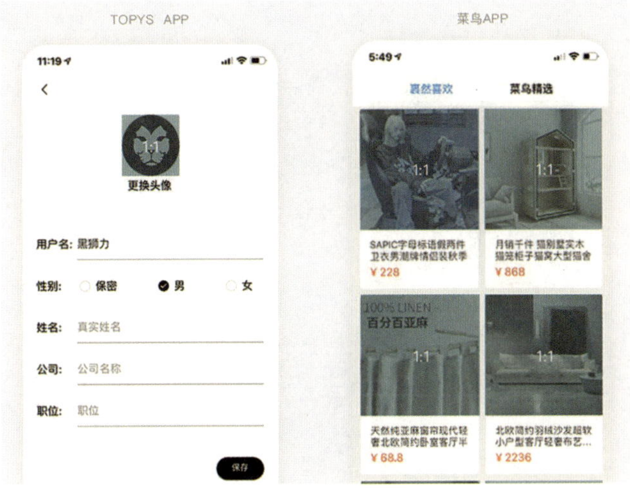

图7.28　1∶1比例的图片应用示例

（2）3∶2比例。

3∶2比例尺寸源于135胶卷的比例，采用这一比例并不是因为它是黄金比例，而是由相机的像场大小决定的，这个尺寸适用于以内容为主的应用，如图7.29所示。

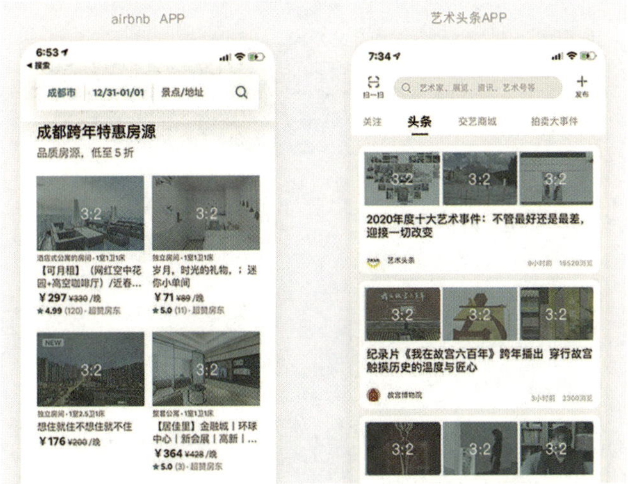

图7.29　3∶2比例的图片应用示例

(3)4:3比例。

4:3比例是随着摄影的发展和微单的出现而诞生的,3:2尺寸与4:3尺寸极为相似,在做设计时很容易混淆,不过在同屏显示中,4:3的图片内容显示略大于3:2,所以4:3尺寸更适用于以图片为主或图片与内容比重相同的应用,如图7.30所示。

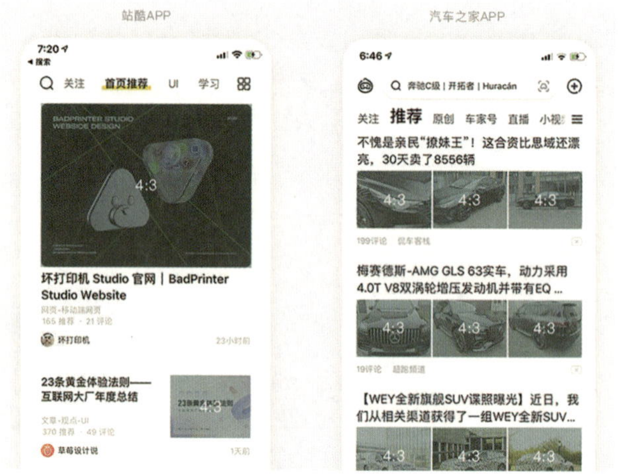

图7.30　4:3比例的图片应用示例

(4)16:9比例。

人体工程学研究发现人的两只眼睛视野范围是一个长宽比例为16:9的长方形,所以电视、显示器行业往往根据这个的黄金比例尺寸设计产品。16:9比例图片在移动端通常运用于视频播放类APP的图片显示,如图7.31所示。

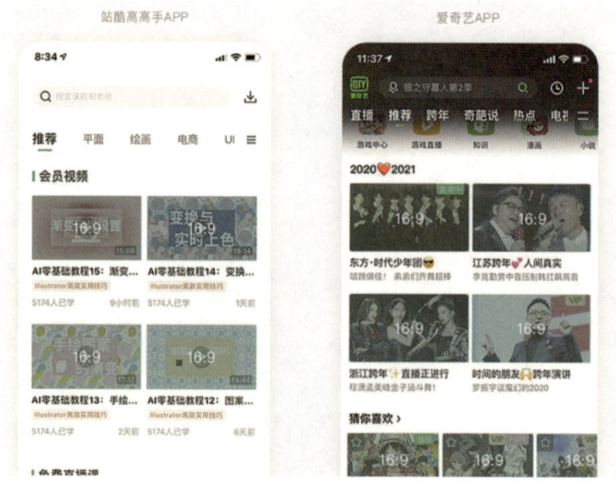

图7.31　16:9比例的图片应用示例

3.栅格系统

栅格系统是以规则的网络阵列来指导和规范版面布局以及信息分布，在图片的排版布局、尺寸设定方面给了设计者直观的参考，它让图片变得有规律，从而减少了设计决策的成本，使整个画面更加具有条理，让内容的可读性变高。

移动端常用的栅格系统最小单位为4px或3px，图7.32展示了"Airbnb"APP如何用3px的栅格系统来确认banner的尺寸大小。"Airbnb"APP的栅格系统布局设置总宽为328px（中间6列+5个间距宽度），偏置为24px（左侧初始偏置像素），列数为6（一共分为6列），列宽45px（列数的宽度），间距宽度为12px（当不能整除时，会自动把间距缩小1px，所以会看到有些间距为11px，有些间距为12px）。设定好栅格系统后，即可得出图片的宽度158px（45+11+45+12+45）。再根据图片比例的尺寸3:2算出图片的高度为106px（158÷3×2）。根据相同的方法，可以用"栅格系统+尺寸比例"算出更多的尺寸大小。

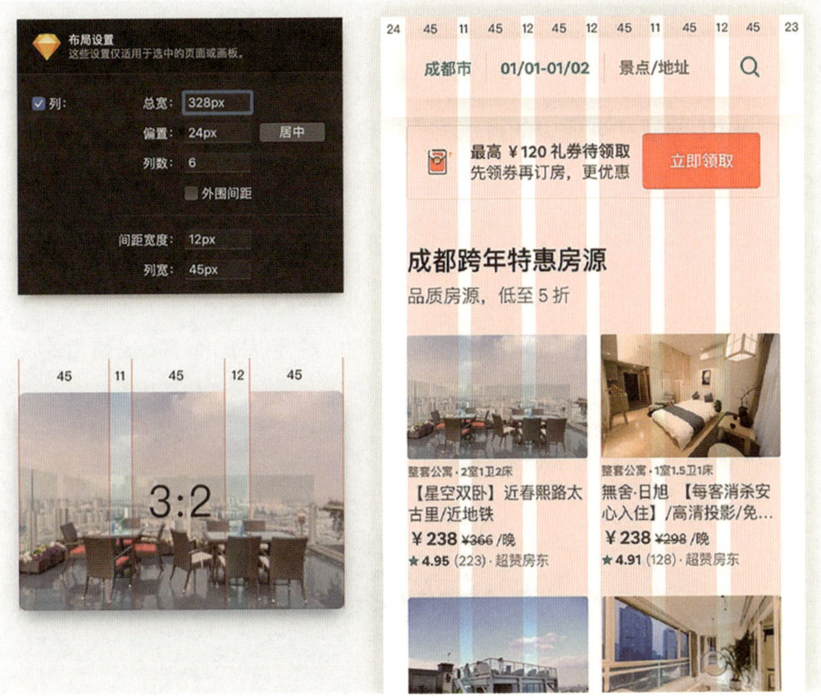

图7.32 栅格系统示例

第三节　案例设计解析

在对图形图像的基本概念和特点有了一定了解后，本节将以桌面端和移动端图形图像的实际应用案例来分析这种基础设计元素的应用特征。

一、桌面端图形图像设计示例

本部分将从图形图像在页面中的占比、图形图像处理方法和不同类型网站中的图形图像应用等三个方面来说明桌面端图形图像的应用情况。

（一）图形图像在页面中的占比示例

这里的占比是指图形图像在整个页面中所占的篇幅或面积和整个页面的关系。目前，图形图像在页面中的应用比例非常高，成为向消费者传递产品信息和品牌理念的主要表达方式。图形图像在页面中的占比比例可以分为以下几种：

1.全屏大图

全屏大图是指图片占据整个页面。如图7.33所示，在特斯拉中国官网首页中（https://www.tesla.cn/）使用了一张图片作为整个页面的背景，通过图像本身直接传达品牌基调。这种做法视觉冲击力强，品牌态度鲜明，对于用户而言，记忆留存效果更加明显。

图7.33　全屏大图应用示例

2.占比 80%

占比 80% 的大图依然具有较强的视觉冲击力,其余 20% 的空间用于提供网站的其他信息,可以做到相得益彰。如在 DIOR 中国官方网站中(https://www.dior.cn/zh_cn)就利用了占比 80% 的图片,其余留白用于 Logo、导航文字、搜索等服务信息,如图 7.34 所示。该布局侧重商品信息与服务信息的搭配与整合。

图 7.34　占比 80% 应用示例

3.多图拼合高占比

多图拼合高占比是指由多幅图片拼合组成占比较高的图像。多幅图片可以从多个角度展现产品的不同信息,信息更为多维丰富。应用中,图片组合应注重对齐,编排布局需遵循形式美法则,如图 7.35 所示。

图 7.35　多图拼合高占比设计示例

(二)图形图像处理方法示例

鉴于桌面端具有较大的空间冗余,在具体的图形图像处理方法上有更多选择,呈现效果也更为丰富。

1.聚集

聚集图形图像指将相近或相同的图形图像元素重复组合，构成具有强烈视觉冲击力的形象。如图7.36所示，在“Apple”官网（https://www.apple.com.cn/）中用多个Apple Watch旋转拼贴出花的形状，通过“重复+聚集”的手法在消费者心中植入产品的形象。

图7.36　聚集处理方法示例

2.异影

异影是一种视觉传达的艺术形式，它是指在光的作用下，客观物体产生异常变化，呈现出与原物体不同的影像。在异影这种图形图像处理方法中，用来替代原来影子的可以是形态相似的物形，可以是具有某种内在联系的元素，也可以是赋予影子自主生命力的影像。这种设计手法不仅增加了视觉冲击力，还能引发观者的联想和思考，使得设计作品富有深刻的内涵。如图7.37所示，该案例中，讲台和思想者雕塑影子形成异影图像，象征着讲台是思想传播的重要工具。

图7.37　异影处理方法示例

3.共生

共生是指利用共用空间、共用轮廓或共用线条的设计方法，使两个或两个以上的形象元素，共享同一空间或边缘轮廓，互为条件，构成完整的统一体。如图7.38所示，"爱马仕"丝巾广告由多个小图组成，每两个相邻的小图形成一组，以丝巾产品为共生图形，互为条件，互借互生，构成统一有意义的场景。

图7.38　共生处理方法示例

4.换置同构

同构是指将不同元素进行创造性的、超越现实的再组合，各个元素以一种巧妙的且看似真实、实则荒诞的形式再组合成一个新的图像，从而产生更强的视觉和心理上的吸引力。换置属于同构中的一种，指将构成某物质的某一特定元素与另一种不属于此物质的相应元素进行互换，进行超现实的组合，具有浓厚的趣味性，极易让用户产生共鸣和联想。如图7.39所示，"香奈儿"的广告将香水和模特形象结合，看似荒诞，但却为香水赋予了生命和美的价值。

图7.39　换置同构处理方法示例

5.混维

混维是指将二维与三维元素混合交错，产生空间矛盾，从而加深视觉感受的一种处理方法。如图7.40所示，在“爱马仕”皮包广告的图片中，二维平面背景的色彩与三维真实皮包上的色彩完美融合，形成了视觉上的和谐感。

图7.40　混维处理方法示例

6.夸张

夸张的处理方法能带来强烈的视觉冲击，能更突出地揭示形象特征、营造个性。如图7.41所示，“NIKE”官网(https://www.nike.com/cn/)首页的一组图片运用了现代性的夸张艺术手法，我们可以看到奇异的肢体语言、歪脖子的猫头鹰、模特背上的奇异背包，等等。这展现了耐克的品牌态度。

图7.41　夸张处理方法示例

7.虚实

虚实是一种有效营造空间感的手段。如图7.42所示，在“特斯拉”官网的主图中将跑车实化，将公路虚化，体现了跑车平稳飞驰在路面上的速度感与空间感。

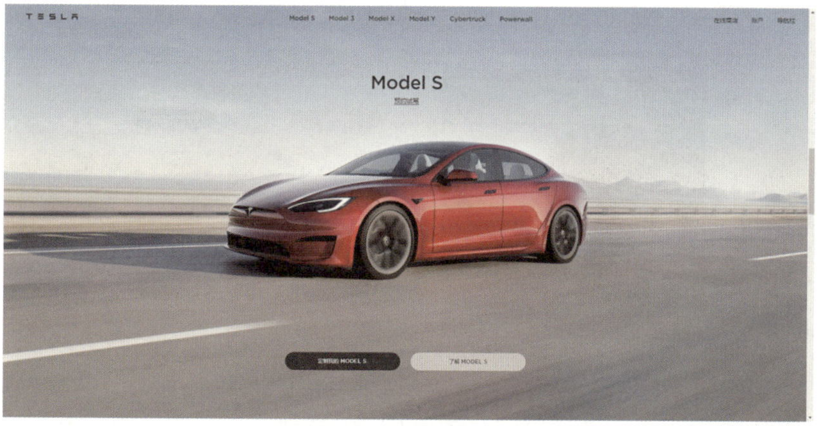

图7.42 虚实处理方法示例

8.质感

质感指物体的表面质地，不同的视觉肌理有助于传达不同的质感语言。如图7.43所示，在“香奈儿”的产品宣传图片中，用脉络清晰的哑光金色质感的花朵作为背景，烘托出了产品的高级感。

图7.43 质感处理方法示例

9.抽象

抽象的处理方法常常是运用点、线、面及各种几何图形来构成画面内容主体。如图

7.44所示，在“爱马仕”网站介绍皮带的商品展示页面中，配有一幅用最简单的点、线、面构成具有艺术感的几何图形，凸显了该品牌从“马文化”的深厚底蕴中发展而来的高质量皮革产品。

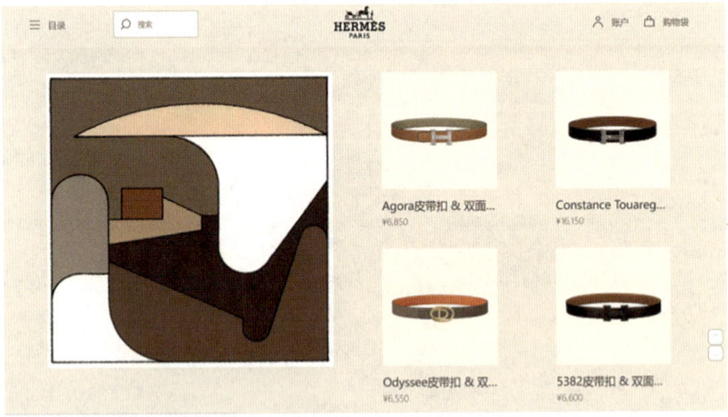

图7.44 抽象处理方法示例

（三）不同类型网站中图形图像应用示例

图形图像和其他基础设计元素类似，其选择和处理的前提依然是明确产品定位或产品主题。

1.品牌类网站

品牌类网站将品牌情感、品牌理念通过视觉图形图像进行符号化表达。图形图像通过社会共同符号系统（共同语境）来传递品牌价值，也可以通过特殊符号传递品牌独有的故事。

（1）图形图像符号与语境。

如图7.45，在“可口可乐”澳大利亚官网（https://www.coca-colacompany.com/au/）的一张主图中，既没有产品，也没有品牌Logo，只有一片洁净的沙滩和海水。这种由图像营造的氛围传递了社会环保理念，在消费者心中植入了企业心系社会的负责形象。

图7.45　可口可乐与环保

(2)图形图像符号与品牌故事。

图形图像设计的一般形式是借助现有符号将思维的过程及结论传递给受众,达到劝说、指导的目的。要想更为准确地传递信息,必须要挑选、转换、组合甚至再生图形符号。独特的符号与品牌的紧密结合可以显著增加品牌在受众心中的占有率。如图7.46所示,在“路易威登”官网(https://www.louisvuitton.cn/zhs-cn/homepage)的“顾客服务”页面中,使用了品牌专属的LV轮船、热气球、旅游箱包等符号,将“有LV做伴的轻松愉悦的旅行场景”烙印在消费者心中,通过特有符号传递了品质、精致、舒适的“LV”旅行哲学。

图7.46　“LV”的旅行哲学

(3)图形图像符号与节日营销。

如图7.47,“可口可乐”美国官网(https://www.coca-colacompany.com/)在圣诞节期间运用圣诞老人和圣诞节这两个文化符号,结合可口可乐深入人心的红黑配色,营造出品牌专属的圣诞节氛围,推行可口可乐圣诞礼盒产品。

图7.47　可口可乐的圣诞广告

2.交通旅行类网站

如图7.48所示，“马蜂窝”网站(http://www.mafengwo.cn/)在首页中首屏的图片占比为80%左右，图片采用轮播的形式，既有风景、也有美食，充分体现出该网站的旅游主题。

图7.48　“马蜂窝”网站首页

3.企事业类网站

如图7.49展示的是“岳阳市人民政府”网站首页(http://www.yueyang.gov.cn/index.html)，政务网站对专业性和功能性的要求较高，需要简明干练地向用户传递视觉信息，因此多使用直观的图像，网页的背景往往也会体现出地方特色。

图7.49　“岳阳市人民政府”网站

4.新闻类网站

新闻类网站以文字阅读为主，因此网页设计的目的是让用户更方便地查找新闻和阅读文字。这需要合理安排各个新闻栏目版块的布局，方便内容分类；每个版块设计要井然有序，页面字体的字号和行间距也要通过深入分析用户阅读感受后选用最为合理的数值，以达到最舒适的阅读体验。如图7.50所示，今日头条的官网(https://www.toutiao.com/)排版简单，只有顶部的动态地球图像呈现，并且图像并非主要部分，主体还是新闻标题和内容本身，图像只是起到一个辅助作用。并且整个网站的色调以白色、红色为主，与网站标识相呼应。

图7.50 今日头条

5.设计师网站

如图7.51所示，设计师Robby Leonardi将个人网站(http://www.rleonardi.com/)需呈现的内容整合到一个横版游戏的不同场景中，使用二维像素游戏图像，浏览时连贯而且有趣。

图7.51 设计师网站示例

二、移动端图形图像设计示例

本部分主要以APP图标设计和手机媒体图形图像应用为例。

（一）APP图标设计示例

图标是具有高度概括性的、用于视觉信息传达的图形图像，它将某个概念转换成清晰易读的图形图像，从而降低用户的理解成本，提升界面的美观度。在数字设计领域，图标作为网页或用户界面中的象形图和表意文字而存在。随着扁平化设计风格的普及，图标的风格也越来越简约。

1.图标的类型

APP中的图标类型很多，常见的有线性图标、面性图标、线面结合图标、拟物化图标、轻质感图标等。

（1）线性图标。

线性图标通过线条来塑造轮廓。考虑到手机界面有限，APP图标尺寸不宜过大，常用的APP图标设计线的粗细一般有2像素或3像素，细线精致，粗线厚重。同时，又有“线+单色”“线+渐变色”等多种设计组合，如图7.52所示。

图7.52　线性图标示例

（2）面性图标。

面性图标以面来塑造形体，一般多采用剪影的设计形式，通过线或者面去切割基础轮廓面，通过分型来塑造图标的体积感。同样，面和色彩、面和透视等又构成不同的面性图标形态，如图7.53所示。

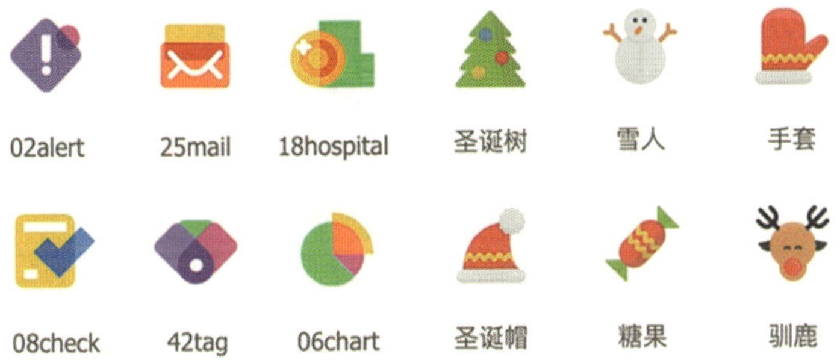

图7.53 面性图标示例

(3)线面结合图标。

线面结合图标相较于线性图标或面性图标更加丰富,趣味性也更强,设计效果更好。当线面结合与其他设计样式进行组合时,又有线面+透视、线面+渐变等组合,如图7.54所示。

图7.54 线面结合图标示例

(4)拟物化图标。

拟物化图标在桌面端很常见,在移动端发展的早期也广泛应用,通过细节和光影还原现实物品的造型和质感,给用户极强的代入感,能快速领会图标表达的意图。但拟物化图标可能导致用户过于关注图标的装饰性,而忽视信息本身的问题,因此逐渐被扁平化图标所取代,如图7.55所示。

图 7.55　拟物化图标示例

(5)轻质感图标。

轻质感图标主要采用轻投影、轻渐变的方法进行设计,视觉元素较为单一,层次比较简单,色彩应用素雅,具有一定的立体感,能带来轻盈、简洁、精致的感觉,如图 7.56 所示。页面设计中,轻质感图标一般应用于面积比较大的区域。

图 7.56　轻质感图标示例

2.图标的风格

图标也有不同的风格,风格差异显现出不同性格,既有粗犷型、活泼型、商务型,还有精致型图标。

(1)粗犷型图标。

粗犷型图标的线条一般较粗,且拐角为直角,饱满而刚正,比较适用于潮流时尚、有格调的产品中。如图 7.57 所示,"VSCO"APP 的底部标签栏的图标全部采用了粗线条的直角设计。

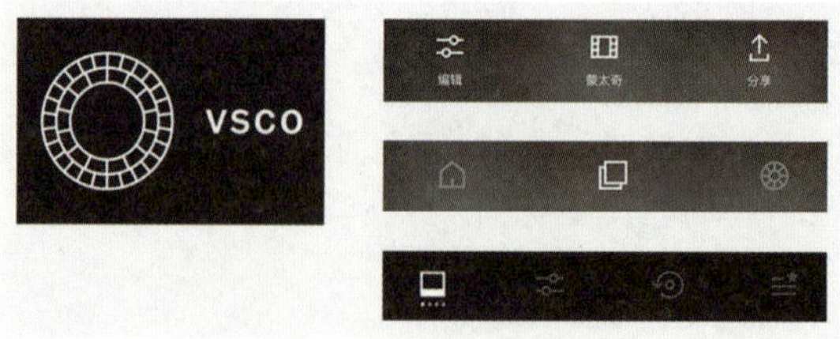

图 7.57　粗犷类图标

如7.58所示，“MONO” APP将其名称中的4个字母分别作为4个图标标签的主要设计元素，线条简单容易理解。

图7.58 MONO

(2)活泼型图标。

活泼型图标和粗犷型图标线条都较粗，但活泼型图标的拐角却是圆角，给人温暖、舒适容易接近的感觉，比较适用于电商、社交、母婴、二次元、娱乐、直播、美食等APP产品中。如图7.59所示，“闲鱼”APP不管是在Logo处理还是在APP内部的图标处理上都采用了粗线条的圆角设计。

图7.59 “闲鱼”APP中的活泼型图标示例

如图7.60所示，“盒马”APP的图标提取了盒马品牌的吉祥物的外形并做了风格化处理，给人以灵动感和亲切感。

图7.60 “盒马”APP中的活泼型图标示例

(3)商务型图标。

商务型图标设计使用较细的线条且拐角多为直角，规矩、严谨，值得信赖。该类图标比较适用于新闻、政府、商务、工具类的APP产品中。如图7.61所示，工具类APP“思维导图”的工作按钮就非常简洁，工程味很浓。

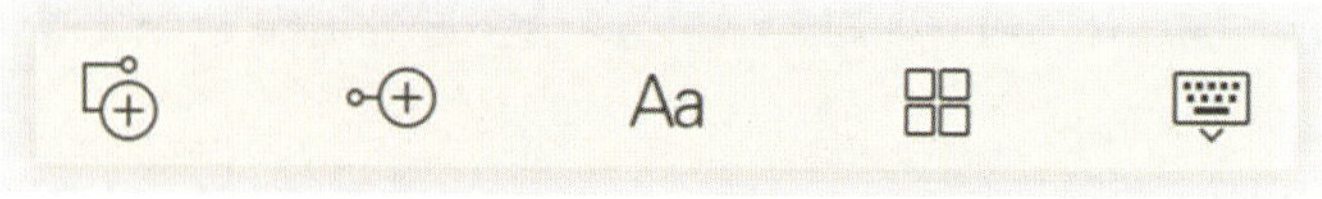

图7.61 “思维导图”APP中的商务型图标示例

如图7.62所示,“懂车帝”APP直接提取其品牌色作为图标设计视觉元素,加上比较刚直的线条处理,使得整个图标精致、有活力,也营造了商务范。

图7.62 “懂车帝”APP中的商务型图标示例

(4)精致型图标。

精致型图标和粗犷型图标相反,线条较细且拐角为圆角,干净、柔和且具有高级感。该类图标比较适用于旅游、奢侈品、艺术等垂直领域的APP产品中。如图5.63所示,“Airbnb” APP就采用了精致型图标,营造出温馨的感觉。

图7.63 “Airbnb”APP中采用的精致型图标示例

如图7.64所示,“虎牙直播”APP将其品牌的卡通形象的外轮廓融入首页图标设计,整套图标显得细致柔和。

图7.64 “虎牙直播”APP中采用的精致型图标示例

如图 7.65 所示,“QQ 音乐”APP 的图标设计也属于精致型,绿色配色还呼应了品牌色。

图 7.65 “QQ 音乐”APP 中采用的精致型图标示例

(二)移动端图形图像应用示例

移动端图形图像的应用相较于桌面端应用更为谨慎,但可以通过使用一些技巧方法来缓解这种局限。

1.圆角图片的使用

如图 7.66 所示,“黄油相机”APP 作为定位于年轻女性群体的滤镜、图片与文字的编辑工具型应用,在图像呈现上多使用大圆角和轻柔可爱的色彩与图案,给人轻快活泼的年轻活力感。

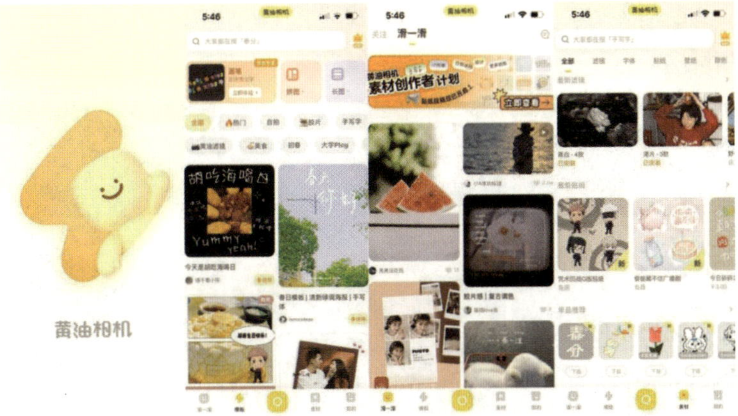

图 7.66 “黄油相机”APP 中圆角图片的使用

如图 7.67 所示,“Pins” APP 是一款针对年轻女性群体主打漫画风格背景与少女心调色滤镜的应用。该应用中多采用粉嫩可爱的图像设计,同时使用小圆角增加时尚感,色彩搭配非常和谐。

图7.67 “Pins”APP中圆角图片的使用

2.复古氛围营造

如图7.68所示,“FIMO” APP是一款复古胶卷相机应用。该应用在图标上还原了各类不同样式的老式胶卷,同时图像边框设计也采用老式相机的形状,沉浸式为用户提供了复古风的体验。

图7.68 “FIMO”APP中复古氛围营造示例

3.时尚气息传播

如图7.69所示，ZARA作为时尚品牌，其APP采用全画幅轮播图，产品简介以图片为主，只辅助简洁的文字加以说明，图片的色彩、构图和排版营造出和谐感和高级感。

图7.69 “ZARA”APP中时尚气息传播应用示例

如图7.70所示，“Gucci” APP中的图像设计处处体现着与品牌调性相符的、色彩跳脱且大胆张扬的复古美学。

图7.70 “Gucci”APP中的图形图像使用示例

知识回顾

图形图像有着文字所无法比拟的魅力，它依靠优美的造型、巧妙的构图以及鲜明的色彩就能直观、形象地传播概念、信息和情感。值得我们深入研究。在应用这一视觉元素进行设计的时候，设计人员一定要将图形图像本身所具备的综合性、表现性等优势有效发挥出来，从而有效实现设计与艺术的统一。另外，对于视觉表达效果，设计人员同样需要重视不断强化其感染力，在图形图像设计期间对各个元素进行合理调控，图形图像布局与设计也应该要满足群众审美心理，让用户在使用新媒体产品的时候获得美术美感与视觉效果，从而有效发挥出图形图像视觉元素在新媒体视觉设计中的应用价值。

思考题

1. 如何在设计中充分利用点线面?

2. 桌面端与移动端图形图像使用有何异同?

3. 怎样设计出最符合品牌调性的图形图像?

第八章 新媒体文字设计

知识目标

1. 理解文字在视觉设计中的定义及作用
2. 熟悉桌面端及移动端常用字体的应用
3. 新媒体文字设计应该遵守的通用原则、桌面端原则和移动端原则

能力目标

1. 了解新媒体文字设计的通用原则及典型案例
2. 熟悉桌面端和移动端文字设计原则，并能结合案例进行简单分析

思维导图

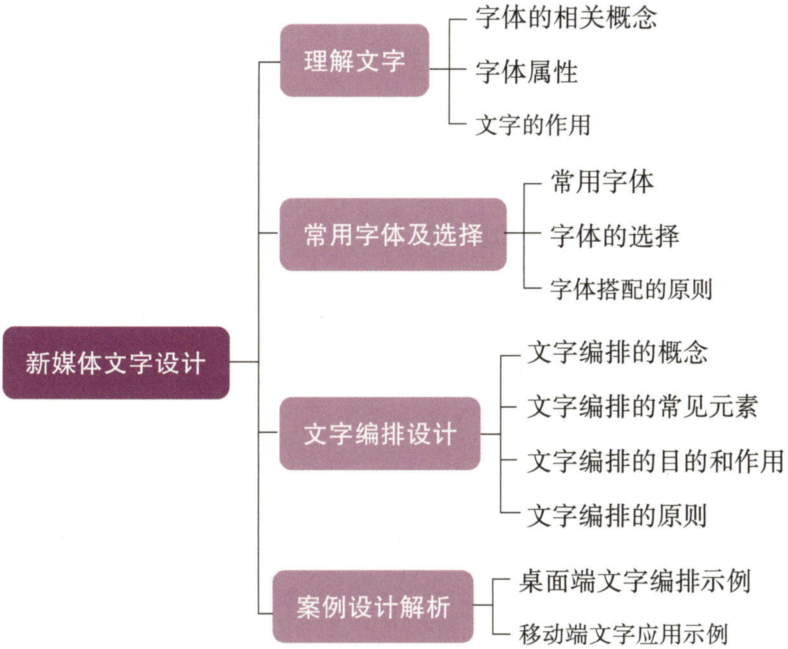

第一节　理解文字

文字与图形同属视觉符号，是视觉设计中最基本的设计要素之一。文字是人类文明进步的标志，是信息交流中使用最普遍的视觉符号，与社会、政治、经济、文化等具有密切关系。

在视觉设计中，文字具有信息传播和审美两大功能。文字不仅可以传达意义，更是一种高雅的艺术表现形式。文字作为信息传递的图形符号，自身就具有构成编排的价值，如图文的编排在形式上具有高度理性化、功能化和几何化的特点。

字体是文字在具体设计应用中的体现，是视觉设计中的基础手段之一，是页面设计的基石，是布局中最重要的元素之一。字体的选择，文字的大小，字距、行距的确定，对称、旋转、错位等排列方式，造就了多角度、丰富的视觉空间。字体设计的表现形式是由文字与内容的关系构成，信息不同内容特点就存在差异，决定了表现形式的多样化。字体设计既是独立的设计类别，也广泛应用于其他的设计中，直接影响到用户的浏览体验。

一、字体的相关概念

文字作为视觉设计中最重要的视觉要素之一，被广泛应用于各种新媒体产品情境中，对文字的理解可以从它的具象形态字体来深入。字体通常也包含了诸多概念，如字形、字型和字体等。

（一）字形

字形是指单个字的形体或是字体的骨骼，包括外形、形体或写法。同一字可以有不同的字形，而不影响其表达的意思，例如汉字中的“令”字，最末两笔在实际书写中会略有区别，如图8.1所示。

图8.1　欧阳询和赵孟頫写的“令”字

（二）字型

字型是指字的粗细、宽度和样式，是一套具有同样风格和尺寸的字型。有时字型和字体的概念也在混用，指书写、印刷或显示文字的不同美术风格。如图8.2所示。

图8.2　方正古隶繁体字型

（三）字体

字体是指一整套的字型，一个或多个字型的多尺寸的集合。如图8.3所示，“方正古隶繁体”字体中包含了所有宽度（12pt、18pt、24pt等）的字型。

图8.3　方正古隶繁体字体

二、字体属性

字体属性包含了包括族类、字族、字体结构、字号、字重、字符样式和其他属性等。

(一)族类

字体族类就是不同的字体类型，一般又可以分为衬线字体、无衬线字体、等宽字体、草书字体和梦幻字体。

1.衬线字体(Serif)

衬线字体一般在笔画起始和末端有额外的装饰，且笔画的粗细也有不同，是一种适合阅读的字体。常见的衬线字体有宋体、Times New Roman、Georgia等。衬线字体主要用于桌面端文字阅读类(书籍、新闻)场景，在移动端设计中较为少见。

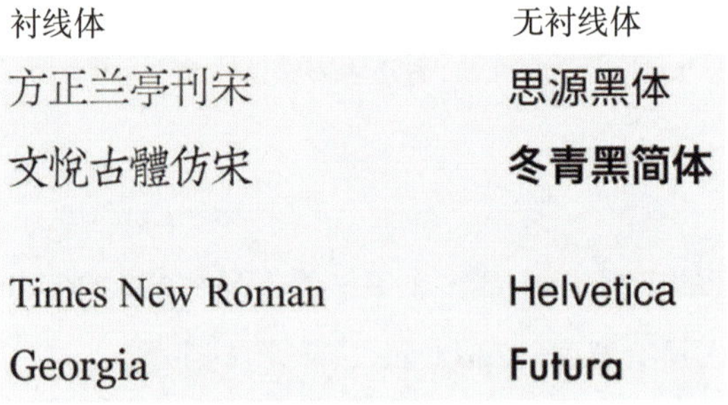

图8.4　衬线体与无衬线体

字体族的选择会影响用户对内容的可信度。实验表明，传统的衬线字体比梦幻字体的可信度高①。

2.无衬线字体(Sans-serif)

无衬线字体的笔画没有额外的装饰，且笔画粗细相当。与衬线字体相比，无衬线字体给人更为休闲轻松的感觉。常见的无衬线字体有冬青黑体、思源黑体、Myriad等，这些字体均可作为移动端的默认字体使用。

---

① 2012年，古怪的纪录片制作人Errol Morris和《纽约时报》进行了一个测试。测试内容是让读者判断一系列的语句是真是假；每一个被测试者仅凭不同的字体去评判简单语句的可信度，例如“金的原子数为79”就被不同字体的选择影响。测试结果表明传统的衬线体比如Baskerville更有可信度，而Comic Sans可信度就较低。

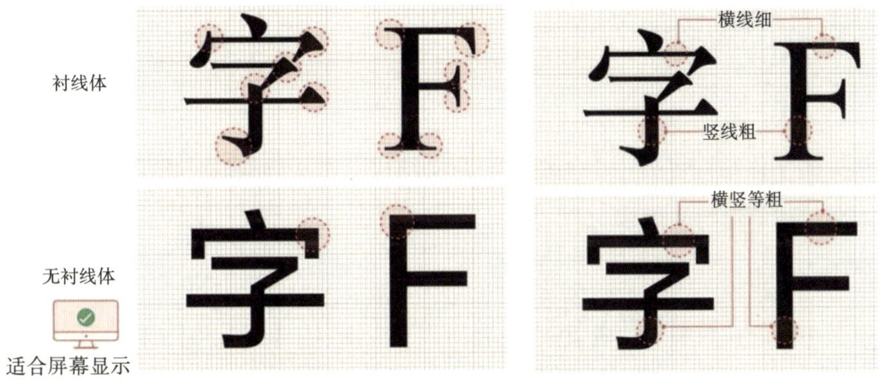

图 8.5　衬线体与无衬线体的区别

3. 等宽字体(Monospace)

等宽字体中的每个字符设置了相同字距,其优点是可以很好地控制排版对齐,能快速精确地定位到某行某列,因此经常用来显示代码。常见的等宽字体有:Courier、Courier New、Consolas、Andale Mono 等,如图 8.6 所示。

图 8.6　等宽字体

4. 草书字体(Cursive)

草书字体相当于手写体。比较典型的有:Caflisch Script、Adobe Poetica、方正黄草、华文行草等。

5. 梦幻字体(Fantasy)

梦幻字体主要用在图片中,是充满艺术气息的字体。比较常见的有:WingDings、WingDings 2、WingDings 3、Symbol 等。

总体而言,字体族一般分为两个大类,即衬线字体(Serif)和无衬线字体(Sans-serif),而这两大类下又可以分草书字体(Cursive)、梦幻字体(Fantasy)和等宽字体(Monospace)。

(二)字族

一个族类包含不同的字体,然而一个字体又可能有多种字族。基本字族包括细体

(Thin)、标准(Regular)、粗体(Bold)、斜体(Italic)等。

(三)字体结构

常见的字体结构可分为中文结构和西文结构。中文结构的字由笔画组成,西文结构的主要组成单位则是线。

1.中文结构

中文字体的构成相对比较复杂,主要由横、竖、撇、捺、折、点、提、勾等笔画组成。笔画之间的组成和相互关系形成了不同的文字。如图8.7所示。

图8.7　中文结构中的笔画

中文以汉字为主,汉字数量众多,笔画不等,空间排布对字形极为重要。字体的间架结构可分为两类:单体字和合体字。单体字是指一个偏旁单独构成的字,如图8.8所示。合体字是指两个或两个以上偏旁组合成的字,如图8.9所示。

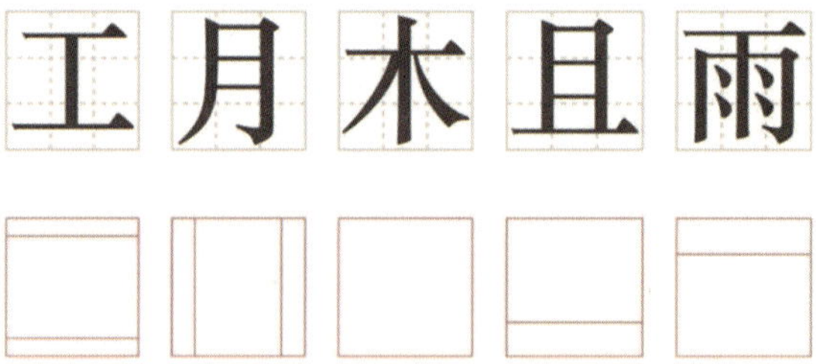

图8.8　单体字的间架结构

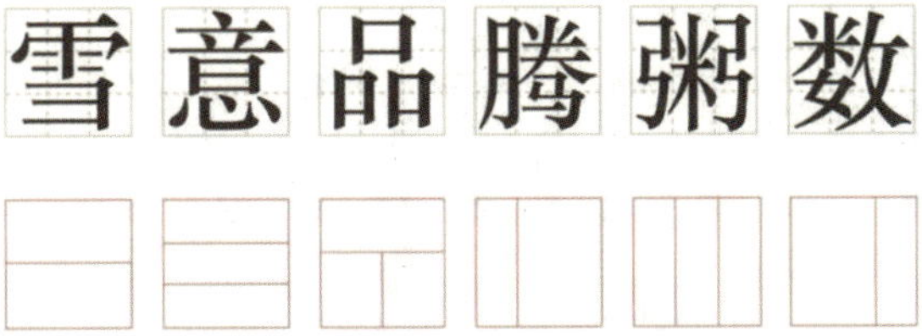

图 8.9　合体字的间架结构

此外,汉字字形还存在很大差异,字形有时会产生视觉大小变化。因此,在字体设计中需要做出微调。其中,顶格、缩格和出格等就是针对不同结构的字体笔画特征进行的微调形式。经过微调处理后,字体看起来会更加均衡、等大及视觉上更完整,如图 8.10 所示。

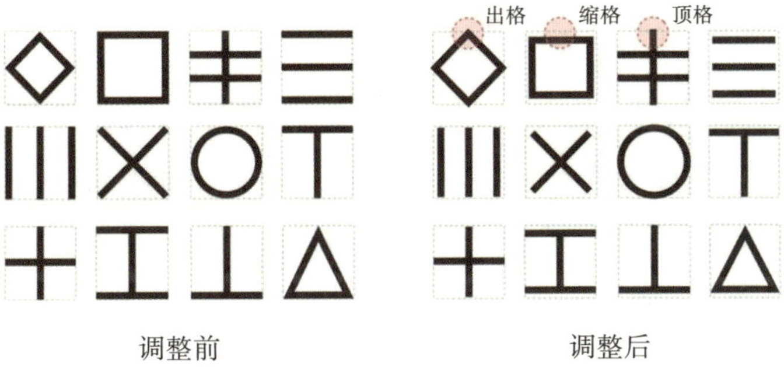

图 8.10　调整前后的字形简图

2.西文结构

西文中最常用的是拉丁文,而英文又是拉丁文中较为常见的,所以这里我们用英文为例进行介绍。英文的字体结构由 4 条平行线控制组成,即上缘线、主线、基线和下缘线,如图 8.11 所示,有时还有大写线,如图 8.12 所示。其中,“基线”是整个英文字体设计的基准线,绝大多数字母的立脚点都在这条线上,除字母“g、j、p、y”外。英文 26 个字母结构多种多样,4 条平行线的位置也会发生改变。主线和基线之间的高度即字体的基本字高(X-height),它指一个字体中小写字母的 X 高度。上缘线和主线之间的内容称为升部,下缘线和基线之间的内容称为降部,如图 8.12 所示。“b、d、f、h、i、j、k、l、t”等字母会占用升部,而“g、j、p、q、y”等字母会占用降部。

图 8.11　英文字体结构

图 8.12　升部与降部

（四）字号

字号是字体的高度，就是字体大小，不同平台字号规范不同。在桌面端通常用“px”作单位，而在移动端，iOS 系统中的字体单位是“pt”，Android 系统中的字体单位是“sp”。“px”和“sp”的换算公式如下：

px = sp×ppi÷160 ，sp = px ÷（ppi÷160）

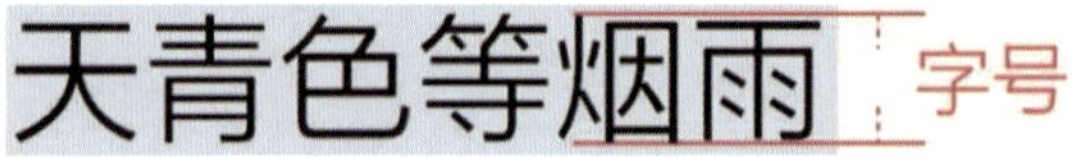

图 8.13　字号

在视觉设计中，字号大小决定了信息的层级和主次关系。合理有序的字号设置能让信息清晰易读、层次分明，提升阅读体验。以 iOS 系统为例，正文字号不应小于 11pt，建议在 14~18pt 之间。需要注意的是，在使用较大字号的字体来获得更好的易读性的同时，应相应地减小字体的字重，建议采用 Light 或 Thin，避免重字重影响其他内容的显示效果。

（五）字重

字重是指字体笔画的粗细，不同字重可以传递不同的视觉感受。字重一般会体现在字体家族名后，以 Thin、Light、Regular、Blod、Black、Heavy 等表示。不同的字体厂商划分字重各有不同，如图8.14所示为苹方字体的6种不同字重。

图8.14 字重影响字体视觉观感

一种字体一般都有细体(Thin)、正常(Regular)、粗体(Heavy)三种基本字重。轻字重会传递出轻盈放松的视觉感受，常配合粗的字字使用，在一些辅助信息、说明文案时候使用；重字重则视觉感受庄重，常用在重点强调的文字、页面大标题、数字、引导行动操作点上等。在页面布局中，同一种字体有可能会在标题、正文、说明注释等不同内容下使用。在应用场景上，通常“细体”会使用超大号字，“正常”用于正文内容，而“粗体”多用于标题，表示强调。如图8.15所示，“百度网盘”APP的“发现”页中就使用了三种字重以拉开信息层次对比。

图8.15 “百度网盘”APP的“发现”页中使用的不同字重

(六)字符样式

字符样式主要有带下划线的、删除线的字符样式。带下划线的文本一般出现在文字按钮或链接、网址上，目前较为少用。而带删除线的文本一般会出现在商品橱窗的标价的位置上，如图8.16所示。

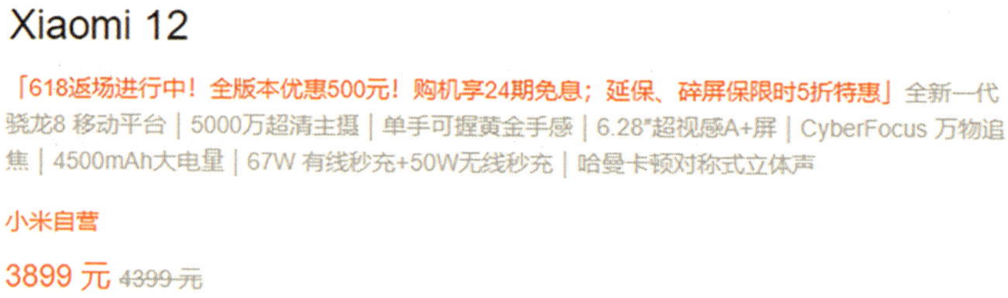

图 8.16 使用带删除线的字符样式示例

（七）其他属性

除以上属性外，字体还有字符选项（Text options）、全角与半角（Full-width and half-width）及字色等属性。字符选项包括大小写、全部大写、全部小写和小型大写字母、上标、下标等。纯大写的字母文本不太适合大篇幅使用，会加大阅读障碍，如果要用，则需要增大字母字间距，提升可读性。通常情况下，英文字母、数字、符号等都是半角字符。字色即文字对应的颜色。尽量不用纯黑色和纯灰色。纯黑色没有活力，会使用户陷入消极极端情绪，还会与白色产生强烈对比，久读易产生疲劳，让用户产生焦虑情绪。

三、文字的作用

文字是媒体信息最主要的载体，在页面设计中举足轻重。文字表现的好坏直接影响到整个页面的质量。文字的作用主要表现在两个方面。

1.作为信息载体

文字具有最佳的直观传达作用以及最高的明确性，不至于因信息不明确而失去主题的传达目的。

2.审美作用

文字除了作为语言信息的载体，还是具有视觉识别特征的符号。文字作为图形符号，在处理文字造型时也适用图形设计的基本原理。有效的文字设计和编排有助于提高信息的明确程度与可读性，加强界面的艺术性和视觉感染力。

第二节　常用字体及选择

本节主要介绍新媒体视觉设计中的常用字体，如何进行字体的选择，以及如何进行字体的搭配。

一、常用字体

常用字体包括中文字体和英文字体，都是新媒体视觉设计中使用最广泛的字体类型。

（一）中文字体

中文字体非常丰富，每种字体都各具特色，对其特征的理解有助于确定其具体的应用场合。

1. 黑体

广义上说，没有衬线的字体通常都可以称为黑体，黑体是对字面呈正方形、笔画横平竖直且等粗类字体的统称，又被叫作方体或等线体。

黑体本身适用的范围较广，可塑性强，是很多艺术字体的源字体。由于其醒目、结构清晰、简洁有力等字形风格特征，使其识别性、适用面、视觉效果都较好，应用中能使页面显得庄重醒目并富有现代感，适用于各种正式、严谨的场合。

笔画较粗的黑体具有男性特点，醒目、粗犷、硬朗、具有力量感，视觉冲击力很强，能快速吸引受众的眼球，非常适合广告语字体，常用在体育、汽车、游戏、电器、建筑等行业。笔画较细则有女性特点，简约、高雅而细致，适用于服装、化妆品、食品等行业。

黑体
方正正大黑简体
微软雅黑

图 8.17　常见黑体展示

2.宋体

宋体笔画横平竖直，横细竖粗，棱角分明，结构严谨，整齐均匀，有极强的笔画规律性，人在阅读时有一种舒适醒目的感觉。

笔画较粗的宋体适合用作标题或副标题，笔画较细的宋体拥有很高的阅读性，主要用于正文排版。宋体优雅古典、端庄秀丽，用于时尚类、文化类设计时，会体现出精致的美感和独特的人文气质。宋体也适用于具有女性特征的时尚、服装、化妆品等行业和具有文化、历史感的设计风格中。

宋体
华文中宋
方正粗黑宋简体
方正大标宋简体

图8.18　常见宋体展示

3.圆体

圆体由黑体演变而来，笔画的拐角处和其末端为圆弧状。圆体还衍生出大量富含趣味性和活泼感的卡通字体。

圆体适合于可爱活泼场景的设计中，针对需要体现亲和力的儿童、女性、宠物类产品、休闲食品、家居用品等时具有不错的表现力。

方正细圆简体
方正准圆简体
汉仪细圆简体
汉仪中圆简体
汉仪粗圆简体

图8.19　常见圆体展示

4.书法字体

书法字体是非常具有个性的字体，具有丰富的表现力和艺术感染力。书法字体各具特色，或潇洒流畅、泼墨自如；或清新儒雅、端庄秀丽，但都富有节奏感和韵律美，具有极强的视觉冲击力，能够为画面增添无穷的魅力。书法字体是书法艺术的缩影，恰当运用会给人以极高的审美境界，远超艺术字体。

书法字体自身带有律动韵味、艺术气质和人文气息，常用于体现传统文化的中国风设计中，以及艺术感强的历史文化页面中。适用于需要营造古典文化的茶、酒等产品，和需要体现风雅韵味、大气磅礴的地产、电影海报等设计中。

方正启体

方正黄草

方正字迹-吕建德行楷

方正字迹-曾正国楷体

图8.20　常见书法字体展示

此外，还有楷体、仿宋体、美术体等。楷体字型柔和悦目，间架结构舒张有度，可读性和识别性均较好，适用于较长的文本段落，也可用于标题。仿宋体笔画粗细均匀，秀丽挺拔，有轻快、易读的特点，适用于文本段落；因其字形娟秀，力度感差，故不宜用作标题。美术体是在宋体、黑体等规范字体基础上变化而成的各种字体，如综艺体、琥珀体；美术体具有鲜明的风格特征，不适于文本段落，也不宜混杂使用，多用于字体级数较大的标题，发挥引人注目，活跃界面气氛的作用。

（二）英文字体

英文字体由于单款字体包含的字符数少，一旦设计风格形式确定，整套字体的设计会较为快捷，因此英文字体相对于中文字体而言样式更为丰富。

1. Helvetica Neue字体

Helvetica Neue字体属于现代主义风格字体，整体偏中性。字体末端严格保持横平竖直，性格严谨、保守，没有任何的修饰，适合不同分辨率的显示器。该字体是Helvetica

字体的升级版本，拥有更多的字重，更易于不同场合的应用。字形则相对偏胖，笔画更清晰，而且小字号的情况下可读性也很高。

图 8.21　Helvetica Neue 字体

2. Arial 字体

Arial 字体同样是一款无衬线字体，伴随微软的应用软件开发。该字体是 Monotype Grotesque 系列字体的衍变，比例及字重和 Helvetica 字体很相似。该字体在具体细节上做了一些细微的调整，适合作为显示字体使用，在电脑屏幕的不同分辨率下具有不错的可读性。

图 8.22　Arial 字体

3. DIN 字体

DIN 字体属于 Neo-Grotesque 系列，是一款历史悠久的字体，普遍应用于德国各种交通标志、路牌、门牌和车牌上。该字体字形瘦长，无衬线，适合显示字号稍大的竖长数字。DIN 字体在各种设计领域都被广泛地使用。

图 8.23　DIN 字体

拉丁字母字体大都包含字幅（正、长、扁）、黑度（细、粗、超粗）、直斜的变化，因而由一种基本字型可以变化出多种具有相似特征的同族字体，这些字体统称为“字族”。同一页面中字体应尽量使用同一字族字体，以保证界面明确、统一。

在计算机字库中，标识字体特征的大多采用缩略语，如 Cn（Condensed，长体）、Ex（Expanded，扁体）、Lt（Light，细）、Med（Medium，中粗）、DemBol 或 Dm（DemiBold 半粗）、Bd（Bold，粗）、XBd（Extra Bold，特粗）、It（Italic，斜体）等。

二、字体的选择

在了解字体的风格特点后，设计者可以根据字体选择的基本原则，从多个维度考察选用特定字体用于设计。在互联网产品的页面设计中文字使用首先要考虑字体，其次是字重、字号、行高、字间距、行间距、段间距等。

正确选择字体将有助于：提高阅读效率和舒适度；提高品牌知名度和辨识度；增强设计感提供更好的视觉体验。

（一）字体选用的总原则

文字的作用表现在两个方面，其一是作为页面信息的载体，其二是提升页面的审美。字体是文字作用的直接反映。作为页面设计最基本的元素之一，字体的科学选用和搭配能够保证信息具有优秀的易读性、可读性，提升用户的阅读体验及工作效率，也能够改善页面整体的美感。

1.优先使用各操作系统默认的字体

考虑到页面设计内容一般都是通过计算机各种浏览器来承载显示的，而浏览器显示字体是直接读取用户操作系统里的字体。因此，页面中用于显示的字体，特别是篇幅较大的长文本，应尽量选择系统默认字体，确保显示效果的稳定性。

表 8.1　主流操作系统的默认字体

显示端	系统	默认英文字体	默认中文字体
桌面端	Windows	Segoe UI	微软雅黑（Microsoft YaHei）
	macOS	San Francisco（SF Pro）	苹方简（PingFang SC）
	Linux	无衬线字体（如 Arial、Helvetica、Verdana 等）和衬线字体（如 Times New Roman、Courier New 等）	思源黑体（Noto Sans CJK）等

续表

显示端	系统	默认英文字体	默认中文字体
移动端	iOS	San Francisco(SF Pro)	苹方简(PingFang)
	Android	无衬线字体(如Droid Sans等)	思源黑体(Noto Sans CJK)

注意:很多系统的默认字体会因为版本、设备制造商以及地区设置的差异而不同。

2.优先使用已购买版权的字体

在日常设计中,需要优先使用已购版权的字体,或者选用明确可以免费使用的字体。一般情况下,版权字体由专业字体设计公司设计制作,字体本身质量较高,有些更是属于经典产品,这些字体笔画严谨、清晰可读,也适合作为页面呈现的字体使用。

版权字体的获取可自行购买或通过第三方平台协助购买。购买了版权的字体也有用途限制,需要根据版权协定的范围合理使用。

3.选择宽容度高的显示字体

用户在页面浏览时,其使用的设备是多种多样的,特别是设备的显示终端或大或小,分辨率也存在差异。另外,多数用户界面需要使用到大小不一的文本元素,如标题、正文、按钮、标签、表单等。根据用户实际使用情境,字体选择时应该确保在不同尺寸、不同字重的情况下,都能具备良好的可读性。

图8.24 各种尺寸下都能良好显示的字体

(二)其他需要考虑的因素

字体选择过程中,除了字体本身的因素外,还需要考虑字体呈现的其他影响因素,如浏览器、受众因素及产品的整体调性等。

1.浏览器因素

用户对网络信息的获取,特别是文字内容的感知往往通过计算机浏览器直接读取用户操作系统里的字体来呈现的。由于不同浏览器对文字的渲染方式不同,因此浏览器是影响字体选择的因素之一。据市场调研机构NetMarketShare发布的2020年7月浏览器市场份额的最新数据显示,Chrome市场占有率已达到71.11%。

表8.2　浏览器市场占有率①

浏览器	占有率
Chrome	71.11%
Edge	8.09%
Firefox	7.36%
Internet Explorer	4.23%
Safari	3.36%
QQ浏览器	1.75%
Sogou Explorer	1.49%
Opera	1.06%
Yandex	0.98%
UC浏览器	0.25%

2.受众因素

受众因素或用户因素也是影响字体选择的重要的因素之一。在选择字体的时候,设计者需要考虑到受众的喜好和接受习惯,并根据目标受众的需求选择合适的字体。

(1)笔画纤细、柔和的字体较为适合女性受众。

① 数据来自NetMarketShare于2020年7月发布的浏览器市场份额报告。

(2)笔画粗壮、刚硬的字体则较为适合男性受众。

(3)笔画活泼、圆润的字体,比较适合儿童用户。

(4)古朴、历史感的字体,则比较适合老年用户。

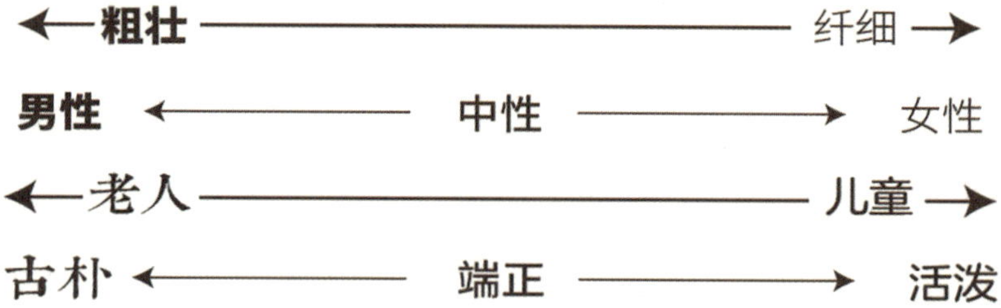

图8.25　字体的目标受众

3.项目调性因素

字体选择和页面设计的气质一般都是相符的。在确定字体前需要知道项目调性是什么,根据页面具体风格来选择相应类型的字体。

(1)表现男性、商业、现代、科技,可以优先选择黑体。

(2)表现优雅、端庄、文化、艺术,可以优先选择宋体。

(3)表现可爱、活泼、轻松、休闲,可以优先选择圆体。

(4)表现中国文化、古典、传统,可以优先选择书法体。

4.行业因素

每个行业或产品,都有固定的气质,不同的字体也有不同的特点,选择的字体需要和行业或产品属性相吻合。

(1)体育、汽车、游戏、电器、建筑等行业,较适合使用黑体。

(2)时尚、服装、化妆品等行业,较适合使用宋体。

(3)儿童、女性、宠物、食品等行业,较适合使用圆体。

(4)茶、白酒等要体现传统文化的行业,较适合使用书法字体。

三、字体搭配的原则

新媒体视觉设计中一般会应用多种字体,在具体选择时需要遵循一定的原则。

1. 限制字体数量

页面设计中，可以选择相对单一的字体，通过改变字体的大小、粗细、颜色或是装饰手法也可达到区分主次、引导读者阅读的目的。字体越少，对画面文字的编排布局就越容易掌控，画面也更容易协调统一。

当然，更多情况下页面中会用到多款字体。每一种字体都有自己的个性，如何保证页面中字体配置的合理和协调，一个有效的方式就是控制字体的数量，通过相同字体不同字重的组合达成页面和谐。当页面中字体类型超过3种时，页面会显得结构紊乱和不专业。

2. 建立视觉层次

通过字体的大小、粗细、颜色、文字间距和字间距等方式来展现不同层次的信息内容，引导视线，帮助读者避免视觉上的混乱，同时给版面带来阅读的层次感。

建立视觉层次首先要确定信息重要的层次，然后决定字体大小样式或组合与信息层次进行匹配。通常，重要的内容都是用大字号，粗体来表示的。

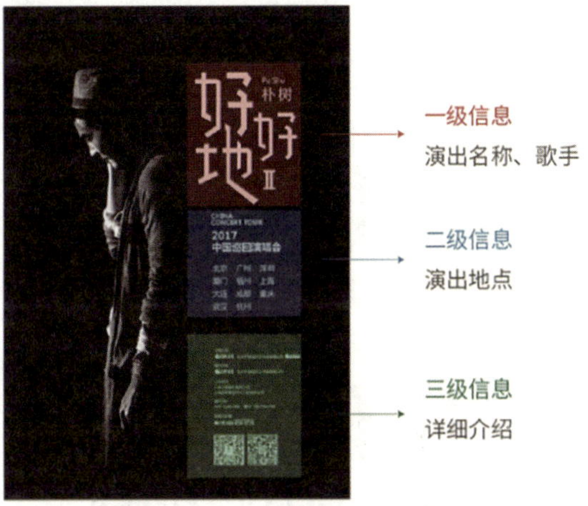

图8.26 字体配置和信息层次

3. 风格气质统一

字体协调搭配的一个基本原则就是选择气质相近的字体。字体自成风格，有的庄重，有的古典，有的现代时尚，有的实用，而有的注重精神象征。

使用同一字族里的字体是实现风格气质统一的一种简单方法。该方法符合“限制字体数量”的原则，也较易遵循“形成视觉层次”的原则，在字体搭配时通过字体大小、粗细、颜色等方式来营造信息层次感。

如果确实需要使用多种字体，务必要确保字体族之间能够互相补充、互相搭配。如图8.27所示，Georgia和Verdana两款字体在字体大小、宽度上都较为接近，搭配较为和谐。而Baskerville和Impact分别是衬线字体和无衬线字体，风格迥异，搭配起来显得有些突兀。

图8.27　多种字体搭配

4. 中英文字体搭配

中英文组合布局时，由于中英文风格差异较大，一般不会选用同一种字体，而是先确定英文字体，再根据英文字体的风格选择与之适配的中文字体。通常的搭配方法是用英文的衬线字体和宋体字对应编排，把英文的无衬线字体和中文的黑体字对应编排。这样的搭配方式最简单且安全，能较好实现风格上的统一。如图8.28所示，个性鲜明，富有时尚风格的方正风雅宋体和Didot英文字体的搭配效果（上图）明显好于方正风雅宋体本身的中英文配置（下图）。

图8.28　中英文字体搭配

未来字体设计

第三节 文字编排设计

新媒体视觉设计中，除了字体设计外还包括文字群组的设计，特别是在新媒体产品内容信息传播方面，文字群组的编排设计格外重要。

一、文字编排的概念

新媒体视觉设计中，页面信息根据重要程度进行了分层，文字在其中扮演重要角色。文字在页面中的存在一般都不是孤立的，而是通过多种字体、不同字重或其他的形式组合出现。文字编排就是解决文字间关系问题的手段，是在符合阅读或浏览逻辑的前提下对文字进行重新组合调度，并在结构及色彩上作整合安排的一种视觉传播方式。文字编排是通过对文字内容的把握，对承载文字信息的字体自身特性，风格气质的充分理解之上，利用结构优势，在有限的视觉空间内进行合理的位置调度和编排。

二、文字编排的常见元素

新媒体文字编排设计中也有一些常见元素，包括字间距、字偶间距、对齐方式、行高、行长和段间距等。

（一）字间距与字偶间距

字间距（Spacing）即字符间的距离，事实上是字符图形外边界框的尺寸和字符在方框中的位置的距离。

字偶间距（Kerning），或称字偶距，也叫作字距调整，是在字间距的基础上，为实现不同字偶（一对字符）可以有不同字间距的调整值。可以说，字偶距是字符间距针对特定字母组合的微调形成的距离。以字母“W”和“A”为例，由于两个字符字形的特性，当这两个字符排在一起时如果不调整两者之间的字偶距，视觉上就显得很远，会觉得不太正常。

图 8.29　字间距

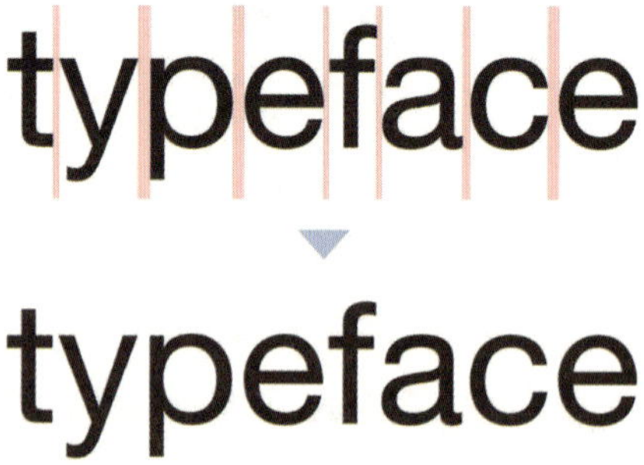

图 8.30　字偶距提升可读性

字偶间距一般不需要调整，只在对特定一组字符单独设计时才会考虑字偶距，以达到更协调的视觉效果，而在文本段落排版时则不需要。总之，字号越小，字距应该越大，行高也应该越大，否则阅读起来会很费力。

1.字间距形式

（1）标准间距。

标准间距即默认的字间距。使用标准间距是最常见、最稳妥的方法，但优秀的设计作品会根据字号、字重的不同动态调节间距参数，避免千篇一律。

（2）紧凑间距。

紧凑间距就是字符之间的距离向里缩进，在字符工具里的字间距数值为负数，一般在-5%~-30%不等。紧凑间距通常用在标题中。

（3）宽松间距。

与紧凑间距相反，字符间距向外扩大，在字符工具里的字间距数值为正数，一般在5%~30%不等。宽松间距通常用在正文中。

2.西文词距

西文中比较典型、常见的是英文。中英文在语义呈现上存在差异，中文单字成意，但英文则需要通过字符组合成单词才有特定的意义。因此，在西文阅读或编排时，视觉上的自然界限是词距而不是字距。如果排版时需要进行例如“两端对齐”的行内间距调整，中文可以直接调整字距，把调整量均匀地放到每个字间里；而西文却是调整词距，只能把调整量加到词距里，而单词内部的字距依然是保持字体设计师预设的原始字距，这是保证西文易读性的关键所在。

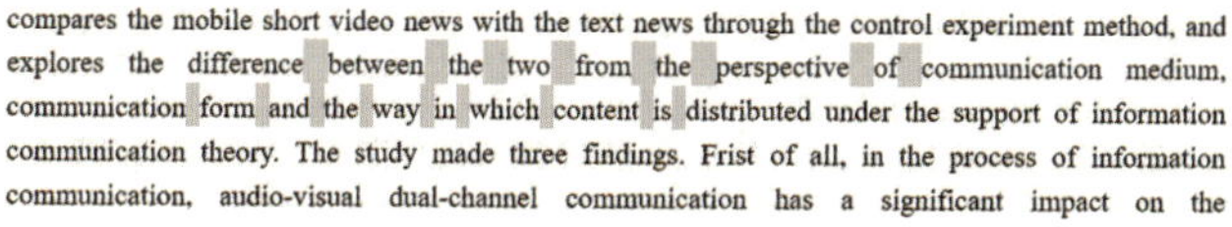
compares the mobile short video news with the text news through the control experiment method, and explores the difference between the two from the perspective of communication medium, communication form and the way in which content is distributed under the support of information communication theory. The study made three findings. Frist of all, in the process of information communication, audio-visual dual-channel communication has a significant impact on the

图 8.31　英文排版的词距调整

3. 标点避头尾

文字编排设计中，有些标点不能放在行首，如逗号、顿号、句号等；有的不能放在行尾，如前引号、前括号等。处理方式叫作“优先推出式”标点避头尾，通过将本行内的标点宽度进行挤压后，腾出了空间给本来排不到的逗号，确保了字间距的恒定。

（二）对齐方式

文本的对齐方向有左对齐、右对齐、居中对齐、两端对齐等四种对齐方式，如图 8.41 所示。文本对齐的标准是基于文本区域的边界决定的，只有设置固定的文本区域对齐才有意义。

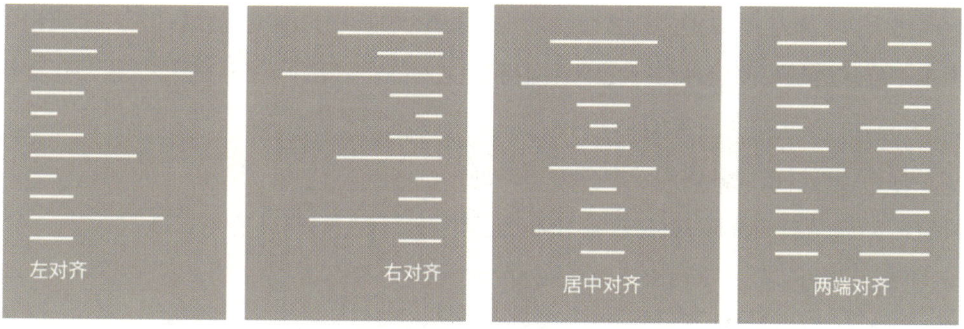

图 8.32　文本的四种对齐方式

（三）行高

行高是文字编排的基础参数，也是编排品质的决定要素之一。行高是一行文本垂直方向的高度，这个高度和字高无关，文字内容垂直居中，如图 8.33 所示。

图 8.33　行高

中文的结构属于方块字，没有基线，因此中文行高的计算方法是一行中文的最底部与下一行中文最底部之间的距离。中文因为字符密实且高度一致，所以一般行高需要较大，根据不同用户人群（儿童、年轻人、老年人）及使用环境，可设置为字体大小的 1.5~2 倍甚至更大。

英文行高可以测量一行英文的基线与下一行英文的基线之间的距离，参见本章第一节“西文结构”部分。

不管是标题、正文还是注释文字，行高都应适当，否则会导致阅读困难。总的来说，字号越大行高可以越小，字号越小行高应该越大。

（四）行长

受不同语言、字体、字形和字号的影响，行长也会不尽相同。一行的行长应为文字尺寸的整数倍，各行的位置尽可能头尾对齐。中文的一个字占两个字符位，英文一个字占一个字符位。标题的行长不超过 60 个字符，正文的行长通常在 40 到 60 个字符之间，最好不超过 110 个字符。在行长较大的区域中，包含最多 120 个字符的较长行将需要将行高增大。行长影响的主要是易读性。当行长较大时，用户浏览时容易串行，造成浏览困难。合理的行长使用户在行间跳转时感到轻快和愉悦，反之则会使阅读成为一种负担。

行长还可以按照具体需求划分为不同的段组。如果是新闻页面，就需要比较小的段组，页面过长可以划分为两个段组，一般在页面中较为常见的形式就是以标题加一个段组的形式进行排版的。如图 8.34 所示。

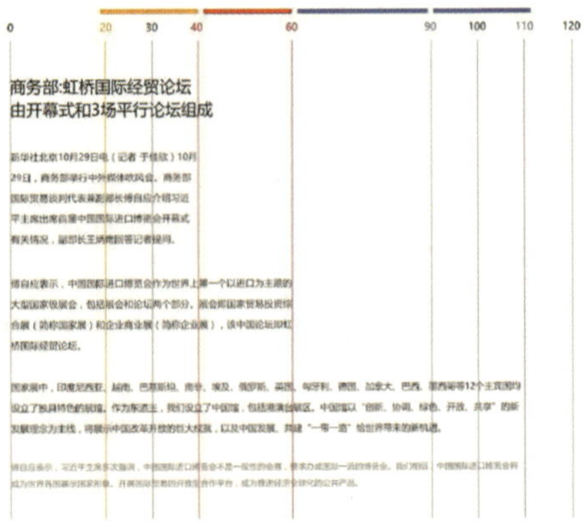

图 8.34　分段组控制行长

(五)行间距

行距是指临近两行之间的距离。合适的行距让用户浏览舒服,阅读效率提高,行距太紧凑会让内容挤成一团,无法正常阅读;行距太宽松会让内容松散,阻断了行的视线。

实际设计中,行距一定要大于字距,以免用户浏览时出现“串行”的问题。行间距的单位常常使用em,也就是根据字体大小来定义行距。根据W3C的建议,浏览器中默认行距应该在1.0~1.2em之间。中文Web上正文编排,大多采用1.5em的行距。如文字是12px大小,则行距一般设置为18px。文本字体越小,两行之间的行间距应该越大,确保字与行呼吸的空间。

(六)段间距

段间距即段落与段落之间的距离。段间距的设置可有效保持页面节奏,提升文本段落的易读性。段间距与字体、行高等相互关联。

正文段间距比较常规的做法是取一个空行,也就是一个行高。“段间距=行高+行间距”,如文本段落的文字是12px大小,行高为20px,则行高为18px,行间距为18px,段间距为36px。行间距越大,段间距就越大;行间距越小,段间距就越小,行距与段间距成正比。

(七)颜色与形式

不同的文字编排形式与文字颜色,也会直接影响文字设计与编排的效果。

1.颜色

对于颜色,在WCAG标准中,基于亮度和发光强度,将主体颜色和背景颜色的对比度分为1~21,用对比度来表示两个颜色之间的差异。

A级别3:1对比度,对于普通人的最小可接受对比度。

AA级别4.5:1对比度,对于老年人最小可接受对比度。

AAA级别7:1对比度,对于低视力的人群最小可接受对比度。

颜色对比值越大,内容越容易识别。颜色对比值可以借助一些工具进行计算,例如国外一家网站提供的Luminosity Colour Contrast Ratio Analyser[①]进行计算。

① 该工具的网址是https://juicystudio.com/services/luminositycontrastratio.php#specify

设计者可以通过颜色变化提升文字设计与编排的艺术性。如图 8.35 所示，Swab The World 网站（https://swabtheworld.com/en）的首页整体分为左右两个部分，左侧部分的文字和图片背景色形成呼应，右侧部分的文字颜色和左侧整体背景色保持一致。整个页面的左右和图文都形成了色彩对比，有效提升了页面的艺术性。

图 8.35　通过改变文字颜色来提升设计效果

2. 形式

不同的编排形式能带给受众不同的感受。尽管文字作为单一要素相对比较简单，但设计者可以通过多个文字群组的样式设计，实现艺术性编排，从而达到视觉设计的目的。如图 8.36 所示，该网站首页通过多组不同形式的文字编排方式打破了页面的完整，但各个文字组又相互迁就，彼此形成协调，最终达成页面的平衡。

图 8.36　多组文字编排达到平衡

三、文字编排的目的和作用

文字编排和字体设计存在差异，文字编排强化内容传播，既注重设计思想的传播，也强调内容和形式的统一，更强调视觉传达的整体性。

（一）文字编排的目的

文字编排的目的就是适应用户视觉习惯，运用文字的编排形式法则开展设计，使文字合理、清晰、完整地呈现，使信息内容分层次、更精确、更快捷地传播。为达成这一目的，文字编排首先要做到易于辨认，还要做到整个页面文字风格的一致，最后要在遵守法则的前提下注重创新。

（二）文字编排的作用

1.传播设计思想

文字是重要的思想载体，合理的文字编排设计有助于传播视觉设计思想。首先，文字是传递内容主题的手段，是内容和用户进行思想交流的桥梁。如图8.37所示，央视网（https://www.cctv.com/）首页的字体均为无衬线体，体现出中央级媒体的稳重，仅通过采用不同的字重，合理地区分了页面信息层次。其次，文字编排设计也是设计者的思想表达。不同的设计者具有不同的视觉设计风格，具体表现在文字编排设计形式与色彩图形运用形式等。因此，结合文字编排的具体形象，从字体、颜色、字号等方面可以分析设计者所要传达的设计思想。

图8.37 文字编排是思想交流的桥梁

2.体现设计和内容的逻辑一致性

文字编排需要具备一定逻辑性。文字编排一方面要符合人们认同的标准思维。另一方面设计者要根据特定的内容和特定的用户，确定文字编排的构成要素，使视觉设计和内容保持逻辑一致性。

3.提升视觉传达的整体性

新媒体视觉设计包括诸多内容，文字编排设计仅是其中的一部分。“图文并重”是新媒体视觉设计最基本的要求，随着媒体技术的进一步发展，新媒体视觉呈现将更为丰富。但作为最准确的信息传播形式，文字编排对于提升页面中视觉设计的整体性是不会改变的。

四、文字编排的原则

文字编排需要遵循四个原则，即对比原则、重复原则、对齐原则和亲密性原则。

(一)对比原则

对比的基本作用是突出重点，增加可读性。附加作用是有效增强视觉效果，打破平淡，吸引用户注意。

为了突出主要元素弱化次要元素，可以借助颜色、字体、大小、留白等差异突出视觉层次。如果两个元素不尽相同，那就让他们截然不同。如图8.38所示，该网站首页中使用深色的背景和白色的文字编排及绿色的立体投影，形成鲜明对比，使文字信息相当突出。

图8.38　文字编排的对比原则

1.大小对比

为了区分文字、图片、图标等元素的重要性，通常采用尺寸的大小来做对比。文章的主标题往往是点睛之笔，是重点，副标题一般用来解释主标题的内容，因此副标题的文字应该通过大小和颜色调整变成次级，让用户浏览时分清主次，而正文字体的大小和颜色则更需要加强对比。如图8.39所示，该网站页面中主副标题的对比非常鲜明，层次清晰。

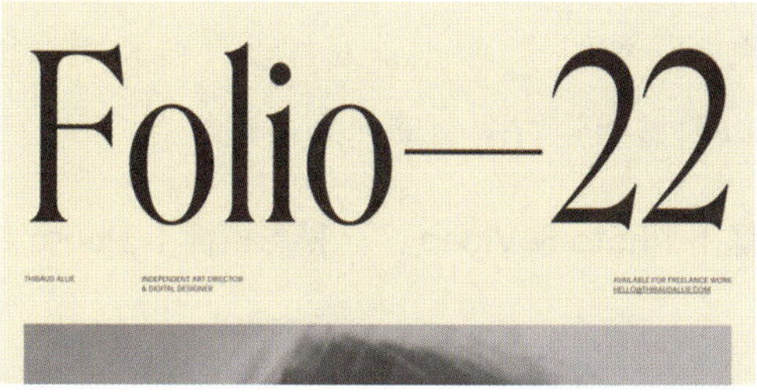

图8.39　文字大小编排形成清晰层次

2.颜色对比

在布局设计中，背景和前景文字是最易形成对比效果的。“白纸黑字”和“黑纸白字”都是最为典型的颜色对比形式。现在很多APP都提供深色模式的选择，这就是一种“黑纸白字”形式，但这种模式在日光条件下因为对眼睛形成很大刺激并不适合长期浏览。当然在夜晚光线较暗的环境下，深色模式却是有利于浏览的。总之，不管设计中使用黑白、红绿、蓝黄哪一种配色，一定要注意文字和背景的对比是否清晰且便于浏览。

如图8.40所示，新浪提供的几种“阅读模式”的显示效果，左上图的正文颜色和标题颜色形成很大反差，主次分明，而右上图的标题和正文颜色一致，层次则模糊。而在深色模式下，右下图的颜色对比更为缓和，也更适合浏览。

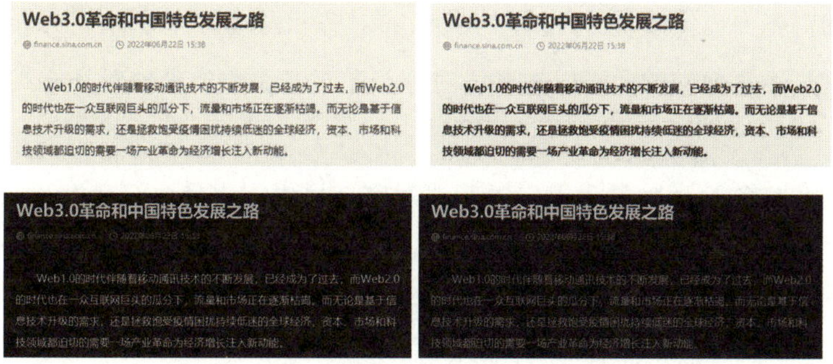

图8.40　对比原则在文本编排中的应用

(二)重复原则

重复是保持整齐的重要原则。既包括字体、字号的重复,也包括颜色、风格的重复。尽量统一字体、字号、颜色等一系列元素是基本原则,在统一的基础上,找出需要强调的部分,再通过对比加以更改达到强化作用。

如果相同内容(如标题)属于同一种逻辑关系,则应该使他们的字体、颜色、留白尽量保持一致。这样可以增加内容的条理性,并加强设计的统一性。在重复原则下,用户会因为视觉惯性继续选择设计线索,根据重复性设计线索顺畅地浏览下去。如图8.41所示,左右两图对比可以明显感到右图阅读起来更顺畅。

图8.41 重复原则示例

需要注意的,重复不是单一的机械式的元素重复,可以理解为用统一的重复元素塑造一个新的元素。当然前提是保留基本元素的高度统一,从而增强整体设计效果。

(三)对齐原则

在页面设计中,元素之间一旦建立起某种视觉联系,页面清晰的结构就容易形成。而对齐方式是构建清晰结构的有效手段。

常用的对齐方式包括左对齐、居中对齐、右对齐和两端对齐等四种方式。

(1)左对齐:页面中的元素以左基线对齐。左对齐是最常见的对齐方式,简洁大方,利于浏览;

(2)居中对齐:页面中的元素以中基线对齐。居中对齐给人一种严肃与正式感,也会有呆板的感觉;

(3)右对齐:页面中的元素以右基线对齐。相对少见的对齐方式,给人一种人为干预的感觉,加强了形式感,降低了浏览效率。

(4)两端对齐:页面中的元素以左右基线分散对齐。这种对齐方式会显得页面比较整齐,但是文字或单词间的空格会根据内容长度发生变化。

有种特殊情况需要注意,一般的对齐方式以元素清晰或规整边界为基准,当遇到不规则形状的元素或者边界模糊的元素时,由于视觉误差的存在,有对不齐或找不到基线对齐的问题。在这种情况下,设计者就需要找出元素的质量区域,忽略掉不规则的部分,以质量区域的面积为基准进行对齐,如图8.42所示。

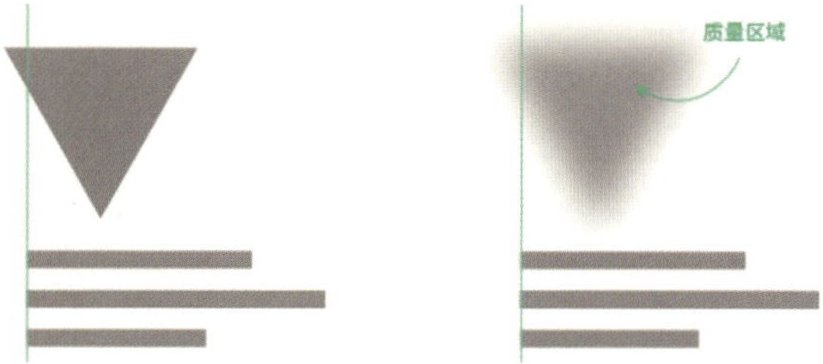

图8.42　以质量区域的面积为基准对齐

(四)亲密性原则

亲密性是实现视觉逻辑化的第一步,它是指关系越近的内容,在视觉上应该靠得越近,这也是格式塔心理学所强调的。亲密性原则的实际操作可以把页面中的元素首先进行分类,再把每一个分类作为一个视觉单位做整体设计。亲密性原则有助于页面信息组织,减少逻辑混乱,为用户提供清晰的理解结构。

遵循亲密性原则可以通过以下4个具体方法来实现:

1.留白

留白的典型作用就是为用户创造"呼吸"的空间,也可作为页面内容的区隔。如图8.43所示,左图歌曲封面和歌曲名信息间隔比每首歌曲上下间距还大,导致用户的视线流呈垂直方向。另外,左图歌曲名称和歌手信息间隔较大,信息是条状分散的,而右图中这两项信息垂直距离拉近,加上和歌曲封面的间隔缩小,使歌曲封面、歌曲名和歌手信息成为一个整体,用户的视觉流向也变为从左至右。

图 8.43　留白的作用示例

2.分割

分割虽为分离，其实也在分组。分割旨在利用分割元素建立信息组合关系。常见的形式有线条分割，卡片分割等。如图8.44所示，武汉大学新闻与传播学院网站(http://journal.whu.edu.cn/)的通知公告版块，利用水平线将每条通知的标题和通知发布的时间形成组合，建立了两者的亲密性关系，便于用户识别。

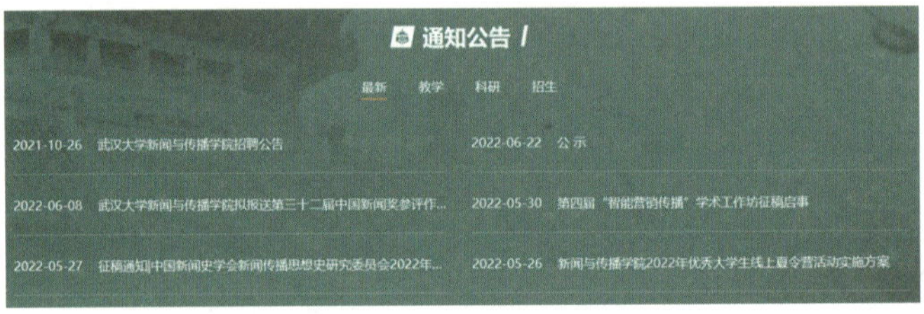

图 8.44　通过分割线体现组织性

3.色相

颜色的一个重要作用就是空间分割。通过颜色色相的差异就可以将信息分类，如图8.45所示。

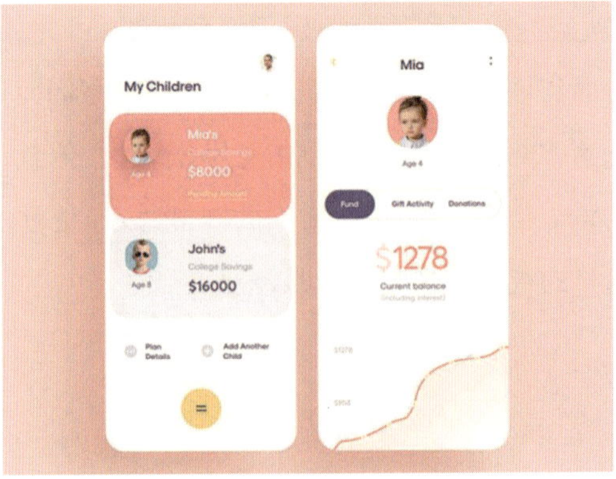

图 8.45　通过色相将信息分类

4.方向

文字编排方向上的差异也能构建亲密性。如图8.46所示，在一家外国网站首页上，左上角斜向的3组文字编排自成一体，与左下方的文字形成对比，并与右侧的卡通形象共同构建了页面的平衡。

图8.46 通过方向区分信息

第四节 案例设计解析

本节将通过实际案例介绍桌面端和移动端文字编排和文字应用方法，加深对字体设计和文字编排概念、原理、特征和设计方法的理解。

一、桌面端文字编排示例

新媒体产品桌面端的文字编排设计受使用环境的影响，同时也受到更宽松的空间关系的允许具有了更为灵活的设计宽容度。

（一）超大文字编排设计

粗体、超大的文字设计已成为视觉传播的“标配”，网页首屏中常见的超大图片被超大文字取代，与主题、品牌相关的超大标题吸引着用户的视线。这种设计方式使得文字编排成为整个网页的焦点，是最醒目的存在，极具视觉冲击力。如图 8.47 所示，Sounds of the Universe 网站是一个与音乐相关的信息平台，首屏红色背景上的文字清晰地告知用户该网站的定位，上图下文的编排及反差巨大的背景和文字具有足够的吸引力。

图 8.47　大胆的首屏排版设计

（二）优雅的衬线字体

衬线体在网页中使用的较少，但运用恰当则会显得非常特别，让人感觉很优雅。如图 8.48 所示，国外一家手表网站用优雅的衬线字体在页面的左侧显示出“It’s Midnight”字样，与右侧的手表形象形成呼应。该字体不像其他衬线字体那样棱角分明，而是充满“含蓄”，与产品的调性是一致的。

图 8.48　使用优雅的衬线字体

(三)直白的纯文本

网页布局形式多样,各有魅力。文字编排中,既有花哨的视觉设计,也有返璞归真追求自然直白的设计。如图8.49所示,Nicole是一名UX设计师,在他的个人网站首页上除了简单的导航信息外,只保留了介绍的文字,整个页面非常简单,直接点题,也表现出设计者的诚意。

图8.49 直白的纯文本

(四)等宽字体显个性

等宽字体在网页文字编排设计中同样不常见。但等宽字体功能性很强,视觉识别性很高,在文字密集的场合常常会很突出。此外,等宽字体天生具有一种复古的质感,和现代流行和粗野主义的回归也存在关联。如图8.50所示,Lattexplus的节日网站的标题采用了等宽字体很特别。

图8.50 等宽字体的运用

(五)高亮反差层次明

使用高亮效果来构建网页内容的层次结构也是不错的方式。高亮文字编排形式的运用往往辅以深色背景,明亮的色彩和深色背景形成鲜明的反差有助于用户在浏览时抓住关键信息。如图8.51所示,Parimatch Tech网站页面中将一些特别需要用户关注的信息用高亮色彩标注,使整个页面层次分明,重点突出。

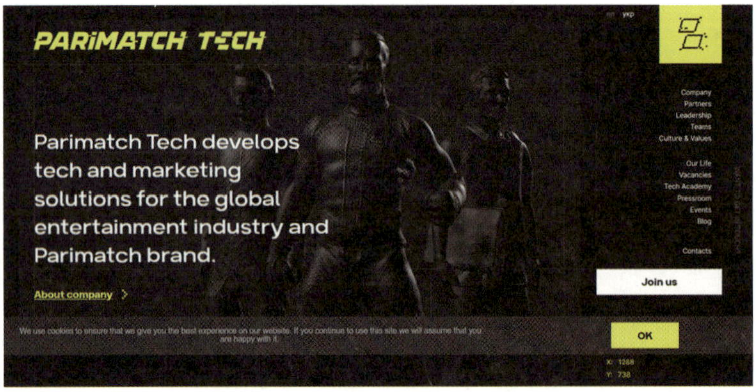

图8.51　高亮反差彰显信息层次

(六)实验性的分散文本

将单词本身彻底打散成为单个字母,这种设计更为实验性。这种设计在视觉上很独特,在可读性上可能会有影响。如图8.52所示,RIO是一家日本的乐器网站。RIO是其品牌,网站充满动效,浏览到页面底端时,小提琴手和字母"R""O"共同构成了品牌标识,很有新意,整体视觉效果也很好。

图8.52　实验性的分散文本示例

二、移动端文字应用示例

文字的角色是决定它们样式的关键因素。不同的角色，它们在画面中的定位就不一样，有各自的作用，样式是最好的体现。

下面用一个具体案例来看下移动端文字编排的方法，如图 8.53 所示，该案例选自优设网[①]。

图 8.53 最终效果图

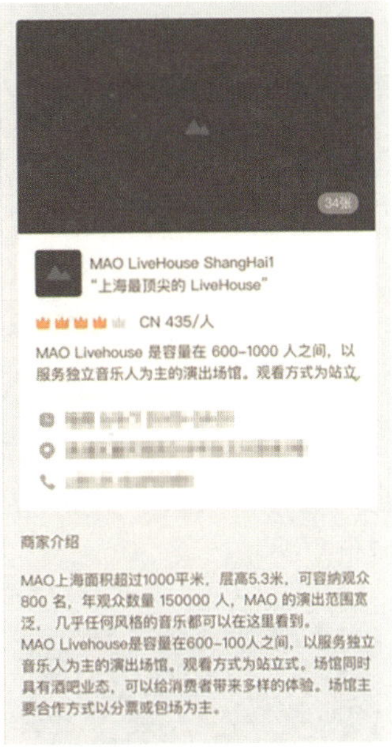

图 8.54 步骤 1

1. 步骤 1

在原型阶段将所有文字内容填充到画布中，此时不需要考虑细节问题。目的是在调节细节前能对整体编排有一个宏观的认识，或者说营造一个整体氛围。如图 8.54 所示。

2. 步骤 2

在页面内容完整的前提下，开始对页面的角色权重和定位做出梳理，构建文字的层级关系，例如下方的列表。作为初学者，养成列表习惯对于未来的得心应手是很有必要的。当对文字本身权重的考虑已经适应以后，则不再需要额外记录。

---

① 转自酸梅干超人《近万字雄文！全网最最最详细的 UI 文字应用指南》。

大标题：商家名；

次标题：模块名称；

正文：主介绍文字；

次文本：简介、价格；

注释：演出时间、地址、电话；

3. 步骤3

在确定了每部分的对应角色后，就可以为它们分配字重、字号和基础字色了。大标题使用18pt的中粗体，次标题使用16pt的中粗体，正文使用14pt的常规体，次文本使用12pt常规体，注释也使用12pt的常规题。然后为他们分别分配Bright值为10、10、40、40、60的灰度。经过以上设置后，整个页面就已经具备了初级的层次感。如图8.55所示。

4. 步骤4

只依靠灰度值和字号大小还不足以满足真实页面设计的需要。为进一步突出层次感，还要对一些比较特殊的文字类型使用一些其他色相进行突出。如标题下方的小字用赭石色，地址和电话这些可以点击的文字使用主色绿色，进一步丰富了文字的呈现样式，如图8.56所示。

图8.55　步骤3

图8.56　步骤4

5. 步骤5

完成以上步骤后，还需要进一步优化用户浏览体验，对文本区域与行高等进行更为精确化的设置。

文本的设置难题主要来自于行高的制定，最稳妥的做法就是为所有文本设置可以直接支持合理多行显示的行高。比如简介和详细介绍部分的文字，行高明显需要我们做出调整。简介使用20pt行高，介绍使用26pt行高，且因为是多段文字设置段间距为10pt，如图8.57所示。

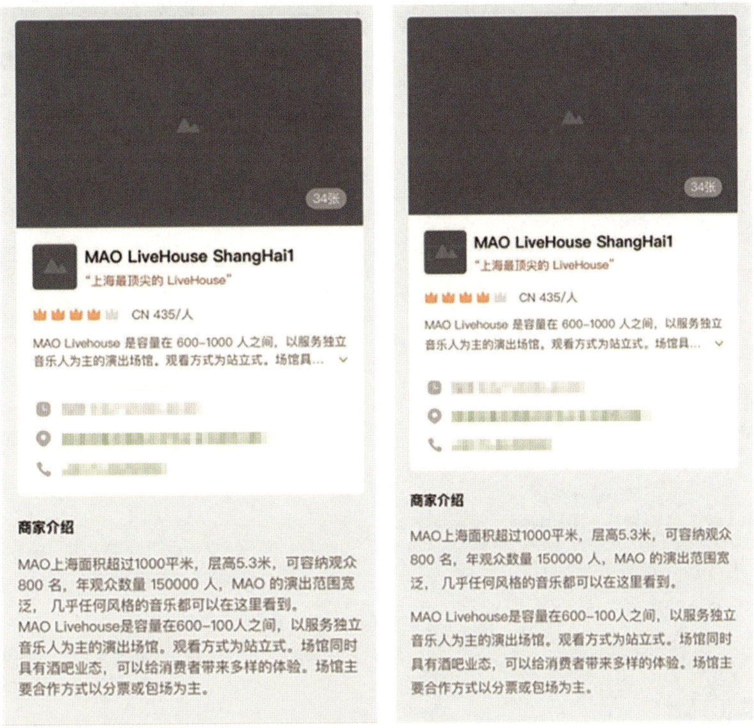

图8.57 步骤4和步骤5的对比

6. 步骤6

完成以上工作后，整个应用的整体效果已经初显。根据原型设计，商家名大标题区域实际支持两行显示，因此也要为它设置对应多行的行高，这样这个字体无论在任何情况下都可以正常显示。

最终，将所有字号设置了合适的行高，参数如下：

字号12pt的行高从17pt改为20pt；

字号14pt的行高从20pt改成24pt；

字号16pt的行高从20pt改成26pt。

再将文本区域设置成实际文字的宽度，根据亲密性原则对文字进行合适的间距调整后就完成了，如图8.58所示。

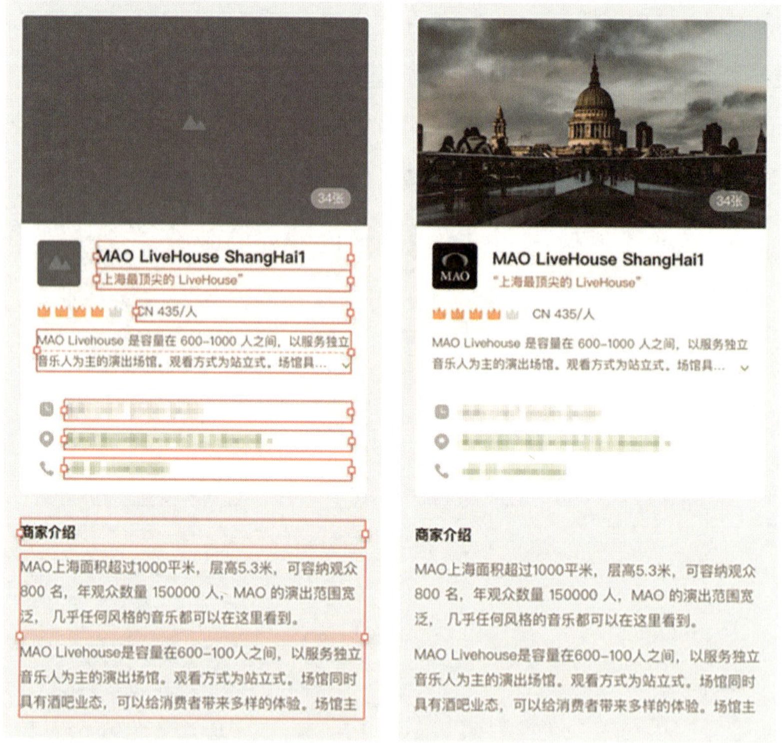

图8.58　最终页面效果

知识回顾

字体的相关概念包括字形、字型、字体等。字体属性包括字族、字体结构、字号、字重、字符样式等。文字不仅可以作为信息的载体，还兼具审美作用。常用中文字体包括黑体、宋体、圆体、书法字体等，它们各具特色，适用于不同的场合。在认识字体特色后，需要在设计中选择合适的字体，对于提升品牌、提高视觉体验、提高可读性等都具有积极作用。字体选择遵循一定的规则，如优先选用系统默认字体、版权字体、显示适应性好的字体，还需要考虑其他因素，如浏览器、用户等。在字体搭配中，还需要注意字体数量、构建视觉层次、保持风格统一等。在文字编排中，需要了解常用元素，如字间距、对齐方式、行高、行长、行间距、段间距、颜色和形式等。文字编排对于传播设计思想、体现设计和内容的逻辑一致性、提升视觉传达的整体性都具有作用。文字编排还需要遵循一些原则,如对比、重复、对齐、亲密性等。

思考题

1. 如何理解字体的族类?
2. 文字在视觉设计及传达过程中起到了什么样的作用?
3. 文字的排版规范包括哪些方面?
4. 移动端字体的文字排版特点有哪些?

参考文献

[1]姜恩正,黄静慧.设计师谈成功网页设计原则[M].周钦华,译.北京:电子工业出版社,2006.

[2]权智殷.设计师谈网页色彩与风格[M].周钦华,译.北京:电子工业出版社,2005.

[3]高永子,卢坚,潘星亮.网页经典配色与设计手册[M].北京:中国青年出版社,2006.

[4]贝尔德.完美网页的视觉设计法则[M].石屹,译.北京:电子工业出版社,2011.

[5]拉斯基.人本界面:交互式系统设计[M].史元春,译.北京:机械工业出版社社,2011.

[6]克鲁格.点石成金:访客至上的网页设计秘笈:第2版[M].De Dream,译.北京:机械工业出版社,2006.

[7]佐佐木刚士.版式设计原理[M].武湛,译.北京:中国青年出版社,2007.

[8]埃斯特拉达.新媒体网页设计[M].张朝艺,译.上海:上海人民美术出版社,2006.

[9]卡尔巴赫.Web导航设计[M].李曦琳,译.北京:电子工业出版社,2009.

[10]加瑞特.用户体验的要素:以用户为中心的Web设计[M].范晓燕,译.北京:机械工业出版社,2008.

[11]前田约翰.简单法则[M].黄秀媛,译.北京:中国人民大学出版社,2007.

[12]弗朗茨.字体之美:从传统印刷到Web排版[M].石岩,吴宁,译.北京:电子工业出版社,2016.

[13]麦金太尔.Web视觉设计[M].叶永彬,等译.北京:机械工业出版社,2008.

[14]侯震鹏,杨源.站长札记:网页美工与图像处理精讲[M].北京:电子工业出版

社，2006.

[15]胡崧. 网页色彩与版式设计创意实战[M]. 北京：中国青年出版社，2006.

[16]罗慧. 互联网产品(Web/移动Web/APP)视觉设计·配色篇[M]. 北京：清华大学出版社，2015.

[17]欧莹元，张继燕. 多媒体CAI课件制作应用教程[M]. 北京：清华大学出版社，2015.

[18]盛意文化. 网页UI设计之道[M]. 北京：电子工业出版社，2015.

[19]隋涌. 互联网产品(Web/移动Web/APP)视觉设计·风格篇[M]. 北京：清华大学出版社，2015.

[20]汤晓山，陈雷. 网页艺术设计[M]. 北京：清华大学出版社，2007.

[21]王朝阳，曹静. 数字媒介视觉设计与传播[M]. 武汉：武汉大学出版社，2023.

[22]王峻. 新设计·网页设计[M]. 南昌：江西美术出版社，2001.

[23]王愉. 互联网产品(Web/移动Web/APP)视觉设计·导航篇[M]. 北京：清华大学出版社，2015.

[24]吴志刚. 视觉界面设计[M]. 成都：西南交通大学出版社，2015.

[25]姚敏. 数字图像处理：第2版[M]. 北京：机械工业出版社，2012.

[26]张洪德. 色彩设计搭配手册：平面网页设计师必备色谱[M]. 上海：上海科学技术文献出版社，2006.

[27]张旭生，隋海燕，范一峰. 网页版式设计指南[M]. 北京：国防工业出版社，2004.

后 记

新媒体视觉传播和新媒体视觉设计的范畴远非本教材所能够涵盖。新媒体技术不断更新迭代，新媒体形态层出不穷，对新媒体视觉设计的认知和理解也不断向前推进。本教材立项始自2021年11月，在这之后，元宇宙、ChatGPT等的概念引入和讨论此起彼伏，也触动了新媒体产品形态的更新，带动了对视觉设计的重新理解。

包容性视角的视觉设计思考在本教材中一以贯之，也希望读者能够不仅看到变幻有章的抽象元素，看到无常的光色，体会极简化，沉浸在导引中，也能够去移情于存在障碍的人群，为他们带去不同光色的共同内涵。有研究者提出“以人性为中心的设计”(Humanity-Centered Design)，认为设计是一种实践，设计师关注的不是个人的需求，而是存在复杂、根深蒂固问题的社会的需求。当设计师与人群合作时，他们可以共同创造适当的解决方案，解决正确的问题，进行系统分析，并共同设计小型、简单的干预措施。诺曼也提出“Learn how to work together and find a solution that is most appropriate for the people”，即“学习如何合作，找到最适合人们的解决方案。”因此，未来的设计将会更加有温度，更强调和所有人的合作，强调设计的可持续性和绿色，是非常令人期待的。

本教材的编撰工作得到了大力支持，他们在预设的框架下完成内容收集、整理和案例的选择、处理，他们分别是李冰洁(第三章)、王颖(第四章)、张艳秋(第五章)、张丽霞(第六章)、张露丹(第七章)和孙嘉聪(第八章)。另外，王浩行和谭钦云亦参与了本教材第一章部分内容的撰写。

感谢武汉大学新闻与传播学院周茂君教授组织出版该系列教材，感谢强月新教授、洪杰文教授等对本教材出版的支持，感谢西南大学出版社各位老师在本书编辑出版过程中的辛苦付出。